ACTES NORMANDS

DE LA

CHAMBRE DES COMPTES

SOUS PHILIPPE DE VALOIS

(1328-1350)

PUBLIÉS POUR LA PREMIÈRE FOIS,

PAR LÉOPOLD DELISLE

ROUEN

CHEZ A. LE BRUMENT

LIBRAIRE DE LA SOCIÉTÉ DE L'HISTOIRE DE NORMANDIE

RUE JEANNE-D'ARC, N° 11

—

M DCCC LXXI

ACTES NORMANDS

DE LA

CHAMBRE DES COMPTES.

ROUEN. — IMPRIMERIE DE H. BOISSEL
Rue de la Vicomté, 55.

EXTRAIT DU RÉGLEMENT.

Art. 16. — Aucun volume ou fascicule ne peut être livré à l'impression qu'en vertu d'une délibération du Conseil, prise au vu de la déclaration du Commissaire délégué et, lorsqu'il y a lieu, de l'avis du Comité intéressé portant que le travail *est digne d'être publié*. Cette délibération est imprimée au verso de la feuille de titre du premier volume de chaque ouvrage.

Le Conseil, vu la déclaration de M. Ch. de Beaurepaire, *commissaire délégué, portant que l'édition des* Actes normands de la Chambre des Comptes, *préparée par* M. L. Delisle, *lui a paru digne d'être publiée par la* Société de l'Histoire de Normandie, *après en avoir délibéré, décide que cet ouvrage sera livré à l'impression.*

Fait à Rouen, le Lundi 8 Novembre 1869.

Certifié :

Le Secrétaire de la Société,

C. LORMIER.

AVERTISSEMENT.

La plupart des documents qui formaient jadis les archives de la Chambre des Comptes de Paris n'existent plus. Les uns ont péri par le feu, les autres par l'incurie des administrateurs qui devaient veiller à leur conservation, et qui les ont laissé piller quand ils ne les ont pas vendus à vil prix comme parchemins et papiers de rebut. Il en subsiste cependant de notables débris dans des cabinets d'amateurs et dans nos dépôts publics. La Bibliothèque nationale en a recueilli une multitude, d'abord dans les collections formées au XVIIe et au XVIIIe siècle par Gaignières et Clairambault, puis dans les six ou huit cents quintaux de parchemin qui furent acquis de Beaumarchais en 1784 ou 1785.

Beaucoup de pièces provenant de l'acquisition Beaumarchais font aujourd'hui partie des dossiers du

Cabinet des Titres. Il en reste un plus grand nombre dont le classement est encore imparfait, mais qui ne tarderont pas à pouvoir être facilement consultés par tous les amis de notre histoire. Une première série, comprenant des mandements royaux, du XIVe au XVIIIe siècle, au nombre de plus de dix mille six cents, rangés dans un ordre chronologique rigoureux, est dès à présent reliée en cinquante-cinq gros volumes. Une deuxième série, infiniment plus considérable, et renfermant des quittances, des comptes et diverses pièces de comptabilité, est en voie de formation. C'est dans ces deux séries qu'ont été pris les deux cent cinquante-six documents qui remplissent le présent volume : tous sont inédits et se rapportent aux affaires de la Normandie sous le règne de Philippe de Valois. On y trouvera principalement des mandements du roi et du duc de Normandie, des quittances, des mémoires et des comptes de toute nature. Il y là beaucoup de témoignages authentiques à recueillir sur la première période de la guerre de Cent Ans : on devra s'en servir pour contrôler les récits de nos chroniqueurs. D'autre part, une ample moisson de renseignements s'offrira aux historiens des villes et des châteaux, comme à ceux de nos institutions politiques, administratives, judiciaires, militaires et navales. L'archéologue y relèvera des détails précieux sur l'état des arts au xive siècle; l'économiste, des données exactes sur la valeur des terres, le prix des denrées et le taux des salaires; le philologue, de nombreux exemples de mots techniques qui manquent à nos glossaires.

J'espère donc que ce volume sera bien accueilli par les membres de la Société de l'Histoire de Normandie et qu'ils apprécieront l'utilité et l'intérêt de la classe de documents dont un choix bien restreint leur est aujourd'hui présenté. Si tel est leur jugement, je les prie de vouloir bien porter leur reconnaissance sur le Conseil de la Société de l'Histoire de Normandie, et principalement sur notre honorable président, M. de Lépinois, qui a arrêté le choix des pièces, corrigé les épreuves et rédigé la table. En consignant ici, pour ma part, l'expression de ma gratitude, j'acquitte une dette d'amitié, mais avant tout je rends justice au dévouement du confrère qui a fondé notre Société, et qui, en dépit du malheur des temps, saura la faire prospérer.

ACTES NORMANDS

DE LA

CHAMBRE DES COMPTES

DU ROI.

1328—1350.

1.

Prêt fait au roi par Guillaume Thomas, de Rouen.
1 août 1328.

Les genz des comptes nostre sire le roy à Paris, au baillif de Rouen ou à son lieutenant, salut. Comme Guillaume Thomas ait presté au roy, pour la necessité de sa guerre, v^c livres tournois, nous vous mandons que vous les recevez et les envoiez, ces lettres veues, au thresor à Paris, et assenez le dit Guillaume à prenre la dite somme sus ce qui sera deu au terme de Pasque des revenues de la viconté de l'iaue de Rouen. Donné à Paris, le premier jour d'aoust, l'an xxviii. Et avecques ce, envoiez au thresor tout l'argent que vous povez avoir, tant de subside comme de prest, comme d'autres chouses.

2.

Répit donné au fermier de la prévôté de Verneuil.
15 mars 1328, v. s.

Philippe, par la grace de Dieu rois de France, au baillif de Gisorz ou à son lieutenant, salut. Comme de la somme de quatorze vinz doze livres dis solz tournois esquels Guillaume le Sage, fermier de la prevosté de Vernuel, est tenuz à nous pour cause d'icelle ferme, à paier la moitié à l'eschequier de Pasques prochain, et l'autre moitié à l'eschequier ensuiant, nous, de grace especial, li aions donné et donnons par ces lettres delay de paier à quatre termes, c'est assavoir au dit eschequier de Pasques prochain la quarte partie, et ès autres trois eschequiers ensuianz les autres trois parties, par egaus porcions; nous te mandons que, prise caucion souffisant de li de paier la dite somme aus diz quatre termes, tu ne le constraingnes, ne ne souffre que par autres soit constrainz à faire autrement le dit paiement, contre la teneur de nostre dite grace. Donné au Louvre delez Paris, le xve jour de marz, l'an de grace mil ccc vint et huit. Par le roy : BARR.

3.

Fragments d'un rôle relatif à des ventes de bois faites en Normandie. — 1327-1329.

La baillie de Caen.

Jehan Mautaillé, pour LX acres de bois de la forest de Seint Sever, ou lieu dit Coulange, tenant au bois l'abbé de Seint Sever et d'autre as livrées. Pour chacune acre du premier marchié sanz point d'emplage, LXXVIII s. Somme XI^{xx}XIIII l., à paier à VI paies, c'est assavoir : à la Seint Michiel CCCXXVIII, XXXIX l. tornois; à Pasques après ensuiant autant, et einssint, et cetera. Et puet acompaingner Guerin Bernart tant seulement. Retenue la cire pour le roy et les condicions acoustumées. Vendu par monseigneur Robert le Veneur, le ve jour de may CCCXXVII.

Colin le Peletier, pour XLIII acres et demie de bois en la garde de Mompichon ès bois de Castillon, alias de Monchamps, tenant d'un costé au bois l'abbé de Seint Pierre sus Dyve, et d'autre au bois de Monchamps, desquelles V acres et demie sont pour emplage; demeure XXXVIII acres de bois plain. Item en la dite garde, ou lieu dit les Aunoiz de Monchamps, XV acres et une vergée, dont il chiet pour motes, fossez et jardins d'un manoir qui y fu jadis, V acres et une vergée; demeure X acres de bois plain. Item ou buisson de la Chapelle, tenant de toutes pars as champs de Boisay, en la dite garde, XIIII acres, desquelles II acres sont pour emplage; demeure XII acres de bois plain. Somme de bois plain : LX acres. Pour chacune acre du premier marchié, VII l. t. Somme : IIII^c XX l., à paier à VIII paies, c'est assavoir : à la Seint Michiel CCCXXVIII, LII l. X s.; à Pasques après autant, et einssint et cetera. Retenue la cire pour le roy, et les condicions acoustumées. Vendu par monseigneur Robert le Veneur, le samedi après la Magdeleine CCCXXVII [1].

---

[1] 25 juillet 1327.

Robert d'Arennes, pour xvii acres de bois ès bois de Basoches, ou lieu dit sus la Foulonnerie, tenant au champs de Basoches d'un costé, et d'un bout au chemin de Mombray, et de toutes autres pars au bois le roy; et oveques ce un buisson de bois que l'en dit la Tasse du Mesnage, desquelles iii vergées sont pour emplage; demeure xvi acres et une vergée de bois plain. Pour chacune acre du premier marchié, xxiiii l. Somme : iii^c iiii^{xx} x l., à paier à viii paies, c'est assavoir : à la Seint Michiel ccc xxviii, xlviii l. xv s. ; à Pasques après, autant, et einssint, et cetera. Et puet acompaingner Raul Auberi tant seulement. Retenue la cire pour le roy, et toutes les condicions acoustumées. Vendu par Robert le Veneur, le xxe jour de juingnet cccxxvii.

Richart Repichon, pour xxxvi acres de bois en la garde de la Ferté Macieu, ou lieu dit Dieufay, tenant à la vente Colin Repichon et Raul Roussel d'un costé, et d'autre à la forest, et du bout au paliz de Cères, desquelles x acres sont pour emplage; demeure xxvi acres de bois plain. Pour chacune acre du premier marchié, xi l. t. Somme : xiiii^{xx} vi l., à paier à vii paies, c'est assavoir à la Seint Michiel cccxxviii, xl l. xvii s. t. et iii mailles parisies; à Pasques après autant, et einssint et cetera. Et peuet acompaingner Richart le Boulengier tant seulement. Retenue la cire pour le roy, et les condicions acoustumées. Vendu *ut supra*.

Raul Roussel, pour xxxii acres et demie de bois en la garde de la Ferté Macieu, ou lieu dit le Mont de Hère, tenant à la vente Raul Pichart d'une part, et d'autre à la forest, desquelles II acres et demie sont pour emplage; demeure xxx acres de bois plain. Pour chacune acre du premier marchié, xi l. t. Somme : III^c xxx l. t., à paier à VIII paies, c'est assavoir : à la Seint Michiel CCCXXVIII, XLI l. v. s.; à Pasques après, autant, et einssint et cetera. Et peuet acompaingner Johan Repichon. Retenue la cire pour le roy, et toutes les condicions acoustumées. Vendu par monseigneur Robert le Veneur, le XXI jour de juinguet CCC XXVII.

Jehan Riollent, pour tout le bois cheu en la haie de Huymes jusques au jour d'uy, du premier marchié c. s., à paier le tout à la Seint Michiel CCCXXVIII, et la cire. Vendu par monseigneur Robert le Veneur CCCXXVII, la vueille de la Nostre Dame des Avans [1].

Raul Roussel, pour XXXII acres de bois ou bois de la Mosse, desquelles II acres sont pour emplage; demeure xxx acres de bois plain. Pour chacune acre du premier marchié, IIII l. x. s. Somme : VI^{xx} XV l. t., à paier à VIII paies, c'est assavoir : à la Seint Michiel CCCXXVIII, XVI l. XVII s. VI d. t.; à Pasques après, autant, et einssint, et cetera. Et puet acompaingner Guillot le Brun. Retenue pour le roy la cire, et les condicions acoustumées. Vendu par monseigneur Robert le Veneur, le samedi après la Conception Nostre Dame CCCXXVIII [2].

Thomas de Courbefosse et Pierre Barbot, pour les routes de la vente des bois de Guylleberville, tenant au parc Louvel, VI l., desquiex les ouvriers ont eu XLII s.; demeure LXXVIII s. à paier à la Seint Michiel CCCXXVIII.

---

[1] 7 décembre 1327.

[2] 10 décembre 1328.

Marie deguerpie Pierres Auber, pour les routes de la vente de Montaubuef, IIII l., desquiex les ouvriers ont eu XXIIII s.; demeure LVI s. à paier à la Seint Michiel CCCXXVIII.

Colin Mauclerc, pour les routes de la vente du Brueil Maufillastre, tenant au bois le roy d'un costé, et d'autre à la vente Nicolas Varrot, XL l., desquiex les ouvriers ont eu XXV s.; demeure XXXVIII l. XV s. à paier à la Seint Michiel CCCXXVIII. Encheri en la main monseigneur Robert le Veneur par Nicole Verrot comme premier encher[isseur] le vendredi devant la Chandeleur [1], à eure de tierce, CCCXXVII.

. . . .

La baillie de Costentin.

Jehan Mautaillé, pour XLII acres et une vergée de bois en la forest de Lande Pourrie, ou lieu dit le Val Viellet..., desquelles XXII acres et une vergée sont pour emplage; demeure XX acres de bois plain. Pour chacune acre du premier marchié XXIIII l. Somme : IIII^{c}IIII^{xx} l. t., à paier à VIII paies... Et puet acompaigner Robert de Cambray. Retenue la cire pour le roy et les condicions acoustumées. Vendu par monseigneur Robert le Veneur, le x jour de septembre CCCXXVII.

Jehan Mautaillé, pour IIII^{c}XII que que chesnes que hestres que autre bois, en la forest de Lande Pourrie, que en estant que en gesant, au lieu dit la Pierre, avaluez à XII^{xx}. Item ou lieu dit la Pleisse du Viel Estanc, XLV arbres, que en estant que en gesant, avaluez à

---

[1] 29 janvier 1328, n. s.

xl arbres. Item ou lieu dit la Pleisse du Pommier
Pellé, xxxii arbres, que en estant que en gesant, avaluez à xxiiii arbres. Item ou lieu dit la Pleisse de Seint
Clement, iiii^{xx}vi arbres, que en estant que en gesant,
avaluez à lxxv arbres. Tous les diz arbres saés ou
entresaés [1], et tiex que des yci en avant ne peussent
porfiter, més tornassent ou temps à venir à pourre-
turre; nombrez et marchiez par Geiffroy Doques, mesureur le roy en la garde de Mortaing. Pour tout, du
premier marchié lx l., à paier à iiii paies.... Et doit
assaer les forniaux à cherbon du dit marchié, et le dit
bois fére couper, en telle manière que les arbres en
estant n'en soient empirez né dommagez.... Vendu par
monseigneur Robert le Veneur, le mardi après la Thi-
phanie cccxxvii [2].

Thomas de Monfreart, pour xl acres et demie de
bois en la forest de Gavray, au buisson de Tres la
Lande, tenant d'un costé as champs du Mesnil Hue, et
de toutes autres pars au bois le roy; desquelles x acres
et demie sont pour emplage; demeure xxx acres de
bois plain. Item en la dite forest, ou lieu dit la Perque-
rie, d'un costé et d'autre à la rivière de Berence,
xxx acres et demie, desquelles vi acres et demie sont
pour emplage; demeure xxiiii acres de bois plain.
Somme de bois plain de ces ii pièces : liiii acres. Pour
chacune acre, du premier marchié, xxx l. Somme :
xvi^c xx l. — Item en un autre lieu, en la dite forest, du
demourant de menu bois, tenant à la vente Michiel

---

[1] Secs ou à moitié secs.

[2] 12 janvier 1328, n. s.

d'Anneville d'un costé, et d'autre à la vente du buisson de Très la Lande desus dite, vi acres; desquelles une est pour emplage; demeure v acres de bois plain. Pour chacune acre, de premier marchié, iiii l. Somme : xx l.
— Item en un autre lieu de la dite forest, du demourant des ventes de Berence, tenant à la vente Michiel d'Anneville, d'un costé, et d'autre as champs du Mesnil Vyneman, viii acres et demie; desquelles ii acres et demie sont pour emplage; deméure vi acres de bois plain Pour chacune acre, du premier marchié, xv l. Somme : iiii ˣˣ x l. Somme toute : xvii ᶜ xxx l., à paier à viii paies.... Et puet acompaingner Geiffroy de Ver, se il li plest, tant seulement. Et ne pourra vuider de ceste vente ne geter nulles denrées semblables de la vente que Michiel d'Anneville a en la dite forest, durant le temps de la vuidenge de la dite vente du dit Michiel... Vendu par monseigneur Robert le Veneur, le xxviii jour d'avril ccc xxviii. Encheri par Simon Witon et par Raul Fauq, en la main monseigneur Robert le Veneur, la semaine après l'Ascension [1], première fois.

Simon Witon, pour lvi acres et iii vergées de bois ès bois de Moncastre, en la garde de Littehaire, tenant d'un costé au bois au seingneur de l'Ausne, et d'un bout as landes de Plesseis, et de toutes autres pars au bois le roy; desquelles xi acres et iii vergées sont pour emplage; demeure xlv acres de bois plain. Pour chacune acre, du premier marchié, xii l. t. Somme : v ᶜ xl l., à paier à vi paies ... Vendu par monseigneur Robert le Veneur, le xv ᵉ jour de may cccxxviii.

[1] En 1328, l'Ascension tomba le jeudi 12 mai.

Robert du Sartrin, pour tout le bois qui est cheu et versé jusques au jour d'uy en la haie de Dygou[ville].

. . . .

Jehan le Boutiller, escuier, pour II petites mares à lui fieufées héritablement, en l'ouraille de la forest de Maulevrier, dont l'une est nommée Blase Mare, et l'autre Vingne Mare, pro toto v s. t. de rente, à paier chacun an à la Seint Michiel, terme commençant de paiement à la Seint Michiel cccxxix. Et fu escript au bailli que, le criz et subastacions fez seront ce que il a esté acoustumé, la dite rente mete ou demainne du roy. Fèt par monseigneur Robert le Veneur, le lundi après la nativité saint Jehan Baptiste ccc xxix [1].

La baillie de Caen.

Olivier Burel, pour xviii acres de bois, du bois de la Bouloie de Monchauvet.... desquelles II acres sont pour emplage; demeure xvi acres de bois plain. Item ou buisson de Monchamps.... IIII^{xx} xviii acres et une vergée, desquelles viii acres et une vergée sont pour emplage; demeure IIII^{xx} x acres de bois plain. Somme de bois plain : cvi acres. Pour chacune acre du premier marchié, x l. t. Somme : mil lx l. t. à paier à xii paies... Et puet acompaingnier Roberot du Bois Yon, tant seulement. Et pourra couper les arbres fruit portans, pour ce que le roy n'y a point de garenne, et fére sa volenté de peson, se peson y a son terme durant. Retenue la cire pour le roy, et les condicions acoustumées. Vendu

---

[1] 26 juin 1329.

par monseigneur R. le Veneur, le samedi après la Tiphannie cccxxvii [1].

Jehan Pichart, pour xxv acres de bois, ou lieu dit le Val du Chief d'or, en la garde du serjant des bois de Montagu, tenant au buisson de Verjou.... Item ou buisson que l'en dit la Quesnoye d'Espineuses, tenant de toutes pars as demaingnes du conte d'Evreus... Vendu par monseigneur R. le Veneur, le mardi après la Seint Ylaire cccxxvii [2].

Pierre Genaz et Thomas de Monfreart, pour lxiii acres de bois du parc de Semilli, en la garde du mestre du Bur, tenant d'un costé à la forest d'Ele et d'un bout à la Fontainne l'evesque.... Vendu par monseigneur Robert le Veneur le diemenche devant la Chandeleur cccxxvii [3]. Encheri en la main du dit monseigneur Robert par Richard de Parfontru et par Colin de Varretot, le mercredi après la dite feste [4]...

Olivier Burel, pour li acre de bois ou buisson du Parc Huet, ou lieu dit la Mote du Parc Siec... Vendu par monseigneur Robert le Veneur, le iiii jour de decembre cccxxviii.

Guillaume le Foulon, pour le bois versé en la haie de Huymes... Vendu par monseigneur Robert le Veneur, le xi jour de jenvyer cccxxviii...

Guillaume le Foulon, pour tout le bois cheu et versé ou parc de Fougi, marchiez par le chastelain de

---

[1] 9 janvier 1328, n. s.
[2] 19 janvier 1328, n. s.
[3] 31 janvier 1328, n. s.
[4] 4 février 1328, n. s.

[1329] DE LA CHAMBRE DES COMPTES. 11

Huymes, oveques leur propres escos par ycelui marchiez et oveques le menun volin qui ne puet souffrir coup de martel... Vendu ut supra.

. . . .

Jehan le Camus et Pierres le Caron, pour iii^c arbres, que chesnes que hestres, versez et brisez en la forest de Rouvray, ou lieu dit le Parc.... Vendu par monseigneur Robert le Veneur, le vendredi après la Seint Luc cccxxviii.

Perrinet Ferri et Robin Beneest, pour ii^c et xii arbres versez et brisez en la forest de Boort, en la garde de Leri.... Vendu par monseigneur Robert le Veneur, le mardi devant la Seint Simon et Jude cccxxviii.

Richart Bon escuier, du Pont de l'Arche, pour vii^{xx}xviii arbres en la forest de Boort, en la garde Geffroy le Grieu. Item en la Colin l'Esvéque, xxxix arbres... Vendu ut supra.

Pierres de Bertaucourt, pour iii^c lv arbres versez et brisez en la forest de Boort, en la garde Jehan de Guynemont; item en la garde Drouyn, iiii^{xx} et xiii arbres versez et brisez... Vendu par monseigneur Robert le Veneur, le mardi devant la Seint Simon et Jude cccxxviii.

Guillaume Maunourri, pour iiii^{xx}x arbres versez et brisez en la forest de Boort, en la garde Jehan de Commeny; item en la garde Jehan de Villainnes, vii^{xx}x arbres versez et brisez.... Vendu par monseigneur Robert le Veneur, le mercredi devant la Toussains cccxxviii.

Pierres Ferri et Robin Beneest, pour le darrenier chaable cheu en la garde de la haie de Leri, en la forest de Boort, bois versé et brisé, marchié par Cavaré, lieutenant du chastelain... Vendu par monseigneur Robert le Veneur, le diemenche devant Noel cccxxviii.

Jehannin le Tavernier, du Val de Rueil, et Pierres de Bertaucourt, pour bois cheu et versé en la forest de Boort.... Vendu ut supra.

Jehan Pinel, pour ii arpens versez et achaablez en la forest de Brotonne, ou demourant des vuiez dons, ou lieu dit sus le Wy.... Vendu par monseigneur R. le Veneur, le lundi après Noel cccxxviii.

Guillaume Maunourri, pour cxi arbres en la forest de Boort.... Vendu ut supra.

Lucas le Devyn, pour les routes de la vente de xiii arpens de bois cheu et achaablé en Brotonne, ix l., desquiex les ouvriers ont eu xv s.; demeure viii l. v s. à paier à Pasques cccxxix.

Colin de Cuberville, pour les routes de la forest de Brotonne, d'une livrée faite au lieu dit sus le Wy, xx l.; chiet pour ouvriers cv s.; demeure xiii l. xv s. à paier à Pasques cccxxix.

La baillie de Gisors.

. . . .

A.

Administration du vicomte de Neufchâtel et d'Arques.
27 septembre 1329.

Enquète faite par Jossiame de Champaigne, chevalier, sur l'administration de Oudart de la Bosse, pendant qu'il avait été vicomte « du Nuef Castel et d'Arques. » — Noms des témoins entendus : « Henri de Clérefay, escuier; messire Jehan Valequet, chevalier, sire de Volequier; Henri de Flaville, escuier; Guillaume de Bourbel, escuier; Gieffroy, senescal de Berenguierville; Pierre du Tarte, escuier, prevost fievé sermenté le roy de Friaville; Jehan de Pommerival, escuier, de la ville de Fréles; Guillaume le Charpantier, de Friaville, escuier; Roger de Friaville, escuier; messire Henri de Bailleul, chevalier, sire de Maignière; Jehan Cagnet, de Friaville, escuier; Jehan Car d'agnel, de la parroche de Cloiez. »

5.

Travaux aux châteaux de Verneuil et de Breteuil.
Saint-Michel 1329.

Parties des œuvres de cherpenterie et de maçonnerie faites par le viconte de Vernueil ès chastiaus de Vernueil et de Bretueil, à compter au terme de la Saint Michiel l'an mil CCCXXIX.

Pour journées de couvreurs à repaumoier pami (sic) le chastel de Vernueil.

Premièrement pour Jehan Convenant et pour son valet, à repaumoier et couvrir en pluseurs lieus ou dit chastel par XXVIII jours, III s. VI d. par jour, IIII l. XVIII s.

Pour Jehannot Guernier et pour son vallet, par ycelui temps et pour ce mesmes, IIII l. XVIII s.

Pour viii milliers de tieulle prise en la tieullerie Estienne Mulet, rendue ou chastel dessus dit, iiii l. xvi s.

Pour ii^clxii festières, arrestières et noes mises en pluseurs lieus ou dit chastel, qui estoient rompues par le vent, iiii d. pour pièce, iiii l. vii s. iiii d.

Pour clou et autres ferremens ou dit chastel, pour relater et autres choses, xv s. vi d.

Somme : xix l. xiiii s. x d.

Pour renfourmer de pierre et parfaire les jambes et la vouseure de une fenestre sus la porte du chastel de Vernueil, de laquéle autrefoiz a esté compté autre somme d'argent, pour laquelle n'a pas peu estre faite par Jehannot de Saint Vitor en tasche, pour tout le seurplus des dites jambes et vouseures, xxv s.

Pour pierre et pour bloc à yce faire, xv s.

Pour le salaire du charpentier qui fist les cintres de la dite fenestre, vi s.

Pour chaus, sablon et voiture pour yce amener au dit chastel, tant pour les couvertures dessus dites comme pour la dite fenestre, xxxviii s.

Somme : iiii l. iii s.

Somme toute pour Vernueil : xxiii l. xvii s. x d.

Oeuvres faites ou chastel de Bretuel.

Pour euvres de cherpenterie faites par mestre Jehan le Cherpentier en la meson où demeure le viconte de Meleun [1] quant le roy est ou dit chastel, xxx s.

---

[1] Jean, vicomte de Melun, seigneur de Montreuil-Bellay et de Tancarville, chambellan de France, mort en 1350. P. Anselme, VIII, 443 et 444.

Pour euvre de terre faite illec par Guillemet de Meumes, xl s.

Pour une journée d'une cherrète pour aporter bois et terre, iiii s. iiii d.

Pour ii milliers de clou mis ou dit hostel, x s.

Pour ferreures à pendre huis et fenestres en la dite meson, x s.

Somme : iiii l. xiiii s. iiii d.

Pour euvres de cherpenterie faites par le dit mestre Jehan et Jehan Binet en la cohue du bout du grant estanc de Bretueil qui cheoit par deffaute de seuls et de postiaus.

Premièrement pour le dit mestre Jehan, en la semainne de la Saint Lorens pour v journées, pour chascun jour ii s. vi d., valent xii s. vi d.

Pour le dist Binet, pour tant de journées adonc, xii s. vi d.

Pour le dit mestre Jehan, en la semainne où fu la Nostre Dame my aoust, pour v jours, xii s. vi d.

Pour le dit Binet adonc, pour iii jours, ii s. par jour, vi s.

Pour le dit mestre Jehan, en la semainne où fu la Saint Bartelemi, pour iiii jours, x s.

Pour le dit Binet adonc, pour iiii jours, viii s.

Pour le dit mestre Jehan, en la semainne de la Saint Gille, vi jours, ii s. vi d. par jour, valent xv s.

Pour le dit Binet adonc, ii s. par jour, pour vi jours, xii s.

Pour le dit mestre Jehan, en la semainne où fu la Nostre Dame en septembre, pour iii jours, vii s. vi d.

Pour le dit Binet, pour III jours, VI s.

Pour le dit mestre Jehan, la semainne après la dite feste, pour III jours, VII s. VI d.

Pour le dit Binet adonc, pour III jours, VI s.

Pour la journée d'une cherréte qui mena le bois à ce faire, IIII s. IIII d.

Pour une autre cherréte, XXVIII d.

Pour abatre le dit bois, IIII s.

Somme : VI l. V s. IIII d.

Pour estéer la meson qui est sus la porte de l'entrée du grant chastel de Bretueil, pour redrecier la dite porte et pour refaire le degré par où l'en va en la chapelle, et pour couper les postiaus et soutenir ycelle meson, pour abatre le bois, cherpenter, mener sus le lieu et mettre en euvre, par tasche par mestre Jehan le Cherpentier et Renout Roussel, IIII l. x s.

Somme : IIII l. x s.

Pour euvres de cherpenterie faites ès estables qui sont dedens le dit chastel, c'est assavoir pour mettre y XX soliaus, pour faire huis et fenestres, pour mettre un lymon ou degré par où l'en va en la chambre le roy, III pièces de sueil en une cuisine, et III autres postiaus en un degré, III pièces de goutières, I tref, I ponchon, I souzchevron, III petites goutières sus la chambre le roy, pour toutes ces choses ainssi faire, abatre le bois en la forest, amener et mettre en euvre, par tasche par mestre Jehan le Cherpentier et par le dit Renout Roussel, XV l.

Somme : XV l.

Pour euvres de cherpenterie faites ès estables de

l'aumosnier le roy. Pour mettre solles tout entour et coulombes là où il failloient, un postel devers la meson des engins pour estaier ycelle, pour tout, par les dessus diz, viii l.

Somme : viii l.

Pour euvre de pierre et de terre illec pour seuillier et retorchier souz les soulins et les paroiz par Guillemin Meumes, pour pierre, mortier, terre et pour sa poinne et voiture, xl s.

Somme : xl s.

Pour abloquier x postiaus de grès en la meson desus dite, qui est à l'entrée du grant chastel et ès degrés, pour la dite pièce de grès, pour amener, pour chaus, sablon et poinne, pour tout, par Guillot Dyorne, cx s.

Pour reparacions de tieulle et de couverture et de pavement faites en pluseurs lieus ès mesons du dit chastel par Jehan Convenant, pour v jours de lui et de son vallet, iii s. vi d. par jour, valent xvii s. vi d.

Pour iii quarterons de quarrel pour repaver ès salles et ès chambres, iiii s. vi d.

Pour demi millier de tieulle, vii s.

Pour l noes, xii s. vi d.

Pour vi festiaus, ii s. vi d.

Pour plastre, iii s.

Somme : xlvii s.

Pour [xii] milliers d'essenle mis ès mesons du dit chastel par Robert Soulain, pour chascun millier fendre, doler, amener et mettre en euvre x s. vi d., valent vi l. vi s.

Pour xxx milliers de clou à cen faire, iiii s. le millier, valent vi l.

Pour un millier de clou à chantier, pour huis, fenestres, et pour rasseoir chanlates ille[c], xii s.

Somme : xii l. xviii s.

Somme toute pour le chastel de Bretueil : lxi l. iii s. viii d.

6.

Sergenterie du plait de l'épée de Rouen.
5 juin 1330.

Le roi donne à Robert de Grey la sergenterie du plait de l'épée de Rouen, vacante par la résignation de Pierre Pilon, « non contrestant que il (Robert) se soit mariez à Rouen. » — « Donné en l'abbaye d'Abbecourt, le ve jour de juing, l'an de grace mil ccc et trente. »

Copie de 1333.

7.

Donation d'une rente viagère sur la ferme de Bohon.
30 mars 1330, v. s.

Le roi donne à son amé et féal chevalier Jehan de Rochefort une rente viagère de 100 l. à prendre sur la ferme de Bohon, au bailliage de Cotentin. — « Donné au Louvre, le penultime jour de marz, l'an de grace mil ccc trente. »

Copie du 11 avril 1332, n. s.

8.

Parties de commune despense de la ballie de Costentin à compter au terme de Pasques l'an M CCC XXXI. — Pâques 1331.

Premièrement parties de despens faiz par le balli en la court de l'eglise. — Pour procez fait en la court de l'eglise à Valongnes contre le recteur de Cauquegny à cause de l'injeccion faite par icelli à Raoul Cuirain, sergent du roy nostre sire, c'est assavoir pour les tesmoings, posicions et autrez assignacions de jour fére et escrire par Th. Jobelin, lequel procez pent encore sur unes rensons proposéez de la partie d'icelli recteur contre les tesmoings dessus diz, LX s. — Pour menuez lettres faitez en deffandant la juridicion real, pour tout, XII s. — Summa : LXXII s.

Parties de ce meismez par le viconte de Coustancez. — Pour IIII tesmoing admenés d'Avrenches pour deposer la confession Jehan le Brunet, et demourèrent en prison, en alant et en venant, pour III jours, par jour VIII s., valent XXIIII s. — Item pour avoir VI tabellionnagez de tesmoingnage de l'enchargement qui fu fait ès genz des parroisses pour gardeir lez pors, lez ordenances de la monnoié du roy, à Guillaume Bernart et à Raoul le Clerc, par plusëurs foys oir l'enchargement, pour chascun XXX s., valent LX s. Summa : IIII l. IIII s.

Parties de ce meismez par le viconte de Karenten. — Pour la despense du viconte, de un tabellion, de un sergent et de un clerc et de lour chevaux et vallez, l'endemain de Noël derrenierement passé, à aler à Coustances et venir par deux jours, où le viconte estoit semons en propre persone, pour cause du prestre de Saint Andrieu de Bouhon, qui estoit enfoui as champs, par chascun [jour] alant et venant xx s., xl s.... — Item à J. Tesson, tabellion de l'iglise, pour ii jours, etc... — Item au dit Tesson, pour estre par ii jours à Coustances contre Jehan de Meautis, clerc, qui tua Th. le Pigant, qui avoit fet semondre publeaument à l'eglise le balli et le viconte, pour soy delivrer et pour escripturez de lettrez et de copiez, xxii s. vi d. — Item pour aler à Coustances, par Th. le Meteer, procureur pour le roy, par ii jours, etc. — Item au dit J. Tesson, pour aler et interestre pour le viconte qui y estoit admonesté pour rendre Guillot du Roquier, tenant soy pour clerc, qui estoit tenu en prison pour larrechin... — Item pour estre et maintenir un procez contre Raoul Nicole, clerc, qui dist villanie du balli et du viconte en jugement et ne le vout amendeir, pour escripturez et pour seaux, xvii s. — Item pour porter lettrez du procez par Huet à mestre Nicole de Baudre, advocat du roy, iiii s. vi d.... — Summa : xii l. viii s.

Summa totalis du plet d'eglise par les vicontes : xvi l. xii s.

Parties de vivre de prisonniers par lez diz vicontez.

Premièrement par le viconte de Coustancez, pour le vivre Guillot Guerr[oult], detenu en prison, pour lxxvi jours, par jour i d., valent vi s. viii d. — Summa per se.

Parties de ce meismez par le viconte de Karenten... Summa : lxxvii s. viii d.

Parties de ce meismez par le viconte de Valoignes... Summa : xiiii l. xvii s. ii d.

Summa totalis de vivre de prisonniers par les vicontes : xix l. xviii d.

Partiez de justice faite et de prendre et espier malfaitteurs. Par le viconte de Coustances... Summa : vi l. et viii s.

Partiez de ce meismez par le viconte de Karenten... Summa : vi l.

Item parties de ce meismes par le viconte de Valoignes... Summa : lxxviis.

Summa totalis de justice faite par les vicontes : xvi l. v s.

Parties de loux et aiglez pris.

Par le bailli, nichil.

Item par le viconte de Coustancez. — Pour iiii loux pris à la Coulombe par Henri le Guelinel, xx s. — Item pour deux aiglez pris à Pirou par Jehannet Aubin, x s.

Item par le viconte de Karenten, nichil.

Item par le viconte de Valongnes. — Pour une louve apportée par le vallet monseigneur Robert de l'Espesse, x s. — Pour une louve apportée par Boudet Erquembout, x s. — Pour deux louveteaux et une louve apportés par Jaquet Barbe, xx s. — Pour un louf apportey par Colin le Nourri, v s. — Pour iii hurez par Guillot Bacon, xv s. — Item pour une hure de louve par icelli, x s. — Summa : lxx s.

Summa totalis de loux pris : c s.

Parties de messages envoiez par le ballif.

Pour lettres envoiez aus vicontes de la ballie du retour du derrain eschequier, pour fére termeir lez assises, xii s.

Pour un message envoié à Paris en la chambre dez comptez, porter une certificacion à nos seigneurs de leur commandement faite au viconte de Coustances contre S. le Boudier que il fust au xxe jour de Noel en la dite chambre pour respondre et soy deffendre de certainez chosez de quoy le dit S. l'avoit accusé envers nos diz seigneurs, xxx s.

Item pour lettrez envoier à tous les vicontez pour prendre lez Lombars qui s'estoient mis en franchise partout où l'en lez trouveroit et d'apliquier lour biens au roy, et pour fére lez bannir, xv s.

Item pour un message envoié à Caen à monseigneur Gieffroy le Masnier, chevalier, et à mestre Ph. Halebout, pour savoir comme l'en yroit avant en la besoigne touchant la terre d'Auvers, que on dit que doit estre en garde de roy, xv s.

Item pour un message envoié à tous lez vicontes porter lez ordenances sur lez mestier et art de draperie, et envoier enquerre par plusours foys la response pour envoier à la court, xviii s.

Item pour autrez lettrez envoiez aus diz vicontez faisantes mencion dez Lombars, xv s.

Item pour envoier aus diz vicontez unez lettrez de la court pour fére garder lez ordenancez dez monoiez, xii s.

Item pour messages envoiez à plusours chevaliers... [1].

---

[1] La fin du rôle manque.

9.

Gages assignés sur la prévôté de Vernon.
13 mai 1331.

Le roi donne à Adenet le Vigneron, vallet de ses levriers, 6 d. p. de gages journaliers, à prendre sur la prévôté de Vernon. — « Donné au Val de Ruiel, le xiiie jour de may, l'an de grace mil ccc trente et un. »
Copie du 1 août 1331.

10.

Prieuré des Emmurées près Rouen.
17 mai 1331.

Le roi mande au bailli de Rouen de faire achever « les maisons et autres choses qui ont esté commenciées en la prieuré de Saint Mahyeu de lez Rouen, de l'ordre des Prescheeurs, pour suer Perronelle de Navarre.... Donné au Val de Rueil, le xviie jour de may, l'an de grace mil ccc trente et un. Par le roy, à la relation le conte d'Estampes : BARR. »

11.

Chapelle du château de Breteuil.
29 juillet 1331.

Ph. par la grace de Dieu rois de France, au ballif de Gisorz ou à son lieutenant, salut. Nous te mandons que, tantost et senz delay, tu delivres, pour la chapelle de nostre chastel de Breteuil, au chapellain d'icelle une aube, deuz amiz, trois touailles d'autel, un parement pour une touaille, unes custodes de teile pour mettre entour l'autel, une estole, un phanon, un sautier ferial, les ystoires des festes de saint Loys, de la sainte coronne et de sainte Anne.... Donné à Bretueil, le xxixe jour de juingnet, l'an de grace mil ccc trente et un, souz le seel de nostre secret en l'absence du grant.

12.

Travaux au château de Breteuil.
6 août 1331.

Le roi mande au bailli de Gisors de faire faire sans délai « la cave ordenée à faire de nostre commandement par les maistres de noz euvres en nostre chasteau de Breteul.... Donné à Breteul, sous le seau de nostre secré, en absence du grant, le vi[e] jour d'aoust, l'an de grace mil trois cens trente et un. Par le roy, à la relacion du sire de Guarencières : NEUEL. »

13.

Session de l'Echiquier à Rouen.
6 septembre 1331.

Ph. par la grace de Dieu rois de France, à nostre amé et féal conseillier Hugues de Crusi, salut et dilection. Nous vous mandons que en la quinzaine de la feste Saint Michiel prochain à venir vous soiez à Roen pour l'expedicion des causes de nostre eschequier du dit lieu, et ce ne lessiez pas. Donné à Paris, le vi^e jour de septembre, l'an de grace mil ccc trente et un. Par vous : MORDRET.

14.

6 septembre 1331.

Pareil mandement pour « nostre amé et féal chevalier et consellier Jehan du Chastell[ier]. »

15.

Pareil mandement pour « nostre amé et féal chevalier et consellier Pierres de Cuignères. »

16.

Session de l'Echiquier à Rouen.
18 septembre 1331.

Ph. par la grace de Dieu rois de France, à nostre amé clerc mestre Pierre l'Alemant, salut et dilection. Nous vous mandons que vous soiez en la quinzaine de la feste Saint Michiel prochaine à venir à Roen, aveques nos amez et feaus gens deputez de par nous pour l'expedicion des causes de nostre eschequier du dit lieu, pour rapporter et faire relacion à noz dites gens d'aucuns procès et enquestes pendans ou dit eschequier par vous veuz et à veoir. Et ce ne lessiez pas. Donné à Paris, le xviiie jour de septembre, l'an de grace mil ccc trente et un. Par vous : MORDRET.

17.

Donation d'une rente en grains sur le domaine de Bohon.
28 septembre 1331.

Le roi donne à son amé et féal chevalier Jehan de Rochefort, pour en jouir sa vie durant, « la value de sis muis, tant fourment comme avaine, » dûs par divers tenanciers de Bohon, au bailliage de Cotentin. « Donné au bois de Vicennes, le vingt et huittiesme jour de septembre, l'an de grace mil ccc trente et un. »

Copie du 11 avril 1332, n. s.

18.

Travaux à Vernon, les Andelys, Neuf-Marché, Lions, la Feuillie, la Fontaine du Houx, et Long Champ. — Saint-Michel 1331.

Parties des oeuvres de machonnerie faites en chasteaux et manoirs de la viconté de Gisors, [en plusieurs] lieus en icelle, pour le roy, par mestre Robert de Herbecourt, machon du dit seigneur, compt[ées au terme de Saint] Michel ccc trente et un.

Vernon.

Pour cleu dont l'en assembla les siéges des aesemens, iiii s.

Pour autres menues euvres faites eu dit chastel, en la geole, et à Vernonniel, pour fenestrages rapp[areillier et]..... resceller et autres choses, xx s.

Pour sourcrois des taluz fais ès fossés du chastel de Vernon, qui furent bailliés à faire par Robert....... et comptées à Pasques cccxxxi, lesquelles oeuvres furent mesurées à une toise de xxviii piez et......... en la ville une toise de xxvi piés signée du saign le roy, pour le dit sourcrois rendu à......... Rogier et Martin Challemaine, x l.

Somme : xi l. iiii s.

Andely.

Pour faire deus astres de quarrel en la geole d'Andely eu solier sur la cohue, estouper iiii fenestres....... et plusieurs autres pertuis eu planchié du dit solier, et pour ce faire et tout querir, à Jaques Vec...., et à rabés, xl s.

Somme par soy : xl s.

Pour euvres de machonnerie faites eu vivier d'Andely pour le sourcrois d'une tasche de machonnerie, [laquelle] fu bailliée à Pierre de Bosroger, pour le relés du dit vivier et degrés, huisseries et autres oeuvres [ordonnées] par le bailli, pour le dit sourcrois raporté par le serement de Jaques de Bos Gillout, de Jehan le....... [et] Robin Fourré, jurés et serementés sur ce, qui distrent au bailli par leurs seremens que le dit Pierre de [Bosroger] avoit bien fait puis la première tasche xxx l. x s. d'euvre plus que sa tasche ne montoit, [tant par ce que] il y a fait un degré de x marches hors de la dite tasche comme par ce que les escoinçons du relez [avoient de] lons II piés et demi dedens terre et II piés de haut plus que il ne furent bailliés, pour icel su[rcrois au dit Pierre] xxx l. x s.

Pour ais, bendes et clous dont l'en fist moulles pour l'euvre du dit relés, XII s.

Pour les greils qui sont en la machonnerie, dont le bailli fist marchié à Renaut le Fèvre [et pour les appar]eillier par xx s., et il a depuis alongié les broches, pour quoy il doit avoir pour tout XXII s.

Pour XXVI pesées de fer mises ès barreaux où les verges tienent engrafés et ailleurs, [II s. VI d. chascune] pesée, valent LXV s.

Pour renfourmer la cauchie vers l'ostel Dieu et au pont devers les moulins et pour oster les [pieux] et métre autres et querir pierre, chaux, sablon, charoy et paine, pour tout, par Guillaume de Gaillart......

Somme : XL l. XIX s.

La chauciée du Port Morin.

Pour la dite chaucie faire et rappareillier et deuement de pieux, de claies, de pierre et de terre, [pour ce] que les chevaux, charétes et denrées qui passent par le dit port ne povoient entrer en la flête [sans grans] perils, faite et appareillie bien et deuement de toutez chose[s] qui aconvenoient, par les personnes et par lez journées [qui ensuivent].

Premièrement pour Richart l'Englois, XXVII jours, II s. par jour, LIII s.

Pour Pierre le Parquier, XXVII jours, XX d. par jour, XLV s.

Pour Jehan Helies, XXVII jours, XX d. par jour, XLV s.

Pour Andrieu de Calais, xii jours, xviii d. par jour, xviii s.

Pour xxvi journées d'un hotier, xii d. par jour, xxvi s.

Somme : ix l. viii s.

Le chastel de Gisors.

Journées d'ouvriers qui redrecièrent les galeries de dessus l'eaue devers la.......

Guernier le Machon, xii jours, ii s. par jour, xxiiii s.

Jehan le Conte, xii jours, ii s. par jour, xxiiii s.

Guillart de Bosgillout, xii jours, ii s. par jour, xxiiii s.

Robin Fourré, iii jours, ii s. par jour, vi s.

Jehan Liesce, xiii jours, xvi d. par jour, xviii s. viii d.

Richart Marie, xv jours, xvi d. par jour, valent xx s.

Jehan Brunet, xv jours, xvi d. par jour, valent xx s.

Pierre d'Orbec, xi jours, xvi d. par jour, xiii s. viii d.

Perrin Galopin, iii jours, xiiii d. par jour, iii s. vi d.

Les deux filles Thibaut de Cerens, chascune ii jours, vii d. par jour, xxviii d.

La fille Nicole le Clerc, ii jours, vii d. par jour, xiiii d.

Item pour xxxiiii mines de chaux prises à Jehan le Picart, xii d. pour mine, valent xxxiiii s.

Pour xii claiez prises à Jehan Enguelart, vi d. pour pièche, valent vi s.

Pour ii cyvières prises à Laurent de Lilly, ii s. vi d.

Pour ii augez et vi pelles prinses à Jehannin Paris, iiii s.

Pour vi paniers, ii s.

Pour une vintaine dont l'en osta les pierres de l'eaue prise à Robin le Cordier, iiii s.

Item à Mahiet le Camus, pour amener pierre, caux, sablon et pieux pour iiii jours, à iii chevaux, [à vii s.] par jour, valent xxviii s.

Pour une charetée de pieux pour ferir ès fondemens, v s.

Somme : xii l. xi s. x d.

Le chastel de Nuef Marchié.

Pour une brèche de mur estoupée en la granche que les chevrons abatirent quant euls coulèrent, par R..., pour chaux, sablon, charoy et paine, xvi s.

Pour plusieurs fenestres estoupées ès chambres sous le[s] terrasses et plusieurs cheminées rapareilliées du com[mandement] du bailli, pour plastre, paine et toutes choses à Jehan le Plastrier, lxvi s.

Pour un four pour le chastelain fait du commandement du bailli, contenant iii mines, et pour tor...... lieux en la meson sur la bove, pour ce faire et tout querir, à Robin de la Bove, lvi s.

Somme : vi l. xviii s.

Lyons.

Pour un pan de mur fait entre le prael et la charpenterie, de ii toises de lonc et de ix [piez de] haut, pour ce faire et tout querir, à Gregoire le Machon, xxx s.

Pour un greil de fer qui est devant la dale d'emprès la porte du chastel, pesant III pesées, II s. [VI d.. chascune], valent VII s. VI d.

Item à Robin Fourré pour asseoir le dit greil et métre y une pierre qui y failloit,..... par jour, valent VI s.

Somme : XLIII s. VI d.

Le manoir de la Feullie.

Pour II tuiaux de cheminée fais touz noefs ès mesons du mareschal et as mestres de l'ostel, de bons t......, et pour paver entour l'autel de la chapelle où les terres estoient fondues, à Victor le Sauvage.....

Pour terre aportée entour l'autel par Mahiet Moleteste, pour VIII jours, VIII s.

Item à Gregoire de Lyons, pour XL toises d'ensuillemens faites en plusieurs mesons rappareillieez, V s. pour toise, X l.

Item à iceluy pour IIII contrecuers fais ès mesons aus mestres de l'ostel, au mareschal, as pa...... la royne et ou garde mengier du commun, pour tout L s.

Pour LXX toises de torcheis faites en plusieurs mesons, en costés et en pignons, III s. pour toise, [et tout] querir, valent X l. X s.

Somme : XXV l. X s.

Le manoir de la Fontaine du Houz.

Pour renfourmer de machonnerie entour les auges du sauveur, et pour renfourmer et marches fai[re]...... viés sales, et renfourmer entour la clousture de la meson du four[1], pour ce que la dite closture n'estoit

---

[1] Probablement un four de verrerie.

[pas] fondée comme mestier estoit, et pour machonner entour la gueule du four, à Robin Fourré, pour x [jours, xx s.] par jour, valent xx s.

Item à Perrin Fourré, x jours, xvi d. par jour, xiii s. iiii d.

Item pour pierre, chaux, sablon, marches et charoy, x s.

Item à Jehan de Paris pour ii ars fais ès noeuves chambres sur les aesemens qui portent les...... de plastre qui departent les aesemens, et pour un autre arc fait en la chambre as chambellans...... les siéges des aesemens sieent, pour tout xlii s.

Item pour le chaume et le terrier de quoy les murs estoient couvers quant les mesons furent levées, [à Per]rin Bourdon, xviii s. viii d.

Somme : ciii s.

Lonchamp.

Pour le mur d'endroit les aesemens de la chambre le roy que l'en a perchié, et y a l'en fait une fen[estre pour ce que] l'en n'y veoit goute, et pour brisier le mur d'une prison où le chastelain met ceuls qui meffont [en la dite] forest, et faire y une huisserie de taille, un sueil et ii marches, pour tout à Robin Fourré, x......

Pour une verge de fer qui est en la fenestre des aesemens, pesant iiii pesées, et ii gons d'une [pesée, et ii] gons de deus pesées pour l'uys de la prison. Item pour un greil de fer par où l'eaue va en fosse, ii [pesées]. Somme : ix pesées, ii s. vi d. pour pesée, valent xxii s. vi d.

Pour retorchier en plusieurs lieux la cohue, pour toutes paines vi s.

Somme : xi l. viii s. vi.d.

19.

Compte du Receveur des vicomtés de Beaumont-le-Roger, d'Orbec et de Conches. — Saint-Michel 1331.

Le compte Soupliset le Gorju, receveur de haut homme et puissant monseigneur monseigneur Robert d'Artoys conte de Beaumont,.... dit receveur ès vicontés de Beaumont, d'Orbec et de Conches, au terme de la Saint-Michiel l'an mil ccc trente et un.

Beaumont.

Demaines fieffés.

Des rentes appelées les coustures, que pluseurs gens doivent pour leur terres, parties au dos de cest roulle [1], pour moitié xlix l. xv s. x d.

Des rentes appelées les pourprestures [2], deues semblablement, les parties au dos, pour moitié, x l. xiii s. iiii d. ob.

De troiz services à cheval par Robert du Valet, Michiel le Ragonneis et Guillaume le Mestre, egaument pour moitié, lxxv s.

De la ferme Biatrix de Saint Lambert, que tiennent pluseurs gens, pour moitié, x l. x s. vi d.

---

[1] Le détail de ces redevances, en 90 articles, se trouve au dos du rouleau.

[2] Le détail de ces redevances, inscrit au dos du rouleau, se compose de 42 articles.

De la ferme de la Herpinière, que tient le sire de Harecourt, pour moitié, xx l.

De la ferme de la Harengière, que tient monseigneur Guillaume de Thevray, chevalier, pour moitié, vii l. xiii s.

De la ferme Hernaut de Tourville, par Gillebert et Henri diz de la Chesnoye et lour parchonniers, pour moitié, x l.

De la terre de Corneville, par le seigneur du lieu, pour moitié, xiii l. xix s.

De la ferme de Tevray, que tient Robert Gerart des Jardins, pour moitié, xvii s. vi d.

De la ferme du moulin au Huré, par Henri le Mègre, pour moitié, iiii l.

De la ferme de la Belinière, que tient Jehan d'Ouche, pour moitié, xv s.

De la ferme monseigneur Louys de Thybouville, pour moitié, xxxv s.

De la garenne de Gouppillières, que tient Raoul Tournart, pour moitié, l s.

Du campil du Nuefbourc, que tient Jehan Berthelin, pour moitié, l. s.

Du gardin Osoul, fieffé par Rogier Petart, pour moitié, xx s.

Du vigneour du chastel, de rente que il doit pour estre quitte de la fachon de la vigne au priour, pour moitié, xv s.

Des prez le conte, par le mestre de Saint Estienne de Raneville, pour moitié, cx s.

Des diz prez, par le syre de Harecourt, pour tout l'an, iiii l. vi s. viii d.

Des diz prez, par Raoul de Fontenay, pour moitié, liii s. vi d.

Du contre pleige Guillaume de la Fosse, par Robert Benoite, pour tout l'an, l s.

Du jardin le roy, par le mestre de l'ostel Dieu, pour tout l'an, xxv s.

De l'escange monseigneur Guillaume de Harecourt, que tiennent pluseurs gens [1], parties au dos, pour tout l'an, ix l. vi s. ix d.

D'une place que tient Robin des Auges, pour tout l'an, xx s.

De l'escange monseigneur Robert du Boys Gencelin, que doivent pluseurs gens à Espreville, pour tout l'an, liii s. iiii d. ob.

Du fié de Portes que tient Jehan Fortin, pour tout l'an, xx s.

De monseigneur Jehan de Gaillon, pour la diesme de ses boys, pour tout l'an, xxv s.

Du seigneur de Sarquigny, pour semblable cause, pour tout l'an, xxv s.

Des vins le conte, par le prevost de Gouppillières, pour tout l'an, xvi s.

De la forfecture Thomas Houpel, par Jehan Blaise, pour tout l'an, xii s.

Des cens des masures de Beaumont, qui sont en

---

[1] La liste de ces tenanciers, au nombre de 14, est au dos du rouleau.

bourgaisie, parties au dos [1], pour tout l'an, xvii l. v s. x d.

Des cens des terres hors bourgaisie, parties au dos, pour tout l'an, xiii l. vii s. v d.

Des rentes de Glos deues au dit terme, pour tout l'an, cxv s. vi d.

Des rentes de Lyre deues au dit terme, pour tout l'an, parties au dos, xvii l. vii s.

Du choucage, vinage, prières deues au dit terme, parties au dos, pour tout l'an, xxi l. viii s. vii d.

De pluseurs choses menues fieffées, parties au dos, ix l. iiii s. vi d.

De l'escange de la terre de Saint-Gabriel, que doivent pluseurs gens, rabatu xl s. qui en sont tourvez en la viconté d'Orbec, priz sur le moulin de Bonneboes, ovec vi l. qui .... sur le dit moulin, dont l'en conte en la viconté d'Orbec, xlviii l.

De rente deue à Corneville, de ceux qui ont franchises à cheval en la forest de Beaumont, chascun xii d., deuz à la Saint Jehan par le prevost du lieu, pour tout l'an, xxiiii...

De semblable cause, par le prevost du Quesne, au dit terme, pour tout l'an, xv s.

De cens deuz à la Tous sains, parties au dos, pour tout l'an, xlvii s. i d.

De la viés cohue de Beaumont, par Michiel Boenne, pour tout l'an, v s.

---

[1] Au dos du rouleau, on lit la liste, aujourd'hui incomplète, des tenanciers qui payaient le cens pour leurs masures de Beaumont. Les autres listes qui devaient suivre ont été déchirées.

D'un courtil fieffé en Ouche à Gillebert Buisson, pour tout l'an, v s.

D'une masure et une maison en la paroisse de Quatre Mares, par Robin du Coudroi, pour les deux pars, xx s.

De quatre acres de menu boys fieffé à Thierry Boedrot, pour tierz et dangier, pour moitié, vi s.

Somme : iii^c xv l. vi s. v d.

Demaines non fieffés.

De la prevosté de Beaumont, de la ferme du moulin Osouen, de la pescherie de Rille et de la coustume de Combon, par Robert Benoite, pour le quint vi^{te}, pour moitié, iii^c l.

De la prevosté de Lyre, par Jehan des Fretiz, rabatu xxxi l. xvii s. vi d. pour le quart rendu à l'abbé de Lyre, pour le segont quart, iiii^{xx} xv l. xii s. vi d.

De la prevosté de Glos, par Estienne le Mercier, pour le derrenier quart, pour moitié, lxii l. x s.

. . . . .¹

20.

6 octobre 1331.

Mandement du roi pour Guillaume de Viarville, chevalier, de la viconté de Bayeux. — « Donné au boys de Vincennes, le vi^e jour de octobre, l'an de grace mil ccc trente et un. Par le roy, à la relacion de messire A. Guenant : H. MARTIN. »

---

¹ La fin manque.

21.

Somme reçue pour assistance à l'Echiquier de Rouen.
28 octobre 1331.

Je Hugues de Crusy, familier le roy monseigneur, congnois avoir eü et receu de honorable homme et saige Oudart le Coc, baillif de Roen, par la main de Jehan le Villain, le viel, son receveur, pour mes despens faiz alanz et venant et demorant à Roen pour les beisoignes de cest present eschequier de la Saint Michiel, pour vint et sept jourz, quatre vinz une livre de tornois petiz, desquiex je me tiens pour paiez. Donné souz mon seel, l'an M CCC XXX et un, le lundi devant la Touz sainz.

22.

Somme reçue pour assistance à l'Echiquier de Rouen.
28 octobre 1331.

A touz ceus qui verront ces presentes lettres, Jehan du Chastelé, chevalier, sires de Vitri, salut. Saichent tuit que je ay ehu et reçu de honnorable homme et saige Oudart le Coq, baillif de Roan, par la main Jehan le Villain, le viel, soixante livres parisis, pour cause de mes despens que je ay esté à Roan à l'eschequier de la Saint Michiel l'an de grace mil CCC trente et un. En tesmoig de ce, je ay seellées ces lettres de mon seel, lundi jour de saint Symon et saint Jude, l'an desus dit.

23.

7 janvier 1331, v. s.

Mandement du roi en faveur de « Jehan Ymoy, collectour des reliez et treziesmes de la vicontée de Baieux. »

Copie.

24.

Versement au trésor du roi de la recette du bailliage de Caux.
15 janvier 1331, v. s.

Le roi mande au bailli de Caux d'envoyer à son trésor à Paris tout l'argent de la recette du bailliage de Caux. « Donné à Ferrières, le xv° jour de janvier, l'an de grace mil ccc trente un. Par les genz dez comptes : JA. DE BOULAY. »

25.

Terre de Guillaume de Cuves délivrée à sa fille, par ordre du roi. — 18 mars 1331, v. s.

Le roi mande au bailli de Cotentin de délivrer à Jehan Payenel, écuyer, la terre de la fille de Guillaume de Cuves, chevalier, que le dit Jehan avait épousée quand il était sous la garde du roi Charles IV. — « Donné à Saint Germain en Laye, le xviii° jour de mars, l'an de grace mil trois cenz trente un. Par le roy, à la relacion mons. Guy Baudet : FEAUZ. »

26.

Travaux exécutés aux châteaux de Breteuil, de Verneuil, de Châteauneuf et de Senonches. — Pâques 1332.

Parties des euvres faites ès chastiauls, manoirs et viviers de la visconté de Vernueil, comptées au terme de Pasques trois cenz trente et deux.

Le chastel de Bretueil.

Pour faire la trape du petit celier du dit chastel toute neuve jouste la bove qui a esté faite, pour le boys amener et bouchaier et pour painne de charpentiers, L s.

Pour faire deux huis croisilliées de boys illec, pour tout le boys faire, XL s.

Item pour faire v poulains pour les caves, pour boys amener et pour toutes choses à ce faire, XXX s.

Item pour faire un huis en la cuisine du roy, pour tout v s.

Item pour faire toutes les chauciées qui appartiennent à la bove et aus deus celiers, pour charoy et pour touz autres coulz, VIII l.

Item pour meitre un petit sommier et deus posteaus et leurs liens ou bout du degré de la chapelle, pour porter les solleaus de dessus qui estoient eschapez, pour toutes choses, XXV s.

Item pour fere doux prosneaux ou degré du celier souz la chapelle, pour toutes painnes, XXX s.

Item pour faire les deus bondes à avaler les vins en la bove par les deux entrées, pour toutes choses, XX s.

Item pour un huis faire tout neuf en la chambre aus nappes, de charpenterie, x s.

Item pour faire un huis et un siége en la chambre aisiée que l'en a délivrée pour le chastellain, pour faire huis et siége, xx s.

Item pour un siége d'icelle basse chambre, x s.

Item pour faire un huis en la cohue de Bretueil tout nuef enchasé, et pour estouper les pertuiz de la dite cohue, xxx s.

Item pour un millier de clou à chantier pour les trois huis dessus diz, x s.

Item pour la fenestre du souspirail de la bove, v s.

Item pour xx milliers d'escenle, qui sont touz dolez ou boys, pour meitre sur les halles de Bretueil, pour millier couper et fendre ii s. vi d., valent L s.

Item pour doler et couvrir, v s. pour millier, c s.

Item pour voiture, pour millier ii s., valent xL s.

Item pour L milliers de clou à ce, pour millier ii s., valent c s.

Item pour iiii milliers de tuille plommée mise sur la salle du chastel de Bretueil tout au lonc d'icelle juques à celle où le chastelain demeure, pour millier xxv s., valent c s.

Item pour xxxvi festeaus plommez mis illec, xxxvi s.

Item pour xii noes plommées mises illec, v s.

Item pour x pierres de plastre à restraindre et reconsillier les cheminées par dehors illec, xxxvi s.

Item pour chaus, sablon et cherroy à ce faire, xxiiii s.

Item pour la painne et le sallaire de Jehan Convenant, pour les dites choses faire.... [1].

Item pour deux milliers de tuille mis en la meson du chapellain du chastel de Bretueil, xxiiii s.

Item pour festeaux et corniers mis illec, xii s.

Item pour chaus, sablon et pour cherroy à ce faire, xvii s.

Item pour carrel à paver le four du chastel, xx s.

Item pour poinne de Jehan Convenant, pour ce faire, xxx s.

Somme : lvii l. xix s.

Item pour euvres de fer faites et mises en la bove du chastel de Bretueil.

Pour iiii gons à deux manivelles à meitre en pierre, xx s.

Item pour iiii barres, chascune de vi piez de lonc, fourmées de clous et de crampons, iiii l.

Item pour ii serreures garnies de ce qui y appartient, c'est assavoir de toureus et de tou[rei]llières, en boys et en pierre, xl s.

Item pour ii aneaus et ii vertevelles mises aus trapes, x s.

Item pour ii barres de fer mises en un huis emprès la chapelle de bas, x s.

Item pour un toreil en ycelui huis et une toreillière, iii s.

Item pour ii aneaus de fer mis ès deux heuses de quoy l'en avallera le vin en la bove du chastel, iiii s.

---

[1] Le chiffre n'a pas été marqué sur le rouleau.

Item, en l'uys de la chambre aysiée au chastellain que l'en a delivrée, ii luneites, ii gons à pierre et un toureil, v s.

Item pour la fenestre du souspirail, ii barres, un toureil, une toureillière, v s.

Item pour l'uys de la cohue, un toureil, ii couplez et un petit pivot, v s.

Item pour ii crampons à tenir le prosnel qui est souz la chapelle, iii s.

Item pour vuidier les chambres aysiées du chastel de Bretueil, xiii l.

Somme : xxiii l. v s.

Autres euvres de maçonnerie ou dit chastel de Bretueil.

Tache bailliée à Raoul Amoureites et à Robin Fourré pour le pont du chastel comme l'en entre en la dite ville de Bretueil, c'est assavoir premièrement en l'esponde du costé d'envers la ville ii assises de grès de ii piez de haut et de plus, et en l'autre esponde du costé devers la geolle pour abessier les eaues aus coulz du roy au plus bas que l'en les pourra meitre sanz lever les bondes, et en l'esponde devers la geolle se escluseront à leurs despens de céus qui feront la besoigne, et est le pont en peril de fondre, car la maçonnerie est chaite en l'eaue.

Item autre tache bailliée au dit Raoul et à son compaignon, lesquiex doivent renfourmer toutes les fentes qui sont en la toureille comme l'en y entre à la main senestre et de l'autre de derrière la cohue, et doivent renfourmer une fenestre qui est ne droit la dite cohue;

item il doivent féré les reparacions de la geolle, tant pour maçonnerie comme pour terrages, car il n'a point de terre sur les planchez.

Item autre taiche bailliée au dit Raoul et à son dit compaignon, c'est assavoir que il feront une huisserie en la salle au chastellain ou prael à la royne, et osteront les marchez, et avalleront et renfourmeront les gambes de l'uisserie, et avalleront les couvertures, selonc ce que la dite huisserie le desire. Item il doivent renfourmer le contrecuer de la cheminée en la salle par bas, et deux autres de deux cheminées en la haute salle. Item il doivent faire deux enseullemenz en la salle de bas et desasseoir les voustures de deux huisseries par bas, pour les seuls que l'en y veut meitre, pour les eaues qui entrent en la salle, et les eaues qui entrent en la salle vont en la bove que le roy a fait faire. Item il doivent faire le pavement devant la salle, de quoy il y a une perche de lée selonc le costé de la salle, et s'en vendra le pavement de la chapelle droit au celier au chastelain selonc le costé de la dite salle ; et aura bien le pavement IIII perches de lonc. Item il aura en la perche de lée une noe qui s'en vendra au celier du chastelain pour porter les eaues. Et trouveront pierre, chaux, sablon et charroy, et feront toutes ces besoignes dessus dites bien et soffisanment, et en doivent avoir par tache pour tout à rabés VII^{xx} l. t.

Item à Jehannot le Guyon, pour mesurer et recevoir la chaux qui est venue à la bove, pour ses journées, IIII l.

Item à Brunet, qui aporta le sablon en la bove et

pour erier ¹ les terres, pour xvi jours, xviii s. viii d.

Item pour le prael à la royne baillié en tache à Robert Piel pour aerier et tourber lex, lxx s.

Item pour la ferreure du lermier de la bove et pour les gons, xx s.

Item autre tache bailliée à Pierre Geout, pour seulier le prael à la royne, et doit querir pierre, chaus, sablon et charoy, par x l. en tache et à rabés.

Somme toute : ii^c xl l. xii s. viii d.

Parties des euvres du chastel de Vernueil.

Pour redrecier les menjoueres et rasteliers des estables du chastel de Vernueil qui estoient chaeites, pour boys, pour clou, pour poinne d'ouvriers, xv s.

Item pour non compté au terme de la Saint Michiel darrenièrement passée, pour les deux huis qui sont sur les pertuiz des fossés de la geolle de Vernueil faiz touz nuefs, pour ce que l'en trouva les autres touz pourriz, tant pour boys, pour clou comme pour poinne de charpenterie, xxv s.

Item pour reparacion de murs faiz en la geolle, qui estoient cheuz, et pour torchais de paraiz en ycelle en plusieurs lieus, xxx s.

Item pour iiii gons assis en pierre et à plastre, et pour iiii luneites mises ès fenestres du chastel de Vernueil, viii s.

Item pour ii gons, ii luneites mises en la meson du chapellain du dit chastel, iiii s.

Item pour repareillier iiii fers derompuz en la geolle de Vernueil, viii s.

---

¹ Faire les aires.

Item pour une serreure de fer mise en la grant porte de la geolle et pour le touroil rappareillier, x s.

Item pour II père de fer touz nuefs, xx s.

Somme : vi l.

Parties d'autres euvres faites en la chauciée du vivier de France à Vernueil, de pionnerie, darrerières LII chaeres de fust que y a fait faire Jehan le Tainturier, baillié par ycelui en tache à Renout le Charpentier; et doivent vuider les mauvéses terres et aporter des autres toutes nouvelles, pour tout, xxx l.

Pour faire murs qui estoient despeciez sur la dite chauciée par devers la porte de France, IIII perches par Guillot Blondel en tache et à rabés, LII s.

Pour faire deux huis ès diz murs, l'un et l'autre par devers la meson aus beguines, bailliez en tache par le dit Jehan le Tainturier à Jehan Roussel charpentier, pour tout, L s.

Somme : xxxv l. II s.

Cepit baillivus ad Pascha cccxxxIIIº inter opera, pro parum hic capto, xxvIII l. xIII d.

Parties des euvres de Chastiaunuef et de Senonches.

Pour euvre de charpenterie faite en la pescherie de l'estanc et ou pont de l'entrée du chastel de Senonches, par Robin Pellerin, tant pour charpenterie de boys comme pour chevilles de fer, et pour charoy et autres coulz, vIII l. x s.

Item pour faire une porte de fust devant la cohue de Chasteaunuef, pour merreen et pour poinne, xx s.

Item pour III greis de boys qui failloient devant la pescherie de l'estanc de Senonches et devant deux

moulins illec, l'un environ de L piez de lonc, et les
II autres chascun de xxx piez de lonc, par mestre
Jehan le Charpentier, dont il print le boys en la forest
de Bretueil, et rendre tout prest sur les lieus, xxx l.

Item pour refourmer d'escenle et de clou deux postées de paroy de la salle de Senonches, qui furent abatues pour meitre deux pos touz nuefs, en lieu de deux
autres pos qui estoient cheuz et pourriz, pour tout
rendu prest, LX s.

Item pour VI milliers de tuille mis en la cohue de
Chastiaunuef, moitié au roy et moitié aus hoirs de la
Roche, tant pour tuille comme pour voiture, pour
chaux, sablon et poinne d'emploier, CX s., pour la part
du roy, LV s.

Somme : XLV l. V s.

27.

Compte des sommes dues à Robert Mauvoisin, procureur du roi au bailliage de Caen, pour les poursuites dirigées par les Réformateurs de Normandie contre l'évêque de Bayeux et autres. — Pâques 1332.

Pour les despens de Robert Malvoisin, procureour
du roy nostre sire en la baillie de Caen, faiz en alant à
Paris, du mandement des refformateurs derrenièrement
envoiez en Normendie, pour cause des amendes tauxées
par iceuls contre l'evesque de Baiex [1], lesquelles furent
tauxées à XII^m livres, pour les despens du dit Robert,

---

[1] Guillaume de Beaujeu.

de son clerc à cheval, et pour les despens de leur valez et des diz chevaux, faiz du mardi avant la Saint Michiel CCCXXXI, que il mut à aler à Paris, euquel voiage il demoura, tant en alant comme en demourant à Paris, pour la cause dessus dicte, XXII jours. Item pour les despens du dit Robert, qui parti de Paris du commandement des refformatteurs à venir à Roen à l'eschequier qui seoit, pour deffendre les causes de deux amendes tauxées par iceuls, l'une sur le doien de Baiex, et l'autre sur Platon de Verdun, lesquelles se amontoient à mil livres, et aussi pour les autres causes touchantes le dit seignour eu dit eschequier, euquel il demoura tant en venant de Paris à Roen que en demourant illec XX jours.

Somme des journées XLII. Pour chascun jour XX s., valent XLII l. t. Sur les quelles XLII l. t. li furent bailliez XXX l. t. par Mahieu de Paris (?), collecteur et receveour des amendes faites devant les diz refformatteurs. Ainssi appert que l'en doit au dit Robert XII l. t.

Item pour ce que l'en demande au dit Robert XX l. t. qui lui furent bailliez par Mahieu de Paris, pour porter à Roger de la Mote, advocat du dit seigneur, pour aler avecques lui à Paris pour icelle meismes cause, le dit Robert les bailla au dit Roger pour faire ses despens, du temps qu'il demoura à Paris, alant et venant pour les causes dessus dictes.

Item pour les despens et escriptures faiz en parsuiant les appeaux faiz par Mons. d'Avaugour et Mons. de Blainville, refformatteurs, contre l'evesque de Baieux pour cause de Guillaume Marie, pour ce VII l. t.

28.

Lettre du roi au bailli de Caux, touchant une amende due par le fils de Renaut Benoit. — 26 avril 1332.

Mandement du roi au bailli de Caux touchant le délai accordé à Renaut Benoit, pour payer l'amende de 200 l. p. à laquelle avait été condamné son fils, Cardin Benoit. « Donné à Sainte Gemme, le xxvie jour d'avril, l'an de grace mil ccc trente et deuz. Par le roy, à la relacion mess. Guy Baudet : SAVIGN. »

29.

Lettre du roi au bailli de Cotentin, touchant une rente de 20 livres sur la terre du Hommet, appartenant à la succession de Thomas de Villers. — 8 mai 1332.

Ph., par la grace de Dieu rois de France, au baillif de Costentin ou à son lieutenant, salut. A la supplicacion de Jehan Hardoin, de Amignie, fermier, si comme il dit, des moulins, pescheries et autres choses estanz en nostre garde à cause de l'oir du Hommet, meneur d'aage, venues et eschaetes de la mort et succession feu Thommas de Villers, ès parroisses de Bahaez, de Dac, de Cavignie et du Hommet, te mandons que, se appelé nostre procureur et ceus qui seront à appeler, il te appert que les vint libvres tournois par an que le dit feu Thommas, eu temps qu'il vivoit, par soi ou par autre levoit et esploittoit sus la terre du Hommet par la main Guy de Bruecourt, chevalier, ou de ses genz, à cause de la terre du Hommet, que le dit chevalier tenoit à ferme, appartiegnent et doient estre delivrez au dit suppliant à cause du bail de la dite garde, tu li faces delivrer et rendre li les arrerages, se aucuns li en sont deuz, sanz délai, en tele manère qu'il n'en retourne plus par devers nous. Donné à Paris, le vııɪe jour de mai, l'an de grace mil ccc trente et deux. Par les gens des comptes : VISTREBEC.

30.

Travaux à faire, pour le compte du roi, à la chapelle d'Adeville, près Carentan. — 14 octobre 1332.

Les genz des comptes nostre seigneur le roy à Paris, au bailli de Costentin ou à son lieutenant, salut. Comme, si comme il nous est apparu parmi les escrips de la chambre des comptes, especiaument par le compte de vostre dite baillie du terme de la Saint Michiel cccxxıı et xxııı, ouquel compte de la Saint Michiel cccxxııı furent prises sus le roy xxıı l. xıı s. t. pour les euvres de la chapelle de Saint Martin de Adeville[1] en vostre baillie, laquele est en sa collation (et y est dit que, par informacion faite par le dit bailli, le roy est tenu aus reparacions de la dite chapelle), ledit nostre sire le roy soit tenuz aus reparacions de la dite chapelle, et le chapellain d'icelle nous ait donné à entendre que il convient de neccessité, pour la soustenue de la dite chapelle, pluseurs euvres de charpenterie, maçonnerie, couverture et autres en icelle, en suppliant que nous

---

[1] La chapelle d'Adeville, sur le territoire de Saint-Côme, près Carentan.

les feissiens faire, nous vous mandons que vous sachiez queles euvres de reparacion y faut à present en la dite chapelle pour la soustenue d'icelle, et celles que vous y trouverrez estre defaillans de neccessité faitez faire sanz aucun delay, sanz faire toutes voies aucune nouvelleté d'euvres, et nous les vous alloerons en voz comptes, par nous rapportant ces presentes lettres. Donné à Paris le xiiie jour d'octobre [1]. — Sic est in dicto compoto : G. BRUNNY.

31.

31 octobre 1332.

Mandement du roi pour « les Bons enfans de lez la porte Saint Victor, à Paris. » — « Donné à Pacy, le derrainier jour d'octobre, l'an de grace mil CCC trente et deux. »

32.

Bailliage de Cotentin. — Biens appartenant à Jehan du Saucey.
19 janvier 1332, v. s.

Jean, duc de Normandie, mande au bailli de Cotentin de délivrer les biens de Jehan du Saucey, fils et hoir de feu Colin du Saucey. — « Donné à Saint Denys en France le xixe jour de janvier, l'an de grace mil CCC

---

[1] Au dos de cette lettre on lit : *Recepta Rothomagi, die Jovis post festum Symonis et Jude, anno Domini M°CCC°XXXII°.*

trente et deux. Par monsseigneur le duc en son conseill : VERBER. »

33.

Fragment d'un compte du bailliage de Cotentin, touchant l'exploitation de la forêt de Lande-Pourrie et la saisie des biens du sire de Montauban, sis à Saint-Ladre-de-Montfort. — Pâques 1333 (?).

Item pour les despenz Robert d'Oissi, Johan de la Faloise, Guiot Selvain, Johan Paein, Henri de Cuves, Guillaume de Saint Jehan, Guillaume de Noire eaue, escuiers, envoiez visiter la forest[1] avec autres marcheans, le vendredi, semmedi, dimence, lundi, mardi et merquedi darrenièrement diz, pour eulz, leurs chevauls, pour leurs vallez, pour tout xviii l. vi s.

Item pour les despenz monseigneur Robert de Gavroy, chevalier, le dimence, lundi, mardi, merquedi dessus diz, avec les diz marcheanz et escuiers, envoiez à ii chevauls, et de Robert de Combrai, Johan Mautaillié, Thomas Montagot[ier], Guillaume Halle, Colin le Souterel, le vendredi, samedi et le diemence, lundi, mardi et merquedi dessus diz, pour tout xvi l. xviii s. vii d.

Item pour les despenz de Robert Cullier, Renouf Sallez, Martin le Rat, Michiel le Pot[ier], Raoul Guiot et Thomas le Goiz, marcheans de boiz, par les jours dessus diz, pour tout xvi l. xii d.

Item pour les despenz de Michiel le Saussier, Michiel

---

[1] La forêt de Lande-Pourrie.

le Petit, Guillaume Herbert, Guillaume de Nere eaue, Renouf et Johan Pichars, Johan Daoust, marcheans, pour tout xi l. xviii s.

Item pour despenz de Robert Dinort, Robert de Bussonc[ourt], Michiel Bion, Denis Hue, Rogier Aleaume, Perrot le Convers, Johan Dalmète, Blesot de Vernuil, Guillaume le Roier, Guillot Galain et Rogier de Combrai, les jours dessus diz, pour la cause dessus dite, ix l. xv s.

Pour despenz de Robert Dinort, verdier, en alant adjourner plusieurs marcheans et escuiers entour la dite forest, du commandement des diz commissaires, pour la cause dessus dite, par ix jours, v s. par jour, xlv s.

Pour les despens de Guillot Hale, pour aler à Vire et à Condé adjourner plusieurs marcheans, par iiii jours, xx s.

Pour semblable, par Denis Huet, pour adjourner plusieurs marcheans et escuiers, par vi jours, xxx s.

Pour les despenz de Guillot de Mante à aler adjourner plusieurs marcheans devers Danffront, par v jours, xxv s.

Pour despenz de Guillot Pave, alant adjourner les nobles et autres qui tiennent à tiers et à dangier leur boiz, du commandement des diz commissaires, par viii jours, xxxii s.

Item pour parchemin et salaire d'un clerc avec les diz commissaires, pour faire lettres et mandemens aus sergens et registrer les injunctions faites aus sergens et aus gens qui aleirent voir les dites forés dès le mardi emprès la Circoncision jusques au diemence emprès la Chandelour [1], par xxxvi journées, pour tout x l.

Somme : vi^{xx} x l. vii s. viii d.

Somme toute : ii^c xxxix l. iii s. x d.

De ce chiet pour les gaiges du bailli par xxviii journées, pour chacun jour xxi s. xi d. p., valent xxxviii l. vii s. t.; demeurent ii^c l. xvi s. x d. t.

Despense féte pour le roy nostre sire par Raymont du Bois, Johan Guiton et Guillaume Maupoint, commissaires de sire Fauvel de Vadencourt, jadis bailli de Costentin [2], par vertu d'une commission à eus de li féte et d'un mandement du roy, dedens la dite commission encorporé, de laquele il peut apparestre.

Premièrement quant le dit bailli, par vertu du dit mandement, out esté à Saint Ladre de Montfort, o grant foison de gens d'armes, et les gens qui estoient sur le deffens du roy de par li sires de Montauban en la priourté de Saint Ladre de Montfort s'en furent fouiz et alez par la puissance du dit bailli, et il ne pout trouver le corps du dit sires de Montauban ne de ses complices, qui s'estoient pour li trestournez, pour ce que il estoit ileuc à grans frez et couz et que il avoit à besongner de plusieurs autres besongnes touchans le roy en sa ballie, il i retourna, et commist les dessus diz à parfère le contenu en la dite commission, c'est assavoir à prendre les corps du dit chevalier et de ses

---

[1] C'est en 1333 qu'il s'écoula 36 jours depuis le mardi après la Circoncision jusqu'au dimanche après la Chandeleur. Par ce motif, j'ai rapporté le présent compte au terme de Pâques 1333.

[2] Fauvel de Vadencourt fut bailli de Cotentin de 1327 à 1331

complices, à fère inventoire de ses biens meubles, à prendre et à seisir ses biens et sa terre en la main du roy, à y establir seneschaus, prevoz, recevoours et forestiers, et à en oster ceus qui de par li y estoient, les queux commissaires, le clerc du dit Raymont, Nicholas le Sauvage, tabellion, que eus menèrent o eus pour tesmongner souz son signet cen qui par eus seroit fet, et Johan l'Apostoire, sergent du roy, à VI chevaus et o XII vallez de pié, quar à mains de gens n'osoient estre, par la reson de ceus qui s'en estoient fouiz de la dite priourté, qui estoient ès bois, si comme l'en disoit, par les queux il convenoit passer les diz commissaires, les queux partirent d'Avrenches le merquedi après *Invocavit me* l'an CCCXXIX[1], que monnoie mainne couroit, et vaquèrent en la dite besongne XV journées, pour chescun jour LX s., valent XLV l. de la dite monnoye, qui valent XXX l. t.

Item pour un autre voiage fet après Pasques ensuivant, du commandement du dit bailli, pour ce que l'en li donna entendre que l'en ne vouloit obéir pour les gens que les diz commissaires avoient establi eu non du roy, pour les diz III commissaires, le clerc du dit Raymont, le dit tabellion et Gieffroy de Saint Sever, serjant, à VI chevaux et XII vallez de pié, qui furent et vaquèrent en la dite besongne, tant alans, demourans que retornans, IX jours, pour chescun jour LX s. t., valent XXVII l.

Item pour le salaire du dit tabellion pour estre as dites besongnes, C s.

---

[1] 28 février 1330, n. s.

Item pour escrire par plusieurs foes les procès sur ce fez et pour parchemin, L s.

Item pour messages envoiez au balli à Valongnes pour porter les diz procès et tabellionages, XV s.

31.

Malversations du garde de la haye de Saint-Saëns.
Mai et juin 1333.

Tesmoins oys à Saint Saan, par messire Johan le Veneeur, ès mois de moy et de juig l'an mil CCCXXXIII, sur les malefaçons faites en la haye de Saint Saan par Pierre Garlles, adonc garde de la dite haye et geolier de Saint Saan [1].

Nigaise le Prevost dit par son serement que il fist late en la haie de Saint Saan pour le geolier de Saint Saan (il ne soit le nombre), eu marchié du chaable que tient Colin le Charon, més il ne soit où le bois en fu pris, quer il estoit par quartiers tout en un mont, et n'en vit onques recepé....

Guillaume Chaperon dit par son serement que il coupa en la haie II chesnes, dont l'un encroua sur l'autre, et n'estoient point merchiés, et y avoit bien II chartées et demie ou environ, et avec ce II sechons sans merc, d'une chartée ou environ; et tout ce out Pierre le Geolier.

---

[1] Je ne donne que des extraits de cette enquête, dont le texte est copié au dos du rouleau contenant les amendes taxées, en 1335, par Henri de Meudon et Simon le Porcher. (Voyez plus loin, n. 49.)

Jehan le Franc, autrement Gropin, dit par son serement que Pierre le Geolier a eu, du bois du roy, si comme il l'a oy dire au dit Pierre, deuz hestreaux pour faire un bequet à lever sa meson ; item un chesne en la haie hors des lais de la vente, abatu sans merc ; item un autre chesne cheu en chaable, non merchié ; item un scchon de chesne ou dit chaable, d'environ une chartée, non merchié.

Pierre Lochon, ouvrier de bras, dit par son serement que il ne vit onques jour de sa vie plus malicieuz marchant de bois que Colin le Charon ; quer il dit que tousjours se plaint et fait le papelart et semblant de plourer, etc.

35.

Amende de Hervé de Léon. — 2 juin 1333.

Le roi mande au bailli de Cotentin de lever une amende de 60 l. p. à laquelle avait été condamné Hervyeu de Leon, chevalier, de Bretagne. — « Donné à Paris, le IIe jour de juign, l'an de grace mil ccc trente trois. Par Pierre Forget, trésorier : JA. DE BOULAY. »

36.

Garde de l'héritier de Gilbert Malesmains.
10 juin 1333.

Le roi mande au bailli de Cotentin de laisser les gens du roi de Navarre jouir d'une partie des émoluments de « la garde à l'oir Gilebert Malemains, jadis sire de Sacé, ès villes de Sacé, Vecé, Montasnel et Quernet... Donné à Paris, le xe jour de juing, l'an de grace mil ccc trente trois. »

Copie du 20 août 1333.

37.

Vente de bois dans le bailliage de Cotentin.
14 juin 1333.

Ad Sanctum Michaelem cccxxxi^o computavit baillivus Constantini pro primo septimo cujusdam vende vendite Guillelmo Anglici liii l. vii s. ii d., et pro cera ejusdem vende iiii l.; et ad Pascha et Sanctum Michaelem cccxxxii^o et Pascha cccxxxiii^o equaliter, pro venda viii^{xx} l. xviii d. : et pro cera xii l. Sic restant adhuc tres termini ad solvendum, qui ascendunt viii^{xx} l. xviii d. pro venda, et pro cera xii l. Summa totalis que debetur pro dicta venda : viii^{xx} xii l. xviii d.

Veu et raporté par mons. Vincent Buff[ier].

Vos, baillive Constantini, visis litteris domini ducis Normannie hic sutis et scriptis nostris, ut superius continetur, habita deliberacione, mandamus vobis quatinus, nova fidejussione recepta a dicto Guillelmo Anglici, faciatis eidem de dictis tribus terminis quinque terminos, secundum quod sua requesta directa dicto domino duci continebat, ita quod solvat dictas viii^{xx} xii libras xviii denarios turonenses in quinque scacariis proximo futuris equaliter. Scriptum in camera compotorum domini regis Parisius, xiiii Junii, anno Domini Mº ccc xxxiiiº. J. DE SANCTO JUSTO.

38.

Argent déposé à Caen entre les mains d'un sergent du roi.
15 juin 1333.

A tous ceulz qui ces lettres verront ou orront, Guillaume du Tail, clerc, garde du seel de la visconté de Can, salut. Sachent que Pierres Taffourneau, serjant du roy nostre sire, present par devant nous, congnut avoir eu et receu de Richart d'Abelon, bourgois de Can, trente et deux libvres tournois, que le dit Pierres et ses compaignons luy avoient bailliez en garde, c'est assavoir pour monseigneur Hue de Luc, chevalier, xx libvres, pour monseigneur Hue de Juvignie, chevalier, quatre livres, et pour Jehan Caperon huit livres; de laquelle somme des trente deux libvres le dit Richart a eu et retenu quarante soulz tournois, que Jehan le Fourmagier luy devoit, si comme il disoit; de laquelle somme dessus dicte le dit Pierres se tint pour bien paiés, et en quitta et quitte clama le dit Richart et tous autres à qui quitance en puet et doit appartenir, sur l'obligation de soy et de ses biens. En tesmoing de ce, nous avons mis à ces lettres le seel dessus dit, sauf autri droit. Ce fu fait l'an mil ccc trente et trois, le mardi après la Saint Barnabé.

Copie du temps.

9.

Inventaire d'un ménage à Saint-Pierre-d'Arthenay.
17 juin 1333.

A touz ceux qui ces lettres verront ou orront, Robert du Sartrin, guarde du seel et des registres des confessions des lettres de la viscontei de Karenten, salut. Sachent tous que par devant Robert le Canu, clerc, nostre attourné quant à cen, fut present à Saint Pierre de Arthenay Jehan de la Capelle, serjant du duc nostre sire, et recorda par son serement que il avoit fait l'inventore des biens de Guillaume Fauvel et de sa fame, penduz, en la manère qui ensuit : Premèrement un cheval rouge; deuz truyez; chinc veaus, deuz d'oan, et troiz d'antan; deuz vaches, une rouge et autre noire; diez brebis et deuz aigneaus; deuz oiez; deuz pos de metal; quatre paelles; quatre huches et deuz escrinz; deuz coites; une quaréte ferée; troiz quaretiz; une quarue ferée; deuz herches; troiz bourreaus o touz les traiz; un sourquot de burnéte fourrei, un sourquot de pers fourrei, touz à fame; une coignie; troiz tables; un trou; une pille; deuz tonneaus; deuz cuves et un refredeour; troiz pippes et deuz queez; siez oyseaus; un truble; une selle quaretère; un plon; une paere de roez fustières; deuz poulainz à vin descendre; une fauz; un escrinet; ouict draz de linge; une paele de fer; un greil; une lanterne; deuz fauchilles; un quaeril de liet; deuz pouleinz; troiz geniches; un anoil; neuf pièces de fil de bruisserons; deuz napes; une touaille. Et à cen furent presens Vincent Fautrart, Guillaume l'Escalier fiz Henri, Ricart le Vavassor, Ricart Faudin, Pierre du Maresc, Guillaume le Tourniant, Ricart Auberi, Guillot le Peletier, Pierre le Vavassour, Pierre Auberi, Rogier du Maresc et Raoul le Sage, qui distrent par lour seremens que plus ne savoient des biens de la dite forfeture, exceuptei chinquante vergées de bleiz, troiz vergées et demie de preiz. Laqueille forfeture, au duc nostre sire appartenant, fut vendue quarante livres tournois quites à la main du duc nostre sire par dessus toutes mises. En tesmoing de cen, ces lettres sont seellées, à la relacion du dit attournei, du seel dessus dit, o le signet du dit serjant. Cen fut fait l'an de grace mil troiz cenz trente et troiz, le jeusdi avant la feste Saint Jehan Bauptiste. Coram me : CANU.

40.

Paiement d'une amende entre les mains d'un ancien vicomte de Coutances. — 23 septembre 1333.

A touz ceuls qui ces presentes lettres verront et orront, le viconte de Coustances, salut. Saichent touz que par devant nous fut present Simon Vuiton, borjois de Coustances, qui nous tesmoigna et dist par son serment que, ou temps que il estoit clerc Godefroy le Blont, pour le temps viconte de Coustances, et en l'an mil trois cenz et treize, il avoit esté presenz là où Phelipes de Troue avoit paié quarante soulz au dit viconte pour une amande d'eschequier en quoy le dit Phelipes avoit esté mis en ycelui anvers le prieur et les frères de l'Ostel Dieu de Coustances, et les avoit aidiez à compter et à recevoir en l'ostel du dit viconte et à son contoer; et aussi fut present Jehan de la Hale, sergent pour le temps, qui nous dist par son serment que ou temps et au terme dessus diz le dit viconte l'avoit charché de la dicte amande de quarante souls par escroe, ovecques son autre charge, et quant il vint compter de la dicte escroe au dit viconte, le dit viconte l'an decharga et li dist qu'il s'en tenoit pour paiez, par quoy le dit de Hale croit qu'il fussent paiez comme dit est. Lesqueles choses dessus dictes nous tesmoignons par ces presentes lettres, données au dit Phelipe et à sa requeste, pour li valoir en temps et en lieu ceu que raison sera. Donné à Coustances, l'an mil III^c. xxxიii, le jeudi après la Saint Mathey et Saint Lo.

41.

Sergenterie du plait de l'épée de Rouen.
4 octobre 1333.

Confirmation par le duc Jean à Robert de Grey de la sergenterie du plait de l'épée de Rouen[1]. « — Donné à Poissi, le IIIe jour d'octobre, l'an de grace mil CCC trente et trois. Par le duc au commandement du roy, à la relacion de maistre R. le Clerc : CHEVRON. »

---

[1] Voyez plus haut, n. 6.

42.

Compte du moulin d'Arondel. — 26 janvier 1333, v. s.

Ce sunt les emolumens du moulin d'Arondel, receuz par Jehan le Prevost et par Guillaume Yvelin, gardes d'icelui establiz à cen par Pierre d'Aucerre, adonc baillif de Beaumont, jour de la feste des Innocens en l'an mil ccc xxxi, lesquiex emolumens il recheurent du dit jour juques environ la Saint Clement l'an mil ccc xxxiii[1], que il furent hors de la dite garde pour ce que le dit moulin fu lors afermé, et rendirent l'emolument d'icelui de la dite feste des Innocens de l'an xxxi juques au premier jour de may l'an mil ccc xxxii, c'est à savoir à Durant le Blanc, receveour pour le roy nostre sire lors.

Premièrement le segont jour de may l'an xxxii, iii boisseaux de fourment venduz à Malegent vi s.

Item eu dit jour, viii boisseaux d'orge, et en eut Malegent iiii boisseaux de v s. iiii d., et Richart Heron ii boisseaux de ii s. viii d., et Guillaume Feret ii boisseaux de ii s. viii d.

Item eu dit jour, iiii boisseaux d'orge, venduz à Raoul la Glu vi s.

Item eu dit jour, ii boisseaux d'orge, venduz à Guillaume Feret l'ainzné iii s.

Item i boisseau d'orge vendu à son frère xviii d.

Le jour de Penthecouste, iii boisseaux de fourment venduz à Robin Couez d'argent vi s. vi d.

---

[1] Du 28 décembre 1331 jusqu'à la fin de novembre 1333.

Le jour de la Saint Pierre as Liens, IIII boisseaux de fourment venduz à Guillaume Chouel v s.

Item eu dit jour, IX boisseaux d'orge venduz à Estienne Baudoin VII s. x d. ob.

Le jour de la decollation Saint Jehan, III boisseaux de fourment venduz à Guillaume Chouel v s.

Item eu dit jour, v boisseaux d'orge venduz à Estienne Baudoin IIII s. IIII d. ob.

Le jour la Saint Denis, IIII boisseaux de fourment vendus à Guillaume Chouel v s.

Item eu dit jour, II boisseaux d'orge venduz à Estienne Baudoin XXI d.

Le lundi avant la Saint Martin d'yver, II boisseaux de fourment venduz à Guillaume Auberi III s.

Item eu dit jour, IIII boisseaux d'orge venduz à icelui IIII s.

Le mardi après la Saint Nicolas d'yver, IIII boisseaux de fourment venduz à Malegent VI s.

Item eu dit jour, VI boisseaux d'orge venduz à Guillaume Chouel VI s.

Le jeudi après la Circumcision, II boisseaux de fourment venduz à Guillaume Feret III s.

Item eu dit jour, IIII boisseaux d'orge venduz à icelui IIII s.

Le mecredi des Cendres, v boisseaux de fourment venduz à Malegent VII s.

Item eu dit jour, IIII boisseaux d'orge venduz à Malegent IIII s. VI d.

Le jeudi absolu, VI boisseaux de fourment venduz à Guillaume Auberi VIII s.

Item eu dit jour, iiii boisseaux d'orge venduz à icelui iiii s. vi d.

Et est à savoir que en cest temps ci le dit moulin cessa et chomma, pour cause de faire les reparacions d'icelui, dont les mises en sunt en la fin de cest roullet.

Item emolumens dudit moulin receuz par les diz Jehan et Guillaume l'an mil ccc xxxiii.

Premièrement, le lundi avant l'Ascension, v boisseaux de fourment venduz à Machot Feron vii s. vi d.

Item eu dit jour, iiii boisseaux d'orge venduz à Perrin Farein iiii s. vi d.

Le samedi avant la Saint Ursin, vi boisseaux de fourment venduz à Guillaume Aubéri ix s.

Le samedi après la Saint Jehan Baptiste, vi boisseaux de fourment venduz à Guillaume Auberi ix s.

Le jeudi après la Saint Laurent, iiii boisseaux de fourment venduz à Guillaume Auberi vi s.

Item eu dit jour, ii boisseaux d'orge venduz au dit Guillaume ii s.

Le vendredi après la Nativité Nostre Dame, vi boisseaux de fourment venduz à Malegent x s.

Item eu dit jour, iii boisseaux d'orge venduz au dit Guillaume iii s.

Le jeudi avant la Saint Remi, vi boisseaux de fourment venduz à Guillaume Auberi ix s.

Item eu dit jour, iii boisseaux d'orge venduz à Guillaume Feret iii s.

Le jeudi feste Saint Martin d'yver, iiii boisseaux de fourment venduz à Malegent vii s.

Item eu dit jour, ii boisseaux d'orge venduz à Guillaume Binet ii s. vi d.

Le samedi avant la Saint Clement, iiii boisseaux de fourment venduz à Guillaume Auberi vii s.

Item eu dit jour, ii boisseaux d'orge venduz au dit Guillaume ii s. vi d.

Somme du fourment : LXXVI boisseaux.

Somme de l'orge : LXIIII boisseaux.

Somme de l'argent : IX l. XIIII s. IIII d.

Recepte des moultes sèches du dit moulin de l'an XXXII, XV s. Item receptes des dites moultes de l'an XXXIII, XV s. Valent XXX s.

Somme toute : XI l. XVI s. VIII d.

Despenses fètes pour le dit moulin par les dites gardes.

Premièrement pour ii boues qui sunt ès bous de l'arbre, VI s.

Item pour uns paingnons, III s.

Item pour freter les diz paingnons, XII d.

Item pour forger le fer du moulin, V s.

Item pour curer par ii ans l'arrère bié, III s.

Item pour rapareiller la roe et pour clou, III s.

Somme : XXII s.

En tesmoing de cen, les diz Jehan et Guillaume ont mis à ceste cedule l'emprainte de leur seaus. Fait et escript l'an de grace mil CCC XXXIII, le mecredi après la conversion Saint Pol.

43.

Fragments du compte du bailliage de Rouen.
Pâques 1334.

Parties des oevrès de la baillie de Roan à compter au terme de Pasques l'an mil ccc xxxiiii.

Premièrement Rouan.

Pour fère enpaner et regrater iii^c milliers de quarreaux bailliez en taache par Oudart le Coq, jadis bailli de Roan, par vertu des lettres nostre sire le roy données le xxviie jour d'aoust l'an mil ccc xxxiii, viii s. le millier, valent xl l., de la somme de vi^{xx} livres que la taache est bailliée. Somme par soy.

Oevres de charpenterie faites eu dit chastel. Pour faire la chambre où la gaite corne, pour merrien c'est assavoir une sole et une parne, chascune de x piez de lonc et de demi pié de fournesture, chascun xv d., valent ii s. vi d. Pour quatre coulombes, chascune de vii piez de lonc et de demi pié de fournesture, pour x d., valent iii s. iiii d. Item trois soleaux, chascun de x piez de lonc et de demi pié de fournesture, xii d. chascun, valent iii s. Pour porter le dit merrien au chastel, x d. Pour paine d'ouvriers pour meittre en oevre le dit merrien, c'est assavoir Giffroy Hellùis trois jours, xxii d. pour jour, v s. vi d.; Giffroy du Busc iii jours, xx d. pour jour, v s. Pour planchier le pont de devers Bouveruel là où mestier en estoit, pour xii és, chascune de noef piez de lonc et de pié et demi de lé et trois doie d'espoisse, achetées à Gautier Vent d'aval, ii s. vi [d.] chascune, et fu du commandement du viconte à la venue de nos seigneurs de l'eschequier, valent xxx s. Pour porter les dites és au chastel, III s. Pour paine de meittre les dites és en oëvre : pour Giffroy Helluys, pour II jours, XXII d. pour jour, III s. VIII d.; Julien Godeffroy, XXII d. pour jour, pour deux jours, III s. VIII d. Pour millier et demi de late mis en plusieurs lieux eu dit chastel, pour clou et pour paine, au pris de XXXVIII s. le millier...... Pour chinc journées d'un ouvrier qui fist establies à prendre les arballestes et plusieurs autres choses en la garnison de l'artillerie, XXII d. pour jour, IX s. II d.

Item parties de plureurs menues oevres faites eu dit chastel, tant de menues charpenterie que d'autre choses necessaires.

[Pour] deux fenestres en la chambre le roy, pour bosc, pour clou et pour toute paine, rendues toutes prestes comme d'assoer, IIII s. Pour fère deux tables noeves pour l'abbé de Cluigni [1], l'une en la grant sale et l'autre en la chambre, dont l'une est de XXII piez de lonc et l'autre de XVIII piez de lonc et de trois piez de lé chascun, et y en a une de tremble et l'autre de chesne, et furent achetées à Gautier Vent d'aval, xxx s. Pour p[orter] icelles, XVI d. Pour la paine de faire les dites tables, pour les journées d'un ouvrier, pour VI jours, II s. pour jour, valent XII s. Pour deux [paire] de trestres haus qui furent fais pour les dites tables, pour bosc et pour paine, VIII s. Pour XII paire de trestres qui furent fais tous noef pour nos seigneurs de l'eschequier,

---

[1] Pierre de Chastelus.

pour ce que il failloient de necessité, III s. le père, valent xxxvi s Pour porter le bosc dont il furent fais, xviii d. Pour une petite table faite toute noeve pour mesnie, II s. vi d. Pour establir drecheeurs en la bouteillerie au dit abbé et pour fére plureurs autres ordenances necessaires, pour la journée de deux ouvriers à cen fére, pour chascun xxii d., III s. VIII d. Pour une perque mise en la dite bouteillerie, xv..... Pour la paine de Pierre Osbert et de Gautier le Piquart, qui firent plureurs des choses dessus dites, pour chascun VIII jours, par jour xx d. à chascun, xxvi s. VIII d. Pour... broques à rastelliers, II s. Pour une reille qui fu mise entre les grans chevauls à l'abbé de Clugni, si comme autrefois a esté, x d. Pour six és qui furent mises ès mengeeures par les estables par tout là où mestier en estoit, pour chascune VIII d., valent III s. P[our portage].... Pour xii perches qui furent mises entre les grans chevauls à l'abbé de Clugni en une estable là où autre fois avoit esté acoustumé, pour chascune xii d., valent xii s. Pour portage VIII d. Pour trois journées d'un ouvrier qui mist les dites perques et mist coulombes seur l..... à quoy elles sont soustenues en la manière que autrefois a esté, xxii d. pour jour, valent v s. vi d. Pour troiz huis mis, l'un eu degré devant la maison à la gaite, l'autre en la despense de la sale du tresor, et l'autre au bout du degré d'en haut de la cuisine au bailli, pour bosc, clou et toute paine, renduz prés comme d'assoer, par Robert de Sahurs, xxii s. Pour trois fenestres mises eu dit tresor, pour bosc, clou et [paine], toutes prestes comme d'assoer, vi s. Pour un quarteron d'espeur qui fu mis en l'auvent de la grant sale, pour le espeur et pour clou, ii s. ix d. Pour portage de deux fourmes qui furent emprumptées à Guillaume de Sahurs pour grant necessité pour nos seigneurs de l'eschequier, xii d. Pour la [paine] d'un ouvrier qui rejoinst les és de la porte du pont devant et les requevilla, pour ce que euls y avoient esté mises trop vertes, xxii [d.]. Pour quatre journées d'un varlet qui cuilli la vielle essande après les ouvriers et tria la bonne de la mauvèse, iiii s. Pour le salaire d'un varlet qui cuilli les trestes par le chastel quant l'eschequier fu départi et les aporta en saulf, xii d. Pour deux postelles et deux reil[les] mises ès fossés ès mures de la fontaine, du commandement du viconte, iiii s. Pour la paine de Colin le Soudoier à ce fére, pour deux jours, iii s. Pour quatre és mises en une goutère entre la tour de derrère la maison au prestre et la dite maison, xii d. chascunne, valent iiii s. Pour la paine d'un ouvrier à cen fère, et qui les haucha et mist conyaux au dessous, xxii d. chascun jour, pour deux jours iii s. viii d. Pour la paine d'un ouvrier qui assist canlates et coniaux et requevilla chevrons eschapés, par deux jours, iii s. iiii d. Pour recuillir le sablon [qui] fu mis eu champ de la bataille, pour meittre lei hors du parc, en lieu que il se peust garder, pour meittre ley à proffit : Thomas le Bau..... deuz jours, xiiii d. le jour, Robert Preudomme ii jours, Perrot le Hoteron ii jours, Philippot le Hoteron ii jours, à chascun xiiii d. le jour..... Pour la paine de meittre le dit sablon en mortier pour la garnison du chastel, par Thomas le Convers, xxii s. Pour couvrir tout de noef [le com]ble d'emprès la porte des champs de essende, et la maison maistre Jehan le Convers, pour xii milliers de essende, clou, et pour toute paine d'ouvriers b[aailliée] en taache à Robin le Ballenchier et à Richart l'Asne, viii l. viii s. Pour appareillier la maison maistre Jehan le Convers par grant necessité, [pour] merrien et pour paine, xxv s. Pour meittre une fourme en la cohue et une és à l'entrée de la chambre aesiée d'icelle cohue et une és [au] parquet d'icelle cohue, pour bosc, clou et paine, vi s. Pour trois aulnes de essay pour couvrir les siéges de nos seigneurs de l'eschequier..... Pour rependre l'uis du gardin d'emprès la cohue, pour deux gons et deux vertevéles, ii s. Pour deux coulombes mises en l'uisserie [de la] maison à l'artilleeur, pour bosc et pour paine, v s. Pour lx piez de canlate, v s. Pour recouvrir la chohue à la venue de nos [seigneurs] de l'eschequier, par Richart l'Asne, pour tieulle et paine, xxv s. Pour curer la chambre aesiée de la dite cohue et oster les ordures qui [estoient] ès fossés, par Philipot le Hoteron, lxx s. Pour neyer les salles et les chambres de par tout le chastel, par Thomas et Jehan les Convers, xx..... Pour chandelle arse à la porte par le portier, xx s. Pour curer la chambre aesiée de la maison au...., et porter les ourdures hors, par Philipot et Perrot les Hoterons, iiii l. Somme xl l. vii s. ii d.

Parties des oeuvres de machonnerie et plastrerie faites par necessité par tout le dit chastel.

Pour faire les mureis ès preaux [d'en]tour la fontaine de xlviii toises de lonc et v piez de haut, du commandement mons. Climent du Quesnoy, chevalier, viconte du dit lieu, xv l. xiii s. vi d.[1]

Pour fére trois fouiers à cheminées, l'un en la petite cuisine de dessus les fossés, l'autre en la chambre dessus la chambre au Prestre, et l'autre en la cuisine où la guéte demeure, pour iic de quarrel, vi s. le cent, xii s. Pour arsille, ii s. Pour vi journées d'un ouvrier à ce fare, xii s. Pour vi journées d'un varlet qui le servy, xii d. par jour, vi s.

Pour renfourmer les mengeeures des estables par tout le dit chastel pour la necessité de nos seigneurs de l'eschequier, et renfourmer les planchiez de ès où mestier estoit, et le planchié de la chapelle, pour seeller les huis et partir les manoirs pour [les] gens as seigneurs de l'eschequier que il n'alassent les uns sus les autres, pour XL mines de plastre à ce faire, xvi d. la mine, valent liii s. iiii d. Pour vii journées de Guillaume de la Commune, plastrier, à ce faire, xxvi d. pour jour, valent xv s. ii d. Pour Guillaume Perronnèle, vi jours, xx d. par jour, [x s.]. Pour Raol Osber, iiii jours, xx d. par jour, vi s. viii d. Pour trois valeis qui les servirent, pour xvii jours, à chascun x d. par jour, xiiii s. ii d. Pour portage du dit plastre, par deux varlés, xii s.

Pour clorre la chambre de la haute tour où la guaite corne, et pour fère y un.... bon et seeur, et pour lambroissier entre deux quevrons pour la noif, pour bosc, plastre, arsille et quarrel, et pour toute paine, L s.

Pour [fére] un fouier en la sale de la geole où l'en

---

[1] Cet article a été rayé.

[1334] DE LA CHAMBRE DES COMPTES. 73

meitt les prisonniers tenu[s] pour soupechon, et renfourmer de plastre les pavemens d'icelle et le p[avement] d'une des chambres as debteurs, pour plastre, arsille et quarrel et pour paine, x s.

Pour rappareillier la maison au prestre du dit ch[astel] pour plastre, c'est assavoir viii mines, xvi d. la mine, x s. viii d. Pour paine Guillaume de Bourdainville, iii jours, xx d. le jour, v s. Pour iii journées d'un varlet qui le servy, ii s. vi d. Pour aporter le plastre dessus dit, ii s. vi d.

Somme : xi l. iiii s.

Parties des oevres de plon et d'estaim eu dit chastel.

Pour deux cenz quatre vins diz noef livres de viez plon reffondre, [i d. par] livre, xxiiii s. xi d. et fu mis en la goutière de la chapelle Saint Loys. Pour xii livres d'estaim pour souder, x s. Pour paine.... emploier le dit plon et estain, v s.

Pour seize livrez de plon mis sur la meson au portier, iiii s. Pour dis livres d'estain à souder les goutières de la cohue, x d. la livre, viii s. iiii d.

Parties des oevres de fer faites eu dit chastel.

Pour iic de clou pour le planchié du pont si comme l'en va en Bouveruel, viii d.

Pour iiii gons, iii vertevéles à repondre[1] ii fenestres de la chambre au portier, ii s.

Pour i gont mis en l'uis du p[reau] de devant la meson au bailli par devers la meson au portier, viii d.

Pour trois gons et une vertevelle à repondre les huis des preau[s de] dessus les fossés, xx d.

---

[1] Le rôle porte : « reprendre. »

Pour les pentures de deux fenestres en la chambre le roy, xviii d.

Pour 1 gont et une vertevèle à rep[endre] l'uis de la grant tour, xxii d.

Pour iii^c de clou et reffaire les mengeeures des estables du chastel, et repcndre les rastelliers [et fére] autres choses, iiii s.

Pour les pentures de iii fenestres mises eu tresor du dit chastel, et de trois huis, les tourous et les [touro]ullières, vi s. viii d.

Pour un cent de clou à assoer LX piez de canlate, xvi d.

Pour une sereure de fust en la tour devers la porte des champs. . . . .
. . . .

Parties de commune despense de la baillie de Roan du terme de Pasques l'an mil cccxxxiiii, ès vicontés de Roan et du Pont de l'Arche.

Plait d'eglise par le viconte de Roan et son receveeur.

Pour plurieurs escriptures faites par Nicole le Douz et Jehan de Saint Candre, pour la cause d'entre le viconte et l'official du dit lieu, pour l'endroit de Benoit Cautel, tenu pour larrechin, c'est assavoir pour copies d'amonicions et plurieurs instrumens fais de plurieurs protestacions, tant par le procureur de nostre sire le duc que par le procureur de l'office, par plurieurs fois, XLVI s.

Pour plurieurs copies de monitions de l'endroit de Guillaume des Maillos, escuier, qui tenu estoit pour doites, et pour plurieurs protestacions, pour ce qu'il estoit en habit lay, dont l'en fist instrumens par plurieurs fois, XL s.

Pour plurieurs absolucions faites par Jehan de Saint Candre et empetrées par lui pour le viconte de Rouan et son lieutenant, XX s.

Pont de l'Arche.

Pour les despens monseigneur Regnaut de l'Anglée, le vendredi devant Noel que il ala à Evreux pour deffendre la cause que monseigneur le duc avoit contre le curé de Saint Vitor du Pont de l'Arche, pour deux jours, X s.

Pour les despens dudit monseigneur Regnaut quant il ala par devers le bailli de Gisors fére seeller la commission pour deffendre à l'official qu'il ne congneust plus d'icelle cause, V s.

Pour les despens du dit monseigneur Regnaut et du sergent du roy quant il alèrent à Evreux suspendre à l'official que il n'eust plus la congnoissance de la cause, et pour traire la en l'assise, par deux jours, XV s.

Pour plusieurs copies des amonitions et d'inhibicions par le clerc de la parroisse où le viconte demeure, V s.

Somme : VII l. XII d.

Parties de messaiges envoiez par le receveeur de la viconté de Roan.

Pour leittres envoiées par Gonte Mortal à tous les vicontes de la baillie de Roan du comandement du bailli le dymenche XXIIIme jour d'ouctobre, VI s.

Pour leittres portées par le dit Gonte Mortal à

tous les sergens de la viconté de Roan pour fére crier l'assise au lundi après la Tiphaine [1], vi s.

Pour leittres envoiées à tous les sergens de la dite viconté pour fére crier les assises au lundi après la Chandeleur [2], par le mandement du bailli, vi s.

Pour leittres envoiées à tous les dis sergens pour crier et publier l'ordenance des monnoies de nostre sire le roy, et que nul ne fust si hardi qui les passast, par le mandement Robert Garin, lieu tenant du dit bailli, vi s.

Pour leittres envoiées à tous les sergens de la dite viconté, du mandement du dit bailli, que nul ne fust si hardi que il transportast la juridicion de nostre sire le duc à la court de l'eglise, vi s.

Pont de l'Arche.

Pour leittres envoiez à tous les sergens de la viconté du Pont de l'Arche pour fére crier les plais de la viconté d'après Noel, iii s.

Pour envoier les escrips des assises au Pont Audemer pour le nouvel bailli, v s.

Pour envoyer de nuis un messaige pour monseigneur le duc qui estoit au Pont de l'Arche, au maire de Roan, v s.

Pour envoier querre le viconte de Roan de par monseigneur le duc pour venir au Pont de l'Arche à l'instance de l'archevesque de Roan, ii s.

Pour envoier un messaige du commandement mon-

---

[1] 10 janvier 1334, n. s.
[2] 7 février 1334, n. s.

seigneur Pierre de Garencières à l'abbé du Bec à Maretot, ɪɪ s.

Pour envoier querre les sergens de la viconté pour tauxer les amendes de la viconté de cest terme, ɪɪɪɪ s.

Pour porter à iceuls sergens les escroes des dites amendes et les escroez des amendes de la forest, ɪɪɪɪ s.

Pour porter à aucun d'iceuz sergens les escroes de leurs carches de cest terme, ɪɪɪ s.

Pour envoier haster les dis sergens pour fére venir les deniers de leur sergenteries pour porter au thresor, ɪɪɪɪ s.

Pour envoier querre le sergent du Noefbourc, du mandement le roy, pour savoir que la sergenterie du Noefbouc vault, par deux fois, ɪɪɪ s.

Somme : ʟxxɪɪ s.

Parties de messages envoiez par le bailli.

Pour messages envoiez par le bailli, les quiex ont esté paiez par le viconte dessus dit, c'est assavoir :

Pour envoier Jehan Tiessot querre les vicontes par toute la baillie pour venir à Paris as ouctaves de la Saint Andrieu[1] aporter les deniers du terme de la Saint Michiel, vɪɪɪ s.

Pour envoier Jehannot, le messager du thresor, de Paris au Pont Audemer, pour porter les leittres le roy pour fére venir le viconte qui n'estoit encore mie venu, xɪɪ s. par., valent xv s.

Pour envoier le dit Tiessot du Pont de l'Arche à Arches contremander la journée qui estoit assenée

---

[1] 7 décembre 1333.

entre monseigneur le duc et l'archevesque de Roan au mardi après Noel[1], pour icelle meisme cause contremander la journée qui estoit assenée au jour que l'en chante Oculi mei[2], euquel jour monseigneur le duc estoit à Roan, si n'y povait on aler, vi s.

Pour faire savoir par tout la baillie le jour du parlement as Normans, viii s.

Pour fére crier les assises de la baillie après Noel, viii s.

Pour porter à tous les vicontes les ordenances et deffenses des paemens et assignacions des debtes du roy, viii s.

Pour envoier par tous les vicontes la confirmation de tenir les monnoies en estat, viii s.

Pour envoier querre les vicontes du Pont Audemer et d'Auge pour venir compter au Pont de l'Arche de cest terme de Pasques au lundi de la sepmaine peneuse[3], et y vindrent, mais ne trouvèrent pas le bailli et s'en ralèrent sans riens fére, vi s.

Pour envoier les querre autre fois pour ce meisme et le viconte de Roan, viii s.

Pour envoier à Paris le compte du regale l'archevesque Guillaume de Durfort, à Loviers, à Pintarville, à sire Oudart le Coq, qui estoit à Paris, par Perrot le Bourgne, x s. par., valent xii s. vi d.

Pour envoier par ledit Tiessot à tous les vicontes

---

[1] 28 décembre 1333.
[2] 27 février 1334, n. s.
[3] Le lundi saint, 21 mars 1334, n. s.

les leittres du bailli pour euls venir aplegier de leur receptes envers li, viii s.

Pour envoier par tous les vicontes les mandemens du roy et des thresoriers, pour haster les de porter leurs deniers au thresor, de cest terme de Pasques, viii s.

Pour renvoier une autre fois au viconte du Pont Audemer et d'Auge, pour celle meisme cause, vi s.

Pour envoier un message au viconte du Pont Audemer, pour fére prendre les gentils hommes qui avoient jousté sus la deffense du roy, v s.

Pour envoier querre, du commandement des maistres de l'eschequier, le sergent du Mesnil, pour li punir d'unne bateure que il avoit faite à un de ses subgiez, v s.

Somme : cxix s. vi d.

Parties des vivres aux prisonniers des deux dites vicontez.

Roen.

Pour le pain Jehannot Rauche de Preaux, Jehannot Herpin de Sainte Joire, et Michiel Farmant, Jehan Augustin, Perrot Rose, Borchier Jehannot Aguillon, Guillaume Fremont, Ysabellot l'Englesche, Jehan le Teillier, Jehan Haust rès, pour chacune personne un denier par jour, pour viii^{xx}ix jourz, dou jour dou Pardon[1] juques au dymenche commaincement de l'eschequier, qui tiennent pour soupeçon de larrecin, vii l. x d.

....Pour le pain Robert Hule, qui tenoit pour le cri

---

[1] Le 23 octobre, jour de Saint-Romain.

de haro fet sus foin qui estoit Jehan de la Ferière, et vint le lundi avant la Sainte Katerine juques au mardi après la marcesche, ɪ d. par jour, pour vɪ^{xx}ɪɪɪ jourz, x s. ɪɪɪ d.

Pont de l'Arche.

Pour le vivre de Katelot de Lormière, tenue em prison pour ce que le viconte li avoit deffendu qu'elle ne reparast en la viconté dou Pont de l'Arche, tenue em prison un an et un jour, de la Touz sainz juques au mardi devant Noel, pour ʟɪɪ jours, ɪɪ d. par jour, dou dit terme que le dit viconte la delivra, vɪɪɪ s. vɪɪɪ d.

....Pour le vivre de Jehan le Mire, tenu em prison pour ce que il avoit navré un homme à la foire de Montoire, em peril de mort, du jour de la Touz sainz juques au mardi de la Chandeleur, que le viconte le delivra, pour ɪɪɪɪ^{xx}xɪɪɪ jourz, ɪɪ d. par jour, dou dit terme, xv s. vɪ d.

....Somme : xvɪ l. ɪɪ s. ɪɪɪ d.

Justice faite pour mener prisonniers de prison en autre, et pour fére guieter pluseurs personnes portant armes, par le viconte de Roen.

Pour les despenz de Baudoin de Guines, Colas le Prevost, Guillebert Alin et dou dit viconte, pour aler en la sergenterie de Saint Joire, de Pavilli et de Saint Victor, pour espier et prandre pluseurs personnes qui aloient par les abbeyes des diz lieux, touz armez, et especialment mons. Thomas dou Quemin et mons. Jehan Recuchon, la Haurgue et aucuns de leur amis, par ɪɪɪɪ jourz et par ɪɪɪɪ nuiz, xʟ s.

Pour despenz de ɪɪɪɪ chevaliers qui vindrent à pluseurs jugemenz, c'est assavoir mons. Olivier de Bondeville, mons. Geuffroi de Pimont, mons. Jehan de Rochefort et mons. Richart de Montihart, par II foiz, pour juiger dit dou Gardin de Saint Vittor, et Thomas Gonuel, le samedi avant la Touz sainz l'an XXXII, et le samedi après les Cendres, tant pour eux comme pour leur genz, VII l.

Pour justicer Guillot Joen, pour larrechin, par le nouvel bourrel fet noviaumant, XXVIII jourz en octambre l'an XXXIII, X s....

Pont de l'Arche.

Pour fére ardoir une flique de char pourrie, III s.

Pour enfouir une mort en la prison, V s.

Somme : XV l. III s. III d.

Parties de leus, de leuves et aigles pris.

Roen. Pour III aigles aportées par Guillaume Tanagot, XXII jourz en novembre, XV s. — ... Pour V leuz aportez par Colin le Louvier du Mont Moyen, XVII jourz en avril, XXV s. — Pour une leuve prise par Jehan de Mansigni, aportée par Guillaume dou Jardin, VI jourz en may, X s.... — Pour VI leus aportez par Jehan de Soteville, le XXVIIe jour de may, XXX s.[1]

Pont de l'Arche....

Somme : XI l.

Parties de anneaux et de gresillons.... Somme : XL s.

Parties des despenz et mises feites pour porter les

---

[1] Cet article de compte contient le détail de 9 aigles, 19 loups et 5 louves. — Dans l'article de Pont-de-l'Arche, il y a 1 loup et 3 louves.

deniers au thresor à Paris dou terme de la Saint Michiel darrenièrement passée.

Roen.

Pour porter xv^c l. à Paris qui furent paiées au tresor le darrenier jour d'octobre l'an xxxiii. — Pour les despenz de iii chevaux et de iii varlez, pour vi jourz, alenz, venanz et sejournenz, tant que il fussent delivrez, pour chacun cheval ii s. par jour en despenz; pour le louage de chacun cheval, ii s. par jour; pour le louage de chacun varlet, xii d. par jour; valent pour les vi jourz cviii s. — Pour vi paniers, iiii s. — Pour corde, iii s. — Pour corder yceus, iii s. — Pour les despenz dou receveur et de son filz qui conduirent les deniers au th[r]esor et demorèrent x jourz, pour chacun vi s. p., valent pour les x jourz vi l. p., qui valent à tornois vii l. x s.

Pour porter v^c viii l. v d. t. au thresor à Paris le xviie jour de jenvier l'an xxxiii, et furent paiez au thresor celi jour....

Pont de l'Arche. — Pour porter les deniers au tresor dou terme de la Saint Michiel.

Premièrement pour ii^c xl l. p. en l livres de blanches mailles, et en iiii^{xx} l. de doubles, qui furent paiez au thresor le xie jour de decembre....

Pour les despenz dou viconte, de son clerc et d'un varlet, qui portèrent le lundi après Oculi mei[1] ii^c l l. de Roen au Pont Saint Pierre en la chambre aux deniers monseigneur le duc, pour paier ses despenz, xxv s.

Somme : xxvi l. iiii s. iii d.

---

[1] 28 février 1334, n. s.

Parties de plait d'eglise.

. . . .

Auge. — Pour les despens du viconte d'ichu lieu et de son clerc et de Colin le Veelleur, sergent du Pont l'Evesque, fais à Lisieux pour soy deffendre de ce que l'official les avoit fés semondre d'office, pour ce qu'il avoient fet crier que nulle personne ne feist l'autre semondre en la court de l'eglize pour chose dont la congnoissance appartenist à la court laye, là où il furent par III jours, xx s. Somme : xII l. III s.

Messages envoiez par le viconte du Pont Audemer.

Pour lettres envoiéez à touz les sergens de ladite viconté par Richart Malpastour, pour faire crier et publier que l'eschequier de la Saint Michiel derrenière estoit remué jusques au terme de Pasques, VIII s.

Pour lettres envoiéez à plusieurs chevaliers de la viconté pour venir as jugemens de plusieurs personnes, par le dit Richart, v s.

Pour lettres envoiées à tous les dis sergens, par plusieurs fois, pour haster et avanchier les paiemenz de la recepte de la Saint Michiel derrenière passée, VIII s.

Pour lettres envoiéez à tous les dis sergens le mardi avant la Toussains[1] pour crier et publier par tous les lieux notables de la viconté que nul ne fust si hardi que il alast as joustes ne à tournoiz, ne ne fust nul fait d'armes, et que tous les nobles qui avoient esté au tournoy d'entre Duden et Platon fussent mis en prison sans recroire, et que tous leurs biens meubles et

---

[1] 26 octobre 1333.

heritages fussent mis et convertis eu demaine du roy, x s.

Pour lettres envoiées à tous les sergens pour faire crier et publier par tous les lieux notables de la viconté les assises au lundi après la Saint Vincent [1], par Richart Malpastour, x s.

Pour envoier lettres pour faire crier et publier par tous les lieux de la viconté et du ressort que nul ne fust si hardis que il transportast la jurisdicion de monseigneur le duc en la court de l'eglize sus peine de amende, VIII s.

Auge.

Pour lettres envoiées pour faire crier que le baillif avoit ordené que nul ne fust si hardi que il feist traitier ne semondre devant juge de l'eglize autre personne pour chose dont la congnoissance appartenist à la court laye, VI s.

Pour lettres envoiées à tous les sergens pour faire crier les assises qui furent à la Chandeleur, III s.

Pour lettres envoiées au baillif de Caen pour faire lui assavoir que Adam le Fèvre estoit jugié et que il se tenist garni de ses biens, VI s.

Pour lettres envoiées à tous les sergens pour faire crier l'ordenance de la monnoie, III s.

Somme : LXI s.

Justice faite.

Pont Audemer.

Pour despens fais pour prendre et espier Ysabel de

---

[1] 24 janvier 1334, n. s.

là Loyse et Huet du Quesne fuitif, pour souspechon d'un meheing fet à Michiau de Saint Pierres, xx s.

Pour prendre Robin du Busc et envoier en prison pour souspeçon de bourses couper et de plurieurs autres malles façons, xviii s.

Pour faire prendre et envoier en prison Vincent Macieu, souspechonnez de la mort de sa fame, qui estoit fuitis, xv s.

Pour prendre et espier Jehan Renaut, de Glos sus Lisieux, pour souspechons de chevauls emblés et de plurieurs autres larrechins, lequel avoit esté fuitif lonc temps, xviii s.

Pour prendre, gueter et espier Richart Viel et Perrée la Hauchemaille, souspechonnés de rober moustiers et de plurieurs autres larrechins, xxv s.

Pour faire querre et gueter par plurieurs foiz Guillaume l'Eigle, fuitif et mis ès appeaux, pour souspeçon de la mort d'un homme de Saint Sulplis, xxx s.

Pour aler à Naxendres oultre Harecourt, pour faire informacion et enquerre savoir mon qui avoit murdi et occis et robé monseigneur Robert le Fèvre, personne de la dite ville, en sa meson et de nuit, pour les despens du dit viconte et de ses clers, pour ce faire, à aler et venir par ii jours, pour chascune journée xxv s., valent L s.

Pour faire prendre, gueter et espier Michiel du Bordel, qui estoit souspechonné d'avoir esté au dit murdre et roberie, par plurieurs sergens de la viconté et par autres à ce establis de par le viconte, xxxv s.

Pour les despens de plurieurs chevaliers de la dite

viconté qui estoient bien lointains à venir plurieurs foiz aus jugemenz de prisonniers, XL s.

Pour les despens monseigneur Jehan de Morainville, povre chevalier, à venir aus dis jugemens, par plurieurs fois, xxx s.

Auge.

Pour faire justice d'une truye qui avoit mengié un enfant à Durval, v s. — Pour bois acheté de Lannoy pour faire la dite justice et pour vaincture, II s.

Pour enterrer sous le gibet Guillaume le Page, tenu en prison pour larrechin, lequel mourut en la dite prison, v s. — Pour le salaire d'un cheval qui le porta enfouir, XII d.

Pour deniers donnés à Roger Noel, qui est bourrel, pour ce que il n'a de quoy vivre, x s.

Somme : xv l. IIII s.

Parties de leus et de leuves pris.

Pont Audemer. — Pour un leu et une leuve pris, au sire de Condé, xv s. — Item pour II louveaux aportez, x s. — Item pour un leu pris ès bois de la Mare, v s. — Item pour un leu pris par Mignot du Bois, v s.

Auge. — Pour III louves et v louveteaux pris par Phelippe le Despensier, LXV s. — Pour III leus pris par monseigneur Henri de la Villéte prestre, xx s. — Pour II louves et II lous pris par Raoulet Tyrel, xxx s. — Pour II lous pris par Galien le Fèvre, x s.

Pour III lous pris par Jehan Haybaslet de Bourgueauville, xv s.

Somme : VIII l. xv s.

Parties de vivres as prisonniers.

Pont Audemer.

Pour le vivre Guillaume Caillou et sa fame, pour Ysabel la Loise, pour Colin du Quesnoy, pour Robin du Busc, pour Vincent Macieu, pour Jehan Renaut, pour Guillaume Gauguein, pour Pierre le Bret, pour Juliane Machue, pour Thomas le Villein et pour Michel Bordel, pour chascun ii d. par jour, la sepmaine devant la Saint Michel, valent xiii s.

Pour les diz prisonniers la sepmaine après la Saint Michel, xiii s.

Pour les dis prisonniers et pour Jehan Vinet qui vint prisonnier en la sepmaine où fu la Saint Denys, pour toute la dite sepmaine, xv s.

Item aus dis prisonniers pour la sepmaine où fu la Saint Michel eu mont de la Tombe, xv s. ii d.

Item aus dis prisonniers la sepmaine où fu la Saint Lucas, en laquelle Jehan de Puiseaux fu amené prisonnier et out le pain, xvi s. ii d.

Item en la sepmaine où fu la Saint Symon et Saint Jude, pour les dis prisonniers, xvi s. iiii d.

Item en la sepmaine où fu la Toussains, pour les dis prisonniers, xvi s. iiii d.

Item en la sepmaine où fu la Saint Martin d'yver, pour les dis prisonniers, xvi s. iiii d.

Item en la sepmaine après la dite feste, pour les dis prisonniers, xvi s. iiii d.

Item en la sepmaine où fu la Saint Clement, pour les dis prisonniers, xvi s. iiii d.

Item en la sepmaine où fu la Saint Andrieu apostre, pour les dis prisonniers et pour Jehan d'Anfreville, qui out le dit pain le jeudi de la dite sepmaine, xvii s.

Item en la sepmaine où fu la Saint Nicolas d'yver, pour les dis prisonniers, xvii s. viii d.

Item en la sepmaine où fu la Sainte Luce vierge, pour les dis prisonniers, xvii s. viii d.

Item en la sepmaine où fu la Saint Thomas apostre, pour les dis prisonniers, et pour Estienne Caillou et sa fame et Ysabel la Loise, qui furent délivrés le jeudi de la dite sepmaine, xvi s. ii d.

Item en la sepmaine d'après Noel, pour les dis prisonniers, xvi s. ii d.

Item en la sepmaine, où fu la Typhaine, pour les dis prisonniers et pour Flourie la Ferée, qui out le dit pain le mardi de la dite sepmaine, xvii s. ii d.

Item en la sepmaine où fu la Saint Hilaire, pour les dis prisonniers et pour Jehanne d'Anfreville, qui fu delivrée le mardi de la dite sepmaine, xv s. viii d.

Item en la sepmaine où fu la Saint Mor, pour les dis prisonniers, xv s. iiii d.

Item en la sepmaine où fu la Saint Fabien et Saint Sebastien, pour les dis prisonniers, xv s. iiii d.

Item en la sepmaine où fu la conversion Saint Pol, pour iceus prisonniers, xv s. iiii d.

Item en la sepmaine où fu la Chandeleur, pour les dis prisonniers, xv s. iiii d.

Item en la sepmaine où fu karesme prenant, pour ceuls prisonniers, xv s. iiii d.

Item en la sepmaine après le diemenche que l'en chante Invocavit me, pour chascun d'iceuls, excepté Guillaume Gauguein, Pierre le Bret, Jehan Renaut,

Vincent Macieu, Thomas le Villein, Juliane Machue, Fleurie la Ferée, qui furent delivrés le jeudi de la dite sepmaine, xi s. x d.

Item en la sepmaine après le diemenche que l'en chante Reminiscere, pour les dis prisonniers et pour Perrée la Hauchemaille et pour Richart Viel et pour Guillaume l'Egle, ix s. iiii d.

Item en la sepmaine après le diemenche que l'en chante Oculi mei, pour les dis prisonniers, ix s. iiii d.

Item en la sepmaine après le diemenche que l'en chante Letare Jerusalem, pour les diz prisonniers, ix s. iiii d.

Item en la sepmaine d'après Judica me, pour les dis prisonniers, ix s. iiii d.

Item en la sepmaine d'après Pasques flouries, pour les diz prisonniers, ix s. iiii d.

Auge.

Pour le vivre Robin Formenton, ii d. par jour, pour ix^{xx} un jour, valent xxx s. ii d.

Pour le vivre Raoul Couret, tenu pour souspechon de larrechin, par jour ii d., pour ix^{xx} un jour, valent xxx s. ii d.

Pour le vivre Jehannot le Fèvre, tenu pour souspechon de larrechin, pour iiii^{xx} v jours, valent xiiii s. ii d.

Pour le vivre Fermen de Briquebec, tenu pour souspeçon de larrechin, pour xl jours, ii d. par jour, valent vi s. viii d.

Somme : xxiii l. xiii s. ii d.

Parties d'aneaux et de gresillons.

Pont Audemer. — Nient.

Auge. — Pour faire un paire de fers fournis d'aneaux et de grosses mailles de fer, xii s. — Pour refaire un virely tout neuf de viel fer et de neuf, v s.

Somme : xvii s.

Parties de despens et mises faites pour porter ou thresor à Paris les deniers deuz au terme de la Saint Michiel derrenièrement passée par les vicontes du Pont Audemer et d'Auge.

Pont Audemer.

Pour porter mil l. iii s. ix d. t., qui furent paiez au dit thresor le derrenier jour d'octobre cccxxxiii. — Pour le louage de deux chevaulz qui les portèrent, pour vi jours, alans et venans, à chascun ii s. t. par jour, valent xxiiii s. — Pour les louiers des deux vallés qui les menèrent, à chascun xii d. t. pour jour, xii s. — Pour les despens de deux chevaux et des deux vallés dessus diz, iii s. p. à chascun pour jour, valent xlv s. — Pour les despens monseigneur Michel de Tainville, prestre, de son cheval et de son vallet, de Jehan Musart, de son cheval et de son vallet, qui conduirent les dis deniers, pour iii jours en alant, iii jours en demourant à Paris pour faire le paiement et attendre la cedule du thresor, et de iii jours au revenir, pour les ix jours dessus dis, à chascun vi s. p. par jour, vi l. xv s.

Pour porter au dit thresor iii^c l. t , qui furent paiez le xiiie jour de décembre derrenièrement passé. — Pour le louage d'un cheval qui les porta pour vi jours alant et venant, ii s. pour jour, xii s. — Pour le salaire d'un vallet qui le mena, pour les vi jours, xii d. par jour, vi s. — Pour les despens du dit vallet et du dit cheval des vi jours dessus dis, iii s. p. par jour, xxii s. vi d. — Pour les despens du dit monseigneur Michiel et du dit Jehan qui conduist les dis deniers, pour iii jours en alant à Paris, pour ii jours en demourant pour faire le paiement et attendre la cedule du thresor, et pour trois jours à revenir au Pont Audemer, tant pour eulx que pour leurs chevaulz et leur vallés, pour les viii jours dessus dis, vi s. p. par jour pour chascun, valent vi l. t.

Pour porter au dit thresor iii^c l. t., qui furent paiez le xxe jour de decembre derrenièrement passé. — Pour le louage d'un cheval qui les porta, pour vi jours alant et venant, ii s. t. par jour, xii s. — Pour le louage d'un vallet qui le mena, pour les vi jours dessus dis, vi s. — Pour les despens du dit cheval et du dit vallet des vi jours dessus dis, iii s. p. par jour, xxii s. vi d. t. — Pour les despens du dit viconte, de son cheval et de son vallet, de Colin Hervale, de son cheval et de son vallet, pour iii jours en alant à Paris, et pour iiii jours en attendant à faire le paiement et à avoir la cedule du thresor et pour afiner son compte entre le bailli et le dit viconte, et pour iii jours à revenir au Pont Audemer : somme des jours x jours, à chascun vi s. par jour, vi l. p., valent vii l. x s. t.

Pour porter au dit thresor vii^{xx}viii l. t. qui furent paiez le xxixe jour de janvier derrenièrement passé. — Pour le louage d'un cheval qui les porta et d'un vallet qui les mena, pour vi jours alant et venant, iii s. t. par jour, xviii s. — Pour leurs despens des jours dessus dis, III s. p. par jour, XXII s. VI d. t. — Pour les despens de Richart de la Fosse, de son cheval et de son vallet qui les conduist, pour III jours en allant, II jours en demourant pour faire le paiement et attendre la cedule du thresor, et III jours pour revenir : somme des jours : VIII jours, VI s. p. par jour, XLVIII s. p., valent LX s. t.

Auge.

Pour porter au dit thresor VC XLIX l. VIII s. IX d. t. qui furent paiez le derrenier jour d'octobre, et de mil l. qui furent paiez le XIIIe jour de decembre derrenierement passé. — Pour le salaire de III chevaux qui les portèrent, pour IIII jours en alant à Paris, et pour III jours de revenir, somme : VII jours, à chascun II s. t. par jour, valent XLII s. t. — Pour le louage de III vallés qui les menèrent, à chascun XII d. pour jour, XXXI s. — Pour les despens de III chevaux et de trois vallés dessus dis, pour les VII jours dessus dis, à chascun III s. p. par jour, LXIII s. p., LXXVIII s. IX d. — Pour les despens d'un sergent, de son cheval et de son vallet qui les conduist, pour VI jours, VI s. p. par jour, XLV s. — Pour paniers et pour corde, V s.

Somme : XLII l. XIX s. III d.

44.

Mandement du roi en faveur de Berout du Bois-Guillaume, détenteur de la terre de Courpotain. — 25 avril 1334.

Ph. par la grace de Dieu roy de France, à noz amez et feaus les gens de noz comptes, salut et dilection.

Oye la supplication Berout du Bois Guillaume contenant comme, depuis la delivrance par nous faite à lui de la terre de Courpotain, il n'ait d'ycelle receu aucuns proufiz ne levées ne autre compensacion, par le delai de l'assiéte qui en lieu de ce doit estre faite en autre lieu du nostre à nostre très chier et feal frère le conte d'Alençon [1], auquel nous avions baillié entre autres choses la dite terre en son partage, que sur ce li vueillons prouveoir de remède convenable, nous vous mandons que, depuis le temps de la dite delivrance, dont il vous apperra, juques à orendroit et juques à tant que joyr en pourra, vous au dit Berout faciez faire payement et solution du nostre en deniers souffisanment, selon ce que raisonnablement sera à faire et que à ce vous verrez estre tenuz. Donné à Ocans [2], le xxve jour d'avril, l'an de grace mil ccc trente quatre. Par le roy, à la relacion de l'arcediacre et du tresorier de Reins : CHAMBELLAN.

45.

26 juin 1334.

Mandement du roi en faveur de Raymont Bertran, maître des engins du roi. « Donné à Gisors, le xxvie jour de juing, lan de grace mil ccc trente et quatre. »
Copie du 3 juillet 1334.

---

[1] Charles de Valois, comte d'Alençon, frère du roi Philippe VI.
[2] L'abbaye d'Ourscamp, près de Noyon.

16.

Inventaire de biens trouvés en l'hôtel de Quatremares, après l'arrestation de Jeanne de Valois, femme de Robert d'Artois[1]. — 7 novembre 1334.

A très excellent et très puissant prince le roy nostre très chier et très redoublé segneur, vos petiz sergens Jehan de Millon, vostre thresorier à Paris, Pierres de Verberie, vostre clerc, et Jehan l'Oncle, garde de vostre baillie de Gisors, honneur et reverence avec toute recommendacion et obéissance. Très chier segneur, nous avon receues vos lettres contenantes la fourme qui ensuit :

« Philippe, par la grace de Dieu, roy de France, à noz amés et feaulz conseilliers Guy Chevrier, chevalier, Nicolas Beuchet et Jehan de Millon, noz tresoriers, salut et dillection. Nous vous mandons et commandons estroitement, à vous troiz, à deuz ou l'un de vouz,

[1] On lit au dos du rôle : « Copie de l'inventaire des biens que messire R. d'Artois avoit à Quatremares, baillié à court par le bailli de Gysors, xxiii jours de juing mcccxxxv, sur un compte que il rendi des despens qu'il avoit fais pour cause des dis biens. » — Jeanne de Valois fut arrêtée, en 1334, comme complice de son mari. « En ce temps, disent les *Grandes Chroniques* (édit. Paulin Paris, V, 356), la femme messire Robert d'Artois, suer du roy de France, fu souppeçonnée, et ses fils aussi, d'aucuns voultz qui avoient esté fais, si comme l'en disoit ; et pour ceste cause, elle fu mise en prison au chastel de Chinon, en Poitou, et ses enfans furent menés en Nemous, en Gatinois, et là furent en prison. » Conf. la continuation de la Chronique de Guillaume de Nangis (édit. Géraud, II, 142). — Sur les poursuites dirigées contre Robert d'Artois et sa femme, il faut voir un mémoire de Lancelot, dans le tome X des *Mémoires de l'Académie des Inscriptions*.

que vous aillez à Quatremaires, en l'ostel qui fu Robert d'Artois, chevalier, visitez, appelez avec vous nostre amé clerc maistre Pierre de Verberie et nostre bailli de Gisors, tant en chambres, en edefices, en parois, aumoires et autres lieux quiconques, pour cause d'aucuns escrips trouver, que nous avon entendu qui y doivent estre, et d'iceulz edefices faitez abatre, deffaire et refaire ce que vous verrés que bon sera, et nous faites savoir ou rapporter par personne seure et secrète ce que vous aurez fait et trouvé, sanz delai, et nous voulons et mandons au dit maistre Pierre et bailli de Gisors, et à touz autres justiciers de nostre royaume, et à touz autres subgiez, que à vous en ce fesant obeissent dilligenment et entendent, et à ceulz que vous à ce fère depputerez, ou li un de vous, avec le diz bailli et maistre Pierre ou l'un d'iceulz, et vous prestent conseil, confort, harnez, chevaux et aides, se mestier en avés, et se de par vous ou l'un de vous en sont requis. Donné à Chailli, le xxvi⁰ jour de octobre, souz nostre petit seel, l'an de grace mil ccc trente et quatre. »

Par la vertu desquelles lettres, et pour acomplir vostre mandement contenu en icelles, nous alasmes à Quatremaires, et feismes venir par devant nous Jehan du Four, qui avoit les clés et la garde de l'ostel de Quatremaires, qui fu monseigneur Robert d'Artois, jadis conte de Beaumont, et le feismes jurer au sainz euvangiles, dessus le messel de l'eglise de Quatremaires, que il nous diroit vérité de tout ce que nous li demanderions. Auquel Jehan nous demandasmes premièrement qui li avoit baillé la dite garde, et quant. Lequel nous respondi par son serement que Jehan Corbin, lieutenant de vostre receveur de Beaumont, la li avoit baillée ou mois d'aoust, avant la mi aoust, à une journée que les baillis de Rouen et de Gisors en firent partir, pour mener au Moncel[1], les choses que il y menèrent par mandement du roy, et que il se partirent du dit hostel pour conduire les dites choses, auquel Jehan Corbin les diz baillis avoient lessié celle journée la dite garde de l'ostel et des choses qui estoient leens quant il en partirent.

Item li demandasmes savoir se, puis que la dite garde li fu baillée, comme dit, il vit ne sot ne entendi que le dit monseigneur Robert ne aucune personne qui eust esté eu service de lui ne de madame sa fame y ait esté ne entré ne essaié à entrer. Lequel nous respondi par son dit serement que non, fors seulement que il vit bien n'a guères, aussi comme environ eut vint jours ou xv, Gautier de Vasnic, qui entra dedens l'ostel, un peu en la première porte et le salua, et li demanda comment il li estoit, et puis s'en parti sanz aler pluz avant ne plus fère, lequel Gautier avoit esté espicier de madame dessus dite.

Item li demandames se, puis qu'il ot la dite garde, personne du monde li requist ne demanda, ne ouvertement ne couvertement, à estrer laiens, afin de veoir l'ostel ne les chambres ne les choses de laiens, et savoir se il s'aperçut onques par signe ne semblant ne par

---

[1] Sans doute le Moncel, près Pont-Sainte-Maxence (Oise).

parole l'en essaiast ne tentast ne que nul y entrast pour visiter les choses de laiens. Dist par son serement que non, fors seulement le mareschal Bertran et le sire d'Erqueri qui y vindrent de leur revenue de Samur, qui alèrent veoir en une des chambres se les choses estoient en l'estat où elles estoient au temps que il partirent alans à Samur avec madame dessus dite[1], et quant il orent veu dedens la chambre il s'en yssirent et la resseellèrent.

Lequel serement dessus dit prins par nous du dit Jehan, et les responses dites à nous faites de lui, furent faites, si comme dit est, le tiers jour de novembre. Euquel jour nous arrivasmes eu dit hostel, environ heure de midi, euquel jour, après les choses dessus dites ainsi faites, nous entrasmes eu dit hostel et nous traisismes à une chambre qui est appelée la chambre du tresor, qui est en un lieu mucié, entre deuz huys l'entrée de celle chambre, et trouvasmes le premier huys de l'entrée de celle chambre seellé des seaulz Regnaut Sicart et Jehan Corbin dessus dit, et entrasmes en icelle dite chambre, en ouvrant un autre huys auprès d'icelle chambre qui n'estoit point seellé, pour ce que l'en n'y povoit entrer par icelui sanz entrer par le premier, qui estoit seellé, comme dit est dessus. Et en icelle chambre veismes ii huches qui estoient liées de cordes et acolées, et par dessus le couvercle en estoient les neuz des cordes, les seaulz des diz baillis de Rouen et de Gisors bien parans estoient, et y avoit dessus

---

[1] Il semble, d'après ce passage, que Jeanne de Valois fut arrêtée à Quatremares et d'abord conduite à Saumur.

une des huches drap envelopé en un drapiau linge, et y avoit tout plain de menues choses en la place de la dite chambre. Et pour ce qu'il estoit suz l'anuytant, nous ne procedames pluz avant à ouvrir les huches ne à fére inventoire des choses estans en la dite chambre, et nous partismes d'icelle chambre et resseellames de noz troiz seauls, avec le siau du dit Rigaut, le premier huys de la dite chambre, que nous avon trouvé seellé comme dist est dessus. Presens à tout ce Guillaume de May, lieutenant du viconte de Gisors à Vernon, monseigneur Pierre de Froissi, curé en partie de l'eglise de Quatremaires, Regnaut Sicart, Jehan du Four, Gueenot Charhardie soussergent de Vernon, Raolet Bibart et Jehan Haubert, clerc du dit bailli de Gisors.

Et après ce, nous confessa bien le dit Jehan du Four, li advisé sus ce que le dit Gautier de Vasvit li avoit demandé se le dit chastel estoit du tout vuidié, et il li respondi que non, et que il y avoit encore grant foison de bonnes choses, et ne savoit quelles.

Item l'endemain, quart jour du dit mois, nous retournasmes audit hostel et adreçames à une chambre où il a ii entrées, dont l'une est par devers les alées où sont les pluz hautes chambres aisées de tout le dit hostel, et de l'autre part par devers la cheminée est l'autre entrée à venir par devers une chambre que l'en appéle la chambre le roy, si comme dit le dit Jehan, et trouvasmes l'uys d'icelle chambre où sont les ii entrées, comme dit est, bien seellé des seaulz des diz mareschal et sire d'Erqueri, c'est assavoir l'uys devers la cheminée, lequel nous desseellasmes et ouvrismes pour aler veoir en une petite alée qui est entre le dit huys et 1 autre huys qui est un pou au dela par devers la chambre qui est appelée la chambre le roy, lequel huys nous trouvasmes fermé d'une cheville de bois et appuyé d'une péle de fer. Et en icelle dite chambre où sont les deuz entrées, si comme dit est, laquelle est sus la paneterie et sus l'eschansonnerie, qui souloit estre eu dit hostel, trouvasmes les choses qui ensuivent.

Premièrement une cote hardie à fame de brun camelin sanz penne.

Item x pennes d'escureuz à couvertouers, chascune de x tires de lonc et de vi bestes doubles de lai.

Item ii pennes de gris à couvertouers, chascune de xviii tires de lonc et de xxxvi bestes de lé.

Item ix pennes à couvertouers de connins, chascune de vii tires de lonc et de x bestes de lé.

Item iiii autres pennes, qui sont vielles, de connins à couvertouers, qui sont de petite valeur, et deuz peliçons de connins viez, et estoient ces choses sus ii aés, ass[is] sus deuz hauz tretiaux, à un des bous de la chambre, à l'opposite de la cheminée, [les]quelles choses nous feismes arrère mettre quant il furent comptées dessus les diz aez et tretiaus, et comnil(?) d'un drapiau de toille et d'un tapi vieil de laine blanche, et dessus une vieille cloche à fame de petite valeur à xi noiaux rons aussi commes dorés dessus, mais nous ne savon de quoy il sont dessouz, car nous ne les vousismes pas entamer et est le drap tout depecié et ne vault rien et usé.

Item une séle à dame à sambue, laquelle séle est

béle et noble et bien dorée et esmaillée ès arçons à escussons batanz triffiés de pelles, et ne savon se elle est d'argent souz la doreure, quer nous ne l'avon pas volu entamer pour le savoir, et y a ɪɪɪ estriés dorez, et est la sambue de veluyau vermeil broudée et armoiée à escussons.

Item une autre séle à sambue de veluiau vermeil, les arçons broudés à plurieurs escussons, triffée de menues pellez, et en chascun neu de la triffeure a une pierre vert.

Item une autre séle à sambue d'escalate vermeille, les arçons touz plainz des armes d'Artois bordez dorez, et sont les fleurs de lis laciées de gros fil d'or.

Item ɪɪɪ lorainz à dames pour les séles dessus dites envelopez en drapiaux.

Item sus ɪɪ autres lons tretiaux en la dite chambre, en costé devers l'entrée d'icelle à venir devers les dites hautes chambres aisées, avoit assis ɪɪ aez de bois, dont l'un bout estoit par devers la cheminée et l'autre assés près des dites aléez des dites chambres aisées, sus lesquiex aez et tretiaux furent trouvéez les choses qui ensuivent mal ploiées et mal assises et mal assemblées, aussi comme chose faite en haste ou sanz grant loisir.

Premièrement une coute pointe de cendal, armoiée de plurieurs armes, et l'envers de toile vert.

Item une autre coute pointe ouvrée d'or, bordée de cendal vermeil à plurieurs armes en la brouderie, garnie de toile ynde.

Item une autre coute pointe de veluyau jaune, bordée de veluyau vermeil et fourré de cendal vert.

Item une autre de bougueren, armoiée à chevaux couvers d'armes, à une bordeure vignetée, fourrée de toile vert.

Item une autre de cendal vermeil, fourrée de toile ynde, sanz armorie.

Item une autre de cendal tenné, fourrée de toile ynde, sanz ermoirie, et est la dite fourreure empirée eu melieu.

Item une autre d'un cendal vermeil, garnie d'un cendal jaune, et est doublée pour mettre d'un costé et d'autre, et est bonne et neuve.

Item un autre de cendal inde, simple, sanz armoirie, et l'envers de toile ynde.

Item une chambre ou courtine pour une chambre encourtiner par ciel et par costés de cendal vert, tenant toute ensemble, et est le ciel garny de toile vert, et les costés et les bous touz sengles, et est si grant que l'en ne la povoit bonnement desploier ne reploier en la dite chambre, et la convint aler estendre en la grant sale pour la ploier à son droit, et est vielle.

Item une coute pointe doublé de bougueren blanc, ouvrée aussi dedens comme dehors, sanz point d'armoirie, et a 1 petit pertuz de despeceure environ le meillieu.

Item une autre gregneur de coulleur et de façon autéle, 1 pertuys eu bout de despeceure.

Item 11 bien petites de bougran blanc pour effanx,

ou de toille, nous ne savons pas bien lequel, fors que blanches sont.

Item une autre de bougueren blanc, et est l'envre(?) de toilles blanches, et si est grant et bonne.

Item une autre blanche de bougueran double, ouvrée à plumeteure.

Item une autre de cendal vermeil, l'envers de toille vert, sanz armoirie.

Item une autre de cendal inde, l'envers de toille vert, et est neuve et bonne.

Item un mantel à fame de soucicle, sanz penne, et a esté fourré, si comme il semble, et avec ce aussi comme demie aune de ce mesme drap.

Item ii pennes à rondiaux et une à sercot de menu ver, et une penne à sercot de gros ver, et iii chaperons de menu ver, et ont esté en euvre, et estoient et sont envelopés en une toille blanche, et les feismes mettre avec les autres pennes dont mention est faite cy dessus.

Item une chambre de cendal noir et un ciel despeceurés, et est viex, et contient ix pièces, et sont moult empirées et pertuisées en plurieurs lieux.

Item vi pièces de dossières à lit de diverses couleurs à draz d'or bordez de cendal, les envers de toille.

Item deuz père de cieulz de cendaux, tannés, les envers de toille vert.

Item iii pièces pour chambre de cendal tenné, toutes simples et sengles.

Item un autre ciel sengle, de cendal inde.

Item un dossel pour parer une sale, et est de laine

blanche, et bordé à vigneture de vermeil, le blanc armoié à liepars couvers des armes de France, de Valoys et d'autres.

Item iii pièces pour capiciers ou marchepiez de laine vert, armoiez de France et de Bretaigne, de Champaigne, de Navarre, de Flandres et de Bar.

Item iii autres pièces vert touz plainz bordez de France.

Item ii autres pièces vers, armoiées de France, de Bourgoigne, d'Arragon, d'Artois, de Blois et de Saint Pol, et sont moult empirées.

Item une autre pièce de capicier de laine, armoiée de Poitiers et Bretaigne.

Item une autre armoiée de Cotentinoble et de Sesille, freté de blanc et de noir à petiz escussons d'Artois, et en plurieurs des dessus diz a aniaux pour pendre en sale ou ailleurs.

Item iiii pièces de capiciers vermeilles de laine tout d'un, et y a as cornez escussons de France et de Poitiers, à bordeure vert ès bouz, et semble qu'il soient bien nouviaux.

Item ii autres vermeilz pareilz, à escussons de Bretaigne et de Poitiers, bordez de vert ès bouz.

Item iiii autres pièces pluz usées, à iiii escussons de France et de Behaigne, sanz bordeure.

Item une autre vermeille pièce, et est pluz viez, à iiii escussons de Cotentinoble et d'Artois.

Item viii autres pièces yndes, sanz bordeure, à escussons de Bretaigne et d'Artois.

Item 111 autres pièces à couleur de violéte, de laine, semez àmolétes d'or.

Item une coutepointe avec le chevez de cendal violet, semez à molétez d'or, l'envers de bougueren tanné·

Item 11 pièces entretenans de pallios ou siéges, à papegaus et à roses blanches.

Item 11 autres palioz vermeuz, à vignétes.

Item une autre pièce de sarge royée de soie jaune, et est près aussi estroite comme les diz palioz ou siéges dessus dis.

Item un autre dossel viez, à 1111 escussons ès bouz de Valois et d'Artois.

Item une chambre de 1111 pièces de sarge sus violéte simples.

Item un couvertouer de rosée, fourré de menu ver de XL bestes de lé et de XXXIII tires de lonc, et a esté longuement porté.

Item un autre couvertouer d'un drap de sanguine sanz penne, et a esté fourré, si comme il semble.

Item un autre très viez de semblable couleur et de tel penne, de XVIII tires de lonc et de XXX bestes de lé.

Item un autre viel de marbré vert et vermeil, fourré de menu ver de XXIII tires de lonc et de XXXII bestes de lé.

Item 11 couvertouers sanz pennes, l'un de drap violet, et semble qu'il furent fourrez, l'autre est de drap de couleur de soucicle.

Item une penne de menu ver à couvertouer, sanz drap, de XL bestes de lé et de XXIII tires de lonc, et est viez.

Item une penne de menu ver toute viez et usée, de xxiii tires de lonc et de xxxvi bestes de lé.

Item sarge vermeille aussi comme de graine, et est bonne, et a en chascun bout une roie de violéte.

Item une courtine de toille inde, grant et longue, sengle et toute encordée de cordes.

Item une autre de bougueren vermeil, l'envers de toille jaune, à toutes les cordes.

Item un orillier d'un samit violet, usé.

Item ii pièces de carpitres ou dossiers viez et usez, l'une à escuz de Bretaigne et d'Artois, et l'autre de Vendosme et de Bretaigne.

Item un autre viez chappéle de toille blanche à mettre suz baing.

Et lesquelles choses, après que nous les eusmes veues et visitez, feismes arrère mettre et plier le pluz sauvement et proufitablement que nous peusmes suz les diz tretiaux et aès derère nommez cy dessus.

Item eu bout du congnet des dites aez, par devers la cheminée, sus un rabat de plastre qui y est, trouvasmes iiii fardiaux cloz chascun en un chapitre, envelopés d'un drap linge dedens li diz chapitres, encloz en sarpillières de toille, et sembloit, avant que l'en ouvrist les sarpillières d'iceulz, que il n'y eust que carpitres, pour ce que, en tant de ouverture comme il avoit en chascune sarpillière, n'apparoit que carpitres, et le premier fardel des iiii dessus diz estoit encloz, comme dit est, en une pièce de carpitre vermeille à iiii escussons de Valois et d'Artois, et en iceluy furent trouvées les choses qui ensuivent.

Premièrement une robe de camocas vermeil, ouvrée à fleurs de trièfle d'or, et est pour fame, et est le sercot d'icelle robe sanz manches et fourré de menu ver, et le mantel est sanz penne, et les manches de la cote sont garnies de cendal vert et sont sanz noiaus.

Item une robe à fame de veluyau vermeil de [trois] sercos, deuz ouvers et un cloz, fourrez de menu ver, et un mantel de mesmes, fourré de penne pluzes purée, et cote de mesmes.

Item une chappe de veluiau inde ou violet, fourrée de menu ver bordée, à is et à R[1] et lionciaux d'or, et à fueilles de trièfle d'argent, et un sercot de mesmes fourré de menu ver, et une cote et un mantel de ce mesmes, et est le mantel sanz penne.

Item un sercot de fame court, de veluyau vermeil, cloz à pourfil, fourré de menu ver.

Item un mantel et sercot de camocaz vermeil, sanz penne, gouté d'or.

Item une cote de camocas blanc, à petiz grains d'or.

Item cote, sercot, mantel de veluyau vermeil, beuseté d'or, sanz fourreures.

Item une penne d'ermine à mantel et est bien esportée[2].

Item une chappe et un sercot de camocaz tieulle, sanz pennes, et semble qu'il aient esté fourrés.

Item un sercot vert lonc de camelot, sanz penne.

Item un sercot court de veluiau, sanz penne.

---

[1] C'est-à-dire, selon toute apparence, à J. et à R, initiales des noms de Robert d'Artois et de Jeanne de Valois, sa femme.

[2] Ou « espoitée. »

Item une chappe d'un veluiau ardant, fourrée de menu ver.

Item un mantel de veluyau vermeil nuef, sanz penne.

Item un petit sercot pour un effant d'un veluiau violet à triéfles d'or, besanté de paon.

Item une chappe aussi comme de couleur rosée, fourrée de menu ver.

Item une chappe de veluyau ardant, à vignétes d'or, à fleurs de liz d'argent, fourrée de menu ver.

Item une cote de camocaz blanc, besantée d'or.

Item 1 sercot, 1 mantel et une cote de veluiau, entre couleur de tanné cler et girofle, fleureté d'or à rosètes d'argent, un chaaton inde eu milleu, et tout de broudeure, et le sercot fourré de ver, et le mantel sanz penne.

Item une cote de veluyau vermeil.

Item un couvertouer d'escarlate vermeille, fourré de menu ver de xvi tires de lonc et de xxvi bestes de lé, et est pour enfans et empirié de vers.

Item un autre d'une escarlate vermeille petit, de xiiii bestes de lé et de xi tires de lonc.

Item un sercot sanz manches court à fame, sanz penne, et est d'un violet veluiau.

Item eu secont fardel furent trouvées les choses qui ensuivent.

Premièrement une chambre toute entière, de coutepointe de cendal inde, et un ciel semblable, des armes d'Artois toutes plaines, et est l'envers de toille vert, et viii pièces de carpitres de laine pour la dite chambre d'autéles armes.

Item un couvertouer d'escarlate sanguine, fourré de menu ver de L bestes de lé et xxx tires de lonc.

Item eu tiers fardel furent trouvées les choses qui ensuivent.

Premièrement un bon couvertouer de drap vert, fourré de menu ver de xxxiiii tires de lonc et de LIIII bestes de lé, et est bien nouvel.

Item une coutepointe et un chevez avec le ciel, touz semblables, armoiez de Valois et de Costentinoble, freté d'argent à pappegauz, et sont viez, et l'envers de toille inde.

Item vi toies à orilliers d'icelle mesme façon, et sont neuves.

Item III pièces de chambre de cendal, batues à armes de Valois et de Constentinoble, fretez d'argent et de noir.

Item x pièces de carpitre de laine, tout d'une façon, pour sale ou pour chambre, armoiez de Valois et Costentinoble, fretez de blanc à papegauz.

Item une autre pièce de dossier en sale, de laine, des armes de Sesille et de Costentinoble, fretée de blanc, à un escusson d'Artois.

Item eu quart fardel furent trouvéez les choses qui ensuivent.

Premièrement viii oreilliers, chascun en petit sac linge blanc, et sont de veluiau vermeil, brodez à cynes à armes atachées à couz de cynes, et sont les dites armez de France, de Valois, de Costentinoble et d'Artois.

Item un grant drap d'or, aussi comme à couvrir un grant lit, contenant vi draps d'or, dont il y a un des draps double au bout aussi comme une aune.

Item une penne d'ermine à couvertouer, et semble qu'elle feust pour joindre au dit drap, et a xxv tires de lonc et xliiii tires de lé.

Item un couvertouer à lit de veluyau vermeil fourré, l'envers de cendal jaune, broudé de cynes d'argent à armoirie de France, de Valois, de Costentinoble et d'Artois, et sont les dites armoiries atachées au couz des cynes, touz semblables des oreilliers dessus diz.

Item un ciel et chevetel de ce mesmes et touz semblables, et a ou ciel ou chevez et ou couvertouer en chascun un drap linge blanc, pour garder qu'il ne frient l'un à l'autre.

Item ix pièces de draps de laine, de semblable couleur et armoirie que les choses precedens.

Et furent toutes ces dites choses arrière mises et pliez en chascune d'iceulz, sanz muer d'un en autre, et furent cousuz et cordez de cordes, et seelez de noz seaulz et du seel de Rigaut dessus dit, et les feismes mettre sus un lit qui est en la dite chambre et couvrir d'une toille ou courtine inde.

Item en icelle chambre trouvasmes ii paniers viez, desclicés, et dedens une bouete aussi comme à mettre argent à ii serreures desclouéez sanz clez, et n'y avoit rien.

Item ii platiaux de Lymoges, aussi comme pour chappéle.

Item un livre de Mellin [1], couvert de cuir vermeil, sanz aez, et est escript de note, en papier.

Item prez de la cheminée d'icelle chambre, et prez des aez dessus derrenièrement nommées, fu trouvé un coffre viez de aez et de cuir noir à sommeer cloué, et estoit tout ouvert, comment qu'il eust serreure, et y avoit sachez aussi comme à espices.

Item un papier couvert de peau de veel, contenant ix^{xx} x feullez, lequel nous ouvrismes pour veoir qu'il avoit dedens, euquel nous trouvasmes escripture en xii feullez, et se commence la première escripture eu secont feullet dont la première ligne est téle : « C'est l'inventoire des joiaus qui sont de madame, tant d'or comme d'argent, ouvré et plain et de pierrerie », et la derrenière ligne qui est escripte eu dit papier, eu xxvie feullet est telle : « prisé le marc iii royaux et demy, valent xxxii l. xvi s. iii d., le roial pour xx s. »

Et trouvasmes dedens liéez d'un drappelet plurieurs petites cedulètes, qui furent faites pour lier chascune par soy à chascun des joiaux dont le dit papier fait mencion, ou d'autres, pour ensegner combien chascun joiau poise; car les dites escroez font mencion de pois de joiaux, c'est assavoir de pos à yaue et à vin, lesquelles cedules nous meismes arrère eu dit papier si comme elles estoient, et meismes avec les cedules le seau que nous avion trouvé sus le dit papier, qui estoit

[1] Merlin.

seellé, et est de cire rouge, et resseellasmes le dit papier de noz III seaulz pour le envoier par devers vous, ou pour lui porter par l'un de nous.

Item nous y trouvasmes sus la cymaise de la cheminée plurieurs boetez, et avoit ès unes oignement, et ès autres rienz; mès nous ne savon à quoi il sont bons.

Toutes lesquelles choses dessus dites trouvées en la dite chambre, nous avon lessiéez en icelle, excepté le papier dessus dit, et avon resseellé les huys d'icelle chambre de noz III seaulz avec le seel du dit Rigaut; et pour ce qu'il estoit anuitié, nous partismes du dit hostel, sanz pluz faire iceluy jour.

Item l'endemain du dit jour, v jours du dit mois, entrasmes eu dit hostel, et adreçasmes à la dite chambre du thresor, et ouvrismes et desseellames les huches dont mencion est faite eu premier jour, et en la première trouvasmes les choses qui ensuivent :

Premièrement VIII grant pièces de biaux doubliers touz nuez, et une grant pièce de toille.

Item VI pièces de longues touailles à mettre sus table, et un petit touaillon à mains.

Item en l'autre huche, XVII oriliers, et sont loués (?) et de laide taille et viez, lesquelles choses nous meismes arrère dedens les dites II huches, et les closismes à cordes, et seellasmes de noz III seaulz avec le seel du dit Rigaut.

Item sus l'une d'icelles huches trouvasmes II pièces de drap, envelopez en un drap linge, et sont touz II d'une couleur, aussi comme acole, et contient l'une des pièces XVIII aunes aussi comme à l'aune de Paris, et l'autre xvii et demie, et a chascune d'icelles pièces II chiez comme touz entiers; et les meismes eu dit drap linge suz lès dites huches.

Item, parmy les dites chambres, III couvertures à chevaux ouvrées de drap.

Item un carpitre vert viez, bordé de France.

Item une viez couverture pour char, de drap vert.

Item une pièce carpitre de laine armoiée de Valois et de Costentinoble.

Item un petit couvertouer d'un royé tanné, II selles vieilles, CI pic de fer touz nués.

Item II malétez de cuir et autres menues choses de petites valeur; et y avoit plurieurs escrips de menuz comptes et d'autres petites choses, et plurieurs bulles qui font mencion de dispensacion de mariaige les unes, et les autres d'autres choses, et pour ce que il ne nous sembloit mie que il en y eust nulle qui vous touchast, fors que une qui avoit esté close, contenant que le saint père vous prioit pieça de mettre pais entre la feu contesse d'Artois [1] et monseigneur Robert, laquelle je Pierre de Verberie dessus dit ay mise devers moy pour vous monstrer, et aussi ay le papier dont mencion est faite cy dessus, pour vous porter iceluy ou le vous envoier; lesquelles choses ainsi trouvez en la dite chambre, excepté la dite bulle, nous lessasmes en la dite chambre, et resseellames le premier huys d'icelle de noz III seaulz avec le seel dudit Rigaut. Et tout ce fu fait presentes les personnes dessus nommées.

[1] Mahaud, comtesse d'Artois, tante de Robert d'Artois, morte le 27 octobre 1329.

Item en iceluy jour, presens les dessus diz, alasmes à une chambre sus le planchié qui est sus la sale, et trouvasmez l'uys seellé des seaulz du bailli de Rouen et de moy, bailli de Gisors dessus dit, et entrasmes en icelle chambre et trouvasmes les choses qui ensuivent.

Pemièrement une huche blanche à iiii piez, qui estoit semblablement seellée, et des diz seaulz dont l'uys estoit seellé, et y trouvasmes ii papiers, l'un où il [a] escript aucunes rentes du dit hostel, et en l'autre n'a rien escript, et un escrinet où il n'a rien.

Item unes balences et les mars.

Item vi pièces de mienne fustaine, ii pièces de camelot de trippetanne.

Item xxx doubliers ou nappes ouvrées, et y en a de bonne et de telle qui sont viellez.

Item xxiiii pesnes de touailles et xiii petites.

Item xxiiii nappes vieilles sanz euvre, ii chappes à porter pain, taye miene pour un coissin, i petit oreillier.

Item iii bacconnez reons, et a en l'un tout plain de fil d'argent enroullé, et en l'autre, aussi comme la moitié ou tiers, a fil [1] d'or semblablement enroullé.

Item une petite bourse de veluiau, faite comme une escharpe.

Lesquelles choses furent mises en la dite huche, et avec ce iii nappes ouvrées et ii chappes à porter pain, lesquelles furent trouvéez en une petite chambréte à

---

[1] Le rôle porte *fin* au lieu de *fil*.

l'entrée d'icelle chambre, à senestre, et closismes la dite huche et resseellasmes de noz iii seaulz avec le dit seel du dit Rigaut.

Item en la dite chambre furent trouvéez tout plain de menuez choses comme sarpillières et autres choses qui ne sont pas à mettre en tel inventoire, mais tout avon lessié dedenz la dite chambre, et resseellé de noz diz seaulz et du dit Rigaut; et a bien en icelle chambre, qui ne sont pas en cest inventoire, plureurs houstille- mens d'ostel, comme paelles, chauderonnaille et autres choses menues, qui sont en un autre inventoire qui fu pieça fait par Regnaut Sicart et Jehan Corbin, dont nous vous envoions copie, quar ou dit inventoire fait par les ii dessus diz a plureurs autres choses, c'est assavoir estoremens de cuisine grant quantité, et grant nombre de coustes bonnes et honnestes, si comme l'en pourra veoir par la dite copie.

Item nous trouvasmes en une grant chambre basse, iceluy jour, et est entre la chambre du dit tresor et le grant degré, une huche où il avoit dedenz iii grans pièces de doubliers touz nués, et ii grans pièces de touailles menues, que nous avon lessé dedenz la dite huche, et seellé de noz seaulz avec le seel du dit Rigaut.

Item en une autre chambre, entre la porte et le dit tresor, trouvasmes ii huches toutes vuides, si ne savon qu'il y avoit eu eu temps passé.

Item, celuy jour, cerchames toutes les autres chambres et chambrétez, gardes robez, nourriceries, alées de haut, de bas, les caves, les seliers, le fournil, la cuisine, la paneterie, la boutellerie, le gardemenger, la chambre où gisoit le verdier qui faisoit les despens de la cuisine, et feismes becher en terre, entamer mesièrez et lambruis là où bon nous a semblé, pour savoir se nous troverions escrips ou autres choses, et aussi en chappéle, en oratoires, en la chambre au portier et par tout les lieuz et clotez du dit hostel, et ne peusmes trouver que les choses dont mencion est faite ci-dessus, et les choses de l'inventoire des diz Jehan et Regnaut, lesquelles nous avon bien veues ès lieux où il sont; et en la chambre au verdier avon bien trouvé plureurs escrips de journaus de despense de la dite cuisine, en une huche qui n'estoit point fermée; et eu celier avon nous bien trouvé de vin aigre en IIII pièces de tonniaus, mais il n'en y a nul plain, il s'en faut assés; et y a cuves II, et autres choses menuetez de chetive value, qui ne chieent point en inventoire, comme seauz à porter eaue, corbeillons et telles menues besoignes; et monte bien par esme des dites IIII pièces queue et demie de vinaigre, et en est bien faite mencion eu dit inventoire des diz Regnaut et Jehan.

Item nous feusmes sus la prison, où il a tout plain de coliers et harnais à chevaux, qui est eu dit inventoire, et feismes ouvrir les dites prisons, et gardasmes dedens se il y avoit rien, mais rien n'y trouvasmes.

Le nombre des coutes qui sont eu dit inventoire monte IIII^{xx} coutes, III^{xx} et trois coissins, LXVIII draps linges, fourmes, tables tout plain, et le nombre de la chauderonnaille et vessiaus de cuisine est contenu en la copie du dit inventoire, si comme par icelle vous pourra apparoir, et XLVIII couvertouers à lit sanz fourreure, XVIII couvertouers fourrez viez de connins, et II petites coutepointes blanches, et autres menues chosétez contenues en la dite copie du dit inventoire des diz Regnaut et Jehan; et est la vesséle de la cuisine eu gardemenger. Et est demouré quanque est contenu en nostre dit inventoire et en l'inventoire des diz Regnaut et Jehan Corbin eu dit hostel en la garde du dit Jehan Corbin, auquel tout avoit esté baillé par les diz baillis de Rouen et de moy bailli de Gisors, de laquelle garde nous ne l'avons pas volu descarcher.

Combien que par exprez mos ne soit mie contenu en vos dites lettres que nous feissons inventoire, si estoit il de neccessité que tout fust remué et cerchié, chascune pièce par soy, pour savoir se en aucunes des choses ou entre aucunes d'icelles avoit envelopez escrips dont voz lettres font mencion ou autres choses. Quer en fardiaus et entre draps puet l'en moult de choses enveloper, et pour ce en cerchant et remuant chascune pièce par soy, doy à doy, l'une avant l'autre, avons nous fait le dit inventoire, et pour ce que proufit est de savoir quelz choses et combien il y a. Et quant au lis qui y souloient estre, il avoient ja touz esté hostés avant que nous y venissons, si comme nous a dit le dit Jehan du Four, et le feurre tout osté pour nestoier l'ostel et pour assembler les coutez des liz ensemble en une chambre, et dit par son serement que onc n'y fu rien treuvé que le fuerre, les coutes, les coissins, les draps et les couvertouers.

Item l'endemain du dit jour, qui fu VIe jour du dit

mois, nous feismes escripre et doubler les inventoires et les choses que faites avions, si comme dit est, et estoit feste du dimenche.

Item l'endemain du dit jour, qui fu viie jour du dit mois, nous alasmes par toutes les maisons et chambres et estables du dit hesbergement qui sont hors de la clooisson des fossez, et tout à l'environ des fossez, et par tout le jardin, et n'y ot onques rienz que nous ne cerchissons pour savoir s'aucune chose de escripture ou d'autres choses peussons trouver. Et avecque ce feusmez en la chambre où souloit faire ses oignemens un qui avoit nom mestre Andrieu, en laquelle avoit un fournel et tout plain de cruez de terre pour mettre ses choses fondre, lesquiex nous feismes touz despecier, se quiex lieuz dessus diz touz cerchiés en la manière que dit est ne trouvasmes rien, et les choses dessus dites nous vous certefions par le tesmoign de noz trois seaulz à ce apposez. Escript eu dit viie jour du dit mois, l'an de grace mil ccc trente et quatre.

Collatio hujus transcripti facta fuit in camera compotorum xxvi die Junii, anno Domini M° CCC XXXV°, cum originali, in quo, in fine, a tergo continebatur sic : « Le xxe jour de juing, l'an M CCC XXXV, confessa Guillaume de Monstreul, argentier, en la presence de noz seigneurs des comptes, que il avoit receu toutes les choses contenues en ce present inventaire, lesquelles ont esté prisiées par bonnes gens, si comme il puet apparoir par un inventaire fait par maistre Jehan de Savoie, dont il doit baillier la copie en la chambre des comptes. CLA-

RIN. PAUMIER. Per me J. DE NOERIIS et me CLA-
RINUM predictum.

47.

Remise au bailli de Gisors de divers objets non scellés, provenant du manoir de Quatremares. — 28 mai 1335.

A touz ceuz qui ces lettres verront, Rigaut Tasse, lieutenant du viconte de Beaumont à Quatremaires, salut. Savoir faisons que l'an de grace mil ccc xxxv, le dimenche après l'ascension Nostre Seigneur, devant nous furent presens, eu manoir de Quatremaires, Gaucher le Viel, fermier du dit manoir, et Jehan du Four, garde du dit manoir et d'un inventoire que avoient pieça fait, si comme il disoient, Regnaut Sicard, bourgois de Chartres, et Jehan Corbin, lieutenant du receveur de Beaumont, de certains biens, coutes, coissins, vessiaux de cuisine, couvertouers à lit et autres estans eu dit manoir[1], lesquiex Gauchier et Jehan, presens mons. Pierre de Froissi, dit Varnier, personne en partie de la dite ville, Jehan le Geolier, maistre Guillaume Willequin, charpentier le roy nostre sire, Guillaume le Mercier, Jehan Funien et Guillaume le Uilleeur de Loviers, baillèrent et delivrèrent à honnorable homme et saige Jehan l'Oncle, bailli de Gisors, des biens que il gardoient sanz seaulz eu dit hostel, les choses qui ensievent : Premièrement x bonnes coutes grans, avec

---

[1] Il a été question de cet inventaire dans la pièce précédente.

les coissins. Item xvi autres coutes pluz petites et moiennes, avec les coissins. Item LXII autres coutes très petites, avec les coissins, et deuz autres petites sanz coissins, lesquelles furent enroullées et cousues chascune par soy. Item xvii mauvez et viez couvertouers à liz, fourrés de mauvéses pennes de connins, et 1 autre viez sanz penne, lequel, si comme il semble, a esté fourré, lesquiex furent mis en 1 fardel signé par M. et par Gauchier. Item xi couvertouers à lit, de roié, sanz penne, et xxxix tapis très mauvez et viez, aussi sanz penne. Item une penne d'agnyaus ou mouton à coucher pain quant il est pate à tourner, lesquiex furent mis en un autre fardel signé par N. et par Gauchier. Item LXX draps à lit viez, mauvez et sales, mis en un fardel signé par O. et par Gauchier. Item vi chaudières, ii à aniaux, une à anse et iii sans aniaus. Item cinq paeles d'arain à queue, l'une depeciée. Item ix grans paeles d'arain, vi petites paeles d'arain, dont l'une est à queue, une paele de fer, ii bacins à laver et 1 bacin à barbier, viii pos de cuivre que depeciez que autres, moiens et petiz, v viez mauvez poz d'arain, iii greilz, 1 greil double, ii broches de fer, 1 tournouer petit de fer, ii grans chaennes de fer et ii petiz, ii grans trepiez, ii fers, l'un à gauffres, l'autre à nieulles, une table ronde et ii tretiauz à viz, 1 pot d'arain à lessive, iii tenailles, ii chappéles viez de plon pour yaue rose. Item une congnée et une péle de fer. Et toutes les autres choses de leur inventoire leur lessasmes sanz pluz prendre. En tesmoing de ce, nous Rigaut dessus dit avon seellé ces lettres de nostre seel, avec le seel du dit Gauchier. Ce fu fait l'an et le jour dessus dis.

Collatio hujus transcripti facta fuit in camera compotorum xxvi die Junii, anno Domini M° CCC° xxxv° cum originali in quo continebatur sic a tergo : « Le xx⁰ jour de juing, etc. [1] »

48.

Fragment d'un compte des biens qui avaient appartenu à Robert d'Artois, en Normandie. — 1335.

Gaiges et pensions.

Le baillif illec [2] Regnaut de la Mare, du jour de la Saint Michiel jusques au x⁰ jour de jenvier [3], qu'il se parti de la baillie, pour CIII jours, au feur de IIII° l. par an, XXI s. XI d. par jour, valent CXII l. XVII s. V d.

Le receveur illec, pour ses gaiges au feur de CL l. par an, pour moitié à ce terme, LXXV l.

Le visconte de Beaumont, Robert Vymont, pour moitié à ce terme, XXX l.

Le verdier de la forest de Beaumont, Mahieu de Vaus, II s. par jour, pour II° XIII jours, valent à ce terme XXI l. VI s. Et pour robe, pour moitié, L s.

Les quatre sergenz de la dite forest, c'est assavoir Mahieu de Fransures, Robin du Bosc, Robin d'Au-

---

[1] Comme à la fin de la pièce précédente, p. 117.
[2] A Beaumont-le-Roger.
[3] Du 29 septembre 1334 au 10 janvier 1335, n. s.

vernes et Guillaume du Homme, vı d. chascun par jour, semblablement, xxı l. vı s.

Jehan de Navarre, sergent à present en la dite forest, en lieu de Robin de la Bove, v d. p. par semblables jours, valent à ce terme cx s. xı d. ob.

Guillaume de Melicourt, sergent de Gloz, pour la garde des bois de Gloz, pour moitié à ce terme, LX s. x d.

Drouet Chanu, garde des bois de l'escheoite jouste Lyre, vı d. p. par jour, valent à ce terme vı l. xııı s. ı d. ob.

Guillemin d'Ourmes, sergent à mace du roy, novel, v s. p. par jour, et pour robe par an, tant pour ce terme comme pour termes et temps precedens, si comme au dos est contenu, vıı^{xx} ııı l. ıı s. vı d.[1]

Somme : ıı^c LXXVIII l. ıııı s. ıııı d.

Orbec.

Le visconte d'Orbec, Raoul Cocherel, institué illec en lieu de Thomas d'Aunoy, pour moitié à ce terme, xxx l.

Le verdier des bois d'Orbec, Hanequin de Holingres, ıı s. par jour à la vie de lui et de sa femme, et de celui qui plus seurvivra, pour semblables jours, xxı l. vı s. Et pour robe, pour moitié, L s.

Le verdier des bois des Moustiers Hubert, Pierre de Gascourt, ıı s. par jour, semblablement, xxı l. vı s. Et pour robe, pour moitié, L s.

---

[1] Cet article est biffé. On a mis en tête la note : *Fiet per thes[aurarios]*.

Noel, sommelier de la fructerie monseigneur le duc de Normendie, sergent des tiers et dangers des bois de la visconté d'Orbec, novel, ıı s. par jour, si comme au dos est contenu, xv l. ıııı s.[1]

Conches.

Le verdier illec, Gillet de Fillemain, ıı s. par jour, semblablement, xxı l. vı s. Et pour robe, pour moitié, L s.

Le portier du chastel illec, Perrot de la Porte, vı d. p. par jour, valent vı l. xııı s. ı d. ob.

Le portier du chastel d'Esquiquernon[2], Robin Buissart, vı d. par jour, semblablement, vı l. xııı s. ı d. ob.

Les xıı sergenz à pié, fourestiers en la forest de Conches, dont les noms sont au dos, vı d. chascun par jour, valent, pour semblables jours, cvı l. x s.

Le parchier de Conches, Perrot Frison, x d., semblablement, ıx l. xıııı s. ıı d.

La femme au Hareng[er], pour son douaire de la porte de Conches, pour moitié à ce terme, xx s.

Mestre Jehan de Mauves, avocat le roy en la court l'official d'Evreux, pour moitié, c s.

Rogier du Quesnoy[3], procureur le roy en la dite

---

[1] Article biffé, avec cette note explicative : *Radietur quousque dominus rex, cui super hoc scripserunt domini, rescripserit suam voluntatem, quia visum est per antiquos compotos quod non debet esse officium.*

[2] Quincarnon (Eure), arrondissement d'Evreux, canton de Conches, commune de Collandres.

[3] En regard de cet article, on lit : *Videatur et corrigatur.*

court, si comme il appert par les comptes de Saint Michiel, pour moitié à ce terme, xxv s. Et pour non compté aus termes de Pasques xxxiiii et de Pasques xxxiii precedens, pour les diz deux termes, L s.

Pierre le Pihadel, mesureur des blez et avoines de Conches, à ce terme, pour tout l'an, c s.

Colin Passemer, procureur le roy à Conches, si comme il appert par les comptes de Pasques precedent, en despense commune, vers la fin, pour tout l'an, x l.

Jehannin Fermier, clerc de la verderie, et sergent des forés de Conches, novel à la Saint Michiel precedent, x d. par jour, valent vi l. vi s. viii d. (Cepit receptor ad Pascha ccc xxx vii°, pro parum hic capto, L s. x d.)

Somme : ii^c LXII l. I d.

Danffront.

Le visconte illec, Pierre d'Avrenches, institué en lieu de Guillaume Rousée, pour moitié, xxx l.

Le verdier de la forest de Passais, Huet des Ventes, pour moitié à ce terme, xxx l.

Les quatre sergenz à pié souz li en la dite forest, c'est assavoir Richart des Ventes, Gieffroy Piénoir, Nicaise de Vienne et Jehan Malegeneste, establi en lieu de Robin Corneprise, x d. chascun par jour, de l'endemain de la Toussains jusques au jour de la Saint Jehan Baptiste enclos, quant aus gaiges paier, et par commandement de noz seigneurs, qui se montent ii^c xxxv jours, valent, à ce terme, xxxix l. iii s. iiii d.

Guillaume le Fauconnier, preneur des faucons en la

saison, et sergente en la dite forest, xii d. par jour, par semblables jours, xi l. xv s.

Jehan du Mesnil, verdier de la forest d'Andaine, pour ses gaiges, qui sont de lx l. par an, pour moitié à ce terme, xxx l.

Les quatre sergenz à pié en la dite forest d'Andaine, c'est assavoir Guillaume de Conches, Berthaut de Fontaines, Thomas Poissonnet et Raoul Testart, chascun x d. par jour, semblablement, valent xxxix l. iii s. iiii d.

Huet Picart, fauconnier et preneur des faucons et espevriers en la dite forest pour le roy, et les porte et rent à court comme il en a en la dite forest, et sergente en icelle à pié, et prent xv l. par an, pour moitié à ce terme, vii l. x s.

Colin Berart, portier de la porte du chastel de Danffront, xii d. par jour, pour semblables jours, à ce terme, xi l. xv s.

Richart, la gaite du chastel de Danffront, x d. par jour, valent ix l. xv s. x d.

Pour les gaiges aus mesureurs des fromenz, pour moitié à ce terme, xxx s.

Thomas de Monchehaut et son vallet, pour garder le haraz et estalon en la brace et en la grant forest, et prennent xviii d. par jour, pour semblables jours, à ce terme, xvii l. xii s. vi d.

Pierre de Puille, sergent de la forest de Danffront, novel à la Saint Michiel precedent, x d. par jour, ix l. xv s. x d.

Pour les gaiges Gerveis le Conte, avocat le roy en

ceste baillie, institué par le bailli aus gaiges qui ordenez seroient par noz seigneurs des comptes, lesquiex ont esté commandez par noz diz seigneurs au dit receveur de bouche à paier de xx l. par an, si comme il appert par les comptes de Pasques precedenz, pour tout l'an à ce terme, xx l.

Pour la pension mestre Jehan du Sablonnier, advocat le roy en la court de l'eglise du Mans, establi illec par Regnaut de la Mare pour les causes de la visconté de Danffront deffendre, si comme il appert par les comptes de la Saint Michiel precedenz, pour moitié à ce terme, L s.

Mestre Nicole Vallet, advocat le roy en la court de Lisieux, si comme il appert par les comptes de la Saint Michiel precedenz, pour moitié, c s.

Somme : ii^c LXV l. x s. x d.

Somme : viii^c v l. xv s. iii d.

Dismes et quars paiez et renduz à plusieurs abbez, prieurs et autres, que il prennent sur plusieurs demaines de ceste baillie, rendus ci-dessus en recepte ou chapitre Demaines fieffez sur Orbec.

L'abbe de Saint Evrol, sur la terre fieffée au Sap par Colin de Valosol, dont il est rendu ci dessus viii l. viii s. vi d. : à euls paié et rendu par mandement et delivrance du roy, fait par ses lettres, dont le vidimus signé en la chambre est rendu à la court à ce terme, sur toutes les rentes et revenues que il a en la ville et parroisse du Sap et ou moulin de Neuville, du temps à venir et du temps que le dit receveur a esté receveur de ceste dite terre, pour le disme des dites viii l. viii s.

vi d., pour cest terme, xvi s. x d. ob. — Et pour non compté par le dit receveur de quatre termes precedens, c'est assavoir Saint Michiel cccxxxii, Pasques et Saint Michiel ccc xxx iii, Pasques et Saint Michiel ccc xxx iiii, pour chascun xvi s. x d. ob., valent lxvii s. vi d.

Le dit abbe, pour disme que il prent sur semblable terre fieffée au Sap à Jehan d'Auvreinville, dont il est rendu ci dessus ou dit chapitre lxii s. vi d., par le dit mandement, pour ce vi s. iii d. — Et pour non compté pour les diz iiii termes precedenz, xxv s.

Le dit abbe, pour disme que il prent sur la terre et bois du Fay du Sap fieffé à Thomas Valée et Michiel Gillain, dont il est rendu ci dessus ou dit chapitre xiii l. x s., pour ce xxvii s. — Et pour non compté des diz iiii termes precedenz, cviii s.

L'abbe de Conches, pour disme que il prent sur le moulin à ten de Conches, dont il est rendu ci dessus ou dit chapitre sur Conches lx s., pour ce vi s.

L'abbé de Lyre, pour le quart que il prent sur la ferme de la prevosté de Lyre, dont il est rendu ci dessus, ou dit chapitre Demaines non fieffez sur Beaumont, cxii l x s., pour ce xxviii l. ii s. vi d.

Item le dit abbe de Saint Evrol, pour disme que il prent sur le moulin de Neuville, affermé avec la ferme de Nueville, qui touz sont bailliez ensemble à present pour iii^{xx} x l. pour terme, dont il appartient pour le dit moulin, sanz la ferme des autres choses, si comme le dit receveur s'en est enfourmé par plusieurs bonnes genz, lx l. pour le terme, pour le xe de ce, à li paiez par mandement du roy rendu ci dessus en la première partie de ce chapitre, pour ce VI l. Et pour non compté de IIII termes precedenz, XXIIII l. — Item pour disme que il prent semblablement sur la prevosté du Sap, dont il est rendu ci dessus ou dit chapitre sur Orbec C l., pour ce X l. — Et pour non compté de IIII termes precedenz, XL l.

L'abbe de Lonlay, pour disme que il prent sur la prevosté de Danffront, dont il est rendu ci dessus, ou dit chapitre, IX^{xx} XII l., pour ce XIX l. IIII s.

Le dit abbe, pour disme que il prent sur la ferme des moulins de la blasterie, dont il est rendu ci dessus LXXI l. X s. pour la ferme du dit moulin, avec le quart des deux moulins de la Roche, ouquel quart le dit abbe ne prent point de disme, pour ce LXXI s. VI d.

Le dit abbe, pour disme que il prent sur la ferme de la peleterie, mercerie et ferronnerie, dont il est rendu ci dessus, ou dit chapitre, XV l., pour ce XXX s.

Le dit abbe, pour disme que il prent sur la penneterie et saunerie, dont l'en a rendu ci dessus, ou dit chapitre, XIII l. X s., pour ce XXIX s. VIII d. ob.

Le dit abbe, pour disme que il prent sur la fillanderrie, dont il est rendu ci dessus ou dit chapitre, XIII l. XII s., pour ce XXVII s. II d.

Le dit abbe pour [1] . . . .
. . . .

Parties de CVIII s. XI d. contenue au blanc, pour plusieurs euvres de serruererie faittes ou chastel de Conches et an la maison du roy audit lieu.

---

[1] La fin manque. Les chapitres qu'on va lire sont au dos du rouleau.

Pour une serreure an la buscherie, xii d.

Pour une clef en la posterne, viii d.

Pour une clef en la chambre du four, vi d.

Pour une clef en la garde robe, vi d.

Pour une clef en la chambre des garnisons, que le prevost de Paris fist depecier [1], xii d.

Pour un loquet en la porte du bout de la chappelle, viii d.

Pour une serreure en la chambre des viez garnisons, des viez colliez et viez selles, que le prevost de Paris fist despecier, xii d.

Pour une serreure rappareillier et une en la sale, viii d.

Item en la porte de devant, ii palliers de fer, iii s.

Pour une clef en la sale du chastel, viii d.

Pour une serreure en la chambre aus prescheurs, xii d.

Pour une serreure et touroil appareillier en la chambre aus clers, xii d.

Pour une serreure en l'uis du sellier, vi s.

Pour la barre et chaine du sellier rapparlier, ii s. vi d.

Pour la serreure et touroil de fer pour aller en l'uis de la fosse rapparellier, iii s.

Pour les paucaires (?) de la trape à barre de fer et à serreures de fer et touroil, x s.

---

[1] Il est probable que le prévôt de Paris fut chargé de faire, dans le château de Conches, une perquisition analogue à celle qui fut faite à l'hôtel de Quatremares au mois de novembre 1334; voyez plus haut, n. 45.

Pour un loquet en la porte du chastel du bout de la chappelle, x d.

Pour une serreure mise en une chambre, xii d.

Pour une serreure de fer appareillier, ii verous et un touroil, xviii d.

Pour une serreure de fer en la haute tour, qui y fut mise quant le prevost de Paris la fit depecier, v s.

Pour une penture en un huis de la bove, xii d.

Pour une clef en la dite bove, xv d.

Pour un chaceis ferré entour, x s.

Pour un coffre ferré dedans, viii s.

Pour une serreure à ii clés du comptouer et i annel, iii s.

Pour un touroil ou dit compt[ou]er, vi d.

Pour ii tourouelz en la chambre du dit receveur et une serreure, ii s. vi d.

Pour une serreure ou sellier, xv d.

Pour serreures pour ii huches, ii s.

Pour une serreure et ii loquez, iii s.

Pour une serreure de fer en un coffre, x s.

Pour une serreure en la chambre où il a fromenz ou chastel, ii s.

Pour vi bobèches à chandelliers, xii d.

Pour une serreure de fer et un touroil ès greniers du chastel, vi s.

Pour une clef en la nancéte du parc, xv d.

Pour une serreure en la dite nancéte muée, iii s.

Pour iii clés ès portes du parc, iii s.

Pour une serreure de fer ou dit hostel où l'en met l'avoine, ii s. vi d.

Pour un trepié fait pour le dit hostel, II s. VI d.

Pour un covercle de cuivre, XII d.

Pour x vertevèlez et x gons à pendre fenestres, xx d.

Somme : CVIII s. XI d.

Parties de messagers envoiez.

Premièrement par le receveur.

Pour plusieurs lettres du dit receveur, portées à plusieurs visconte et prevos de ceste terre, pour plusieurs fermes [et] marchiez faire crier et subaster, par Gillot le Pelletier, Jehannot son frère, XXIX s. VI d.

Pour lettres du dit receveur, portées de Chartres à Damffront environ la Saint Denis, pour haster les deniers aporter d'illec à Chartres, par Guillemin Jourdain, xx s.

Pour lettres du dit receveur en celi temps à plusieurs des sergens, pour hastivement exploiter argent pour porter à Chartres, par Perrot Guinot, x s.

Pour lettres du dit receveur envoiez au visconte d'Orbec, pour bailler aucuns ouvrages qui estoient à faire ou chasteau du dit lieu, dont le dit visconte li avoit escript, III s.

Pour lettres du dit receveur envoiés de Conches à Damffront à son lieutenant, demandant de li apporter ce que il avoit d'argent par devers soy, par IIII foiz, depuis le terme de la Saint Michiel, par Guillemot le Peletier, pour chascune fois x s., valent XL s.

Pour autres message[s] envoiez par le dit receveur par II foiz par la dite terre, pour faire crier les paiemens de ceste terre de cest terme, c'est assavoir à

Beaumont, à Orbec et au Sap et à Bernay, pour ce xxviii s.

Item pour autres messages envoiez par le visconte de Danffront par le lieutenant du dit receveur, c'est assavoir :

Pour lettres du dit lieutenant portées de Danffront à Conches, entre Pasques et l'Ascension, pour savoir si et quant les blez de la dite viconté seroient venduz, xii s.

Pour autres lettres du dit lieutenant envoiez audit receveur de Conches, pour savoir de li se il paieroit despenz faiz par le fermier de la prevosté de Damffront pour un plet pour cause de la dite prevosté meu contre Michiel Cahan, en la castellerie de Falaise, où le dit prevost avoit esté mis en prison, pour cause du fait de la dite prevosté, pour ce xii s.

Pour lettres du visconte de Danffront, pour porter à plusieurs chevalliers, c'est assavoir à monseigneur Guillaume le Voier d'Aitin, monseigneur Guiffroy de la Mote, monseigneur Thomas de la Fosse, monseigneur Robert de Samay, monseigneur Robert de Harecourt et monseigneur Robert des Monciaus, mandez pour venir à la delivrance de Gieffroy de Ramoys, qui estoit an l'eglise de la Ferière en franchise pour un homicide, des quiex chevaliers ne vint que monseigneur Robert des Monciaus, les quiex lettres furent portées par plusieurs vallez, c'est assavoir Jehannot le Convers, Guillot de Conches, Thomas Poissinet, Bertaut Davoust, Colin du Mont, pour touz xxviii s.

Pour lettres du dit visconte portées par les diz vallez à une autre foiz, c'est assavoir la sepmaine de Pentecouste pour la dite delivrance, desquiex ne vint nul, pourquoy elle ne pot estre faitte, pour ce XLI s.

Pour autres lettres envoiées par le dit visconte de Coustances, qui avoit tenu les assises pour le bailli de Coutentin à Danffront, à XII chevalliers, pour venir à Danffront pour la dite delivrance et de plusieurs autres prisonniers, desquiex n'en vint que II, c'est assavoir monseigneur Nichole de la Chèse et monseigneur Nicole Meheudin, par quoy la dite delivrance ne pot estre faitte, pour ce que il n'en y avoit que deux, portées par Jehan de Heudeleue, sergent à cheval, pour ce XXX s.

Pour unes lettres des tresoriers envoiez de Chartres au baillif de Coustentin, pour apporter l'argent que il avoit, au Mont Saint Michiel, à l'enconstre de la royne, qui y devoit aler là environ à trois sepmaines de la Saint Michiel [1], par Perrot de la Porte, pour ce XX s.

Somme : XIII l. XIII s. VI d.

Parties de pain à prisonniers.

Pour pain livré à prisonniers de Beaumont par le geoler de Danffront, si comme par lettres du visconte illec appert, X l. V s. par le geoller.

Donné par copie. — Philippe, par la grace de Dieu roys de France, au receveur de Danffront en Passais, ou à son lieutenant, salut. Nous voulons et te mandons que, tantoust et senz delay, tu paiez à Huet Picart,

---

[1] Les historiens du Mont-Saint-Michel ne paraissent pas avoir connu ce pèlerinage de la reine Jeanne de Bourgogne, qui dut avoir lieu au mois d'octobre 1334.

nostre sergent en la forest de Danffront, à cerchier et à querir les eires des esperviers en la dite forest et aus vallez qui gardent les dites eires, tout ce qui leur est deu du temps passé et qui deu leur sera du temps à venir, en la manère qui t'apperra souz les seaulz de noz verdiers de noz forés d'Andaine et de Danffront, de leur gaiges que il prenent pour raison de leur offices. Et ce fay senz atendre nul autre mandement sur ce, en telle manère qu'il ne reveignent plus pour ce devers nous. Et nous voulons que tout ce que tu leur en aras paié soit aloé en ton compte et rabbatu de ta recepte par noz amez et feaulz les genz de noz comptez à Paris. Si le fay si diligaument que il n'y ait point de deffaut. Car se il en reveignent plus par devers nous en ton deffaut, saches que nous te ferons paier les despens que il feront. Donné à Chielle, le xvIII^e jour de jullet, l'an de grace M CCC XXXV. Signé : Par le roy : GUICHART.

49.

Rôle d'amendes taxées par les enquêteurs des eaux et forêts du roi et du duc de Normandie. — 1335-1336.

C'est l'abrégié des parties contenues en un roulle cousu après cesti, des emolumens des amendes et forfaitures baillies par Henry de Meudon et Symon le Porcher, escuiers, mestres et enquesteurs des eauez et des forez du roy nostre sire et de celles de nostre seigneur le duc de Normandie, par devers la chambre des comptes, pour faire lever et espleter, c'est assavoir du xviii͏ᵉ jour de juillet mil ccc xxxv, que il furent establis eu dit office, jusques au compte du dit Symon rendu en la dite chambre, le vii͏ᵉ jour de juillet l'an mil ccc xxxvi.

La baillie de Rouen.

Johan du Matrey, gardain de la Salle as Pucelles, c l. ....

La baillie de Gisors.

..... L'abbe et le couvent de Mortemer, l l. — Drouet du Fran Castel, xl s. — Item ycelui, vi l. — Robert de Franconville, xiiii l. xiii s. iiii d.

La baillie de Caux.

Pierres Galles, l l. — Messire Guillaume d'Auseville, chevalier, x l. — Guillaume le Grant, iiii͏ᶜ lxii l. x s. — Guillaume Renier, c l.

La baillie de Costentin.

.... Pierres Cohuel, plége Michiel d'Anneville, c s. — Mestre Gieffroi de la Tremblée, xx l. — La personne de Tolevast, x l. — Messire Nicole de Haineville, personne de Tourqueteville, c l. — Le seigneur de Gasteville, l l. — Climent Alexandre, jadis verdier de Cherebourc, v͏ᶜ l. — Monseigneur Richart de Courcy, chevalier, sire de Rommeilli, v͏ᶜ l.

Les emolumens bailliez à lever en la chambre des comptes, par Henry de Meudon, etc. [1]

[La baillie de Rouen.]

Sur ce que nous maintenion pour le duc nostre sei-

---

[1] Ceci est le commencement du rôle détaillé dont ce qui précède n'est qu'un extrait.

gneur que, eu temps que monseigneur Jehan le Veneeur, chevalier, vivoit, à la requeste du priour de la Salle as Pucelles jouste Rouen, il avoit [fait] une informacion [1] sur le fait de pluseurs chesnes, etc.... Nous meismez ces deuz causes à la venue du roy nostre sire à Rouen, pour avoir plus plain conseil avec nos compaignons les autres mestres des forez. Ce fu fait au Val de Reul, le vi^e jour de septembre l'an mil ccc xxx v, presens : messire P. le Tavernier, prestre, Guillaume Cavare, verdier de Montfort, Jehan Cavare, Jehan des Hayes, sergens de Bort, Henri de Guinemont, sergent de Rouvray, Guillaume Osmont, Robert l'Escuier, Robert le Caucheis, messire Jehan de l'Escalier, prestre, et autres.

Item le xxie jour de septembre, à Rouen, l'an mil ccc xxxv, presens : Gieffroi Doques, Jehan de la Lande, messire Guillebert Auberte, Jehan du Carrouer, lieutenant du chastellain de Rouvray, Robert l'Escuier, Pierre le Clerc, sergent fieffé de la forest de Rouvray, Pierre Caillou, Pierre le Boucher, Jehan le Blont, Robert Lohé, messire Jehan de l'Escalier et pluseurs autres.

Sur ce que nous aprochion Jehan du Matray, mestre gardain de la Salle as Pucellez, etc....

Le xviie jour de janvier, à Saint Saen, l'an mil ccc xxxv, devant nous Henri de Meudon et Symon le Porcher, escuiers, presens Jehan de Dreuz, Guillaume

---

[1] Au dos du rouleau est une copie de cette enquête, en date du 11 décembre 1331. Elle est suivie de la copie d'une charte accordée par Henri II aux lépreuses de Quevilly.

Harenc, Guillaume Regaut, Gautier de Boutevillier, verdier d'Yavy, le priour du Neufmarchié, Robert du Croq, Richart son fils, Robert Regaut, Richart le Bourgois, Jehan Valemin, sergent du Neufmarchié, Robert de Ricartville, escuier, Pierre Baril, Richart le Feron, monş. Raoul Coste, messire Jehan de l'Escalier, prestre, et pluseurs autres.

Sur ce que Robert de Franconville, adonc verdier de la haye d'Arques, fust aprochié de ce que il avoit vendu plusieurs bois de la dite haye, especialement à Pierre le Brasseeur, etc.

La baillie de Caux.

Le IIIe jour de septembre, l'an mil CCCXXXV, à Rouen, en la presence Jehan du Caronel, lieutenant du chastellain de Rouvray, Henry de Guinemont, sergent illec, Clement Lohier, mestre Jehan du Val Richier, messire Jehan de l'Escalier et plureurs autres.

Sur ce que nous Symon le Porcher, mestre etc. aprochion Pierre Galles, geolier de Saint Saan, en disant que, eu temps que messire Jehan le Veneur, chevalier, vivoit, comme mestre et enquestour etc., il avoit aprochié le dit Pierre, en lui reprouchant et disant que pluseurs malefaçons il avoit faites en la haye de Saint Saan, dont il avoit esté garde pour le temps, pour quoy le dit chevalier vouloit adonc, se il le congnoissoit, etc.; et se il le nioit, etc.; lequel Pierre respondi au dit chevalier, en luy deffendant, après ce que il out esté oy en toutes les bonnes resons qui li povaient valoir : « Sire, je ne cuide de riens avoir meffait, et vous requier et mi sousmeit du tout en tout que vous vous enfourmez du tout sur ce; et selonc ce que vous trouverés, rendés vostre sentence, soit pour moy ou contre moy. » Et pour ce que la dite sentence ne fu pas rendue par le dit chevalier eu temps que il vivoit, combien que sur ce il se fust enfourmé par certains tesmoins et à la requeste du dit geolier, comme dessus est dit, desquiex tesmoins les nons et la deposicion sont au dos [1]; nous devant dit Symon aprochasmez le dit geolier en la manère que le dit Jehan l'avoit aprochié, et si comme il est dessus escript; et confessa, après ce que nous li eusmes tout recordé, mot à mot, en la presence des dessus nommés, toutes les choses estre vraies, en la manère que dessus est dit, et avec s'en soumist du tout en nostre ordenance. Et après ce, nous li offrismes à lire ou faire lire les nons et les sournons des tesmoins que le dit chevalier avoit oy et examiné sur ce, pour savoir encore d'abondant se il voudroit aucune chose dire contre leur personnez et contre leur deposicions; auquel les dis tesmoins furent touz nommés par non et par sournon, et li fu demandé se il y vouloit meitre nul saon; lequel respondi que non, et que il les tenoit tous pour bonnes gens, dignez de foy. Et, après ce, toute la deposicion d'iceulz li fu leue en jugement, et fu jugie la dite informacion faite par le dit chevalier selonc la deposicion des tesmoins tout à plain pour le roy nostre sire et contre le dit Pierre, et fut dit par touz les presens dessus nommés que le dit Pierres le devoit amender, et li fu com-

---

[1] Voyez plus haut, n. 34, un extrait de cette enquête, qui fut faite en mai et juin 1333.

mandé que il l'amendast, lequel dist que il n'y estoit tenu, et nous requist que de rechief nous vousisson oir iceuls tesmoins, desquiex il y avoit partie de mors; auquel il fu respondu que nous n'i estions tenus et que nous tenion l'informacion pour bonne et pour vraye, se il ne vouloit aucune chose dire contre le clerc qui l'avoit escripte, lequel estoit tout present, lequel Pierres n'y voult riens dire. Et sur ce, demandé fu as presens se sa requeste estoit juste; dit fu que non. Et sur ce il fu mis en deffaute, en sa présence, par tout le conseil du siége. Et quant il vit que par la deffaute l'en le vouloit meitre en amende par jugement, il congnut au fait tout à plain, et l'amenda cognoissaument.

[La baillie de Gisors.]

.... Item sur ce que le dit Richart fu aprochié que, quant le dit sergent revinst par sa meson, il avoit demandé au dit Richart les namps qui estoient demourez en son ostel, lequel li respondi : « Prenez vos namps là où vous les trouverés; il ne sont pas chaeins; quar celui à qui il estoient les en a emportés. » Et quant le dit sergent vit que le dit Heudeberge l'avoit ainsi dessaisi et souffert à dessaisir, il voult prendre des namps du dit Heudeberge à la value de ceuls dont il l'avoit dessaisi, lequel Heudeberge li defforcha tout à plain : pourquoy l'en vouloit se il le congnoissoit, etc.; et se il le nioit, etc. Le dit Heudeberge, present en jugement, congnut au fait tout à plain et l'amenda congnoissaument. Plège, Richart le Tonnelier. Tauxée par le dit Henri et Symon à XL s. t.

Sur ce que le dit Heudeberge fu aprochié de ce que,

en deforchant au dit sergent ses namps, il prist le dit sergent au corps et as draps, et li fist tant de force et de violence que il convint que le sergent criast haro : pourquoi l'en vouloit se il le congnoissoit etc.; et se il le nioit, l'en l'offroit à faire vray etc. Le dit Heudeberge, present en jugement, congnut au fait tout à plain, et l'amenda tout congnoissaument. Plège, Richart le Tonnelier. Tauxée par les dis Henry et Symon à c s. t.

Sur ce que Richart le Tonnelier de Gisors fu aprochié que, de son atorité, sans licence de personne qui à ce eust povoir, il estoit alé en l'ostel Richart Heudeberge, et avoit pris ses namps que Robinet Flochet, sergent en la dite forest, avoit mis en garde chiés le dit Heudeberge pour certaines amendes que le dit Tonnelier devoit pour cause de la dite forest, et les en avoit emportés par sa force : pourquoy l'en vouloit, se il le congnoissoit etc.; et se il le nioit, l'en le vouloit faire vray etc. Le dit Tonnelier, present en jugement, congnut et confessa au fait tout à plain, et l'amenda congnoissaument. Plège, Richart Heudeberge. Tauxée par les dis Henry et Simon à c s. t.

Enguerran Copinot en amende congnoissaument, pour ce que il avoit mis en prison Robinet Flochet, sergent de la dite forest, pour ce que il avoit sergenté en la ville de Gisors pour les amendes de la forest, sans apeler le sergent du lieu. Plège, Pierre le Tailleeur. — Item ycelui en amende, pour ce que il fu desavoué de Adan le Decoupeeur, prevost de Gisors, de ce que il avoit fait esploit de justice, especialement de ce que il avoit mis Robinet Flochet, sergent comme dit est, en prison. Plège, Pierre le Tailleeur. Pour tout ces deux amendes, xxv l. t.

Le xvii° jour d'octobre à Nouion sur Andelle, en la presence du priour de Nouion, Guillaume Canu, Jehan de Quiedeville, Robin Coquillie, Philippe des Mares, Jehan Bonnechose, Raoul Moisson et plureurs autres.

Jehan Drouart et Thomas de la Mote, pour la forfaiture de deuz chareites et des chevaux prises par le chastellain de Lyons toutes carchiées de la maneuvre d'un arbre merchié d'un faux merc, prisiés par Guillemin Asceline, les chevaux à xii livres et les chareites et le hernois à viii l. Plège, le dit Guillemin Asceline. Pour ce xv l. t., pour le droit le roy.

Le xxvii° jour d'octobre mil ccc xxxv, à Mortemer en Lyons, en la presence de l'abbé de Mortemer, messire Guillaume Mallet, chevalier, le priour de Saint Pol en Lyons, Guillaume Regaut, Jehan de Marcelles, mestre Guillaume Villequin, Guyet d'Ormay, Mahiet Brebion, Mahiet le Bouffi, Drouet du Franc Castel, Pierre le Tailleeur, le curé de Vasceul, Guillot Canu, Guillotin Escoullecat, Jehan de l'Escalier, prestre, et pluseurs autres.

Sur ce que l'abbe et le couvent de Mortemer en Lyons furent aprochiés de ce que il avoi[en]t requis au chastellain de Lyons plureurs chesnes pour faire merrien à vin, late et escende, lesquiex leur avoient esté livrez, et depuis le devant dit chastellain avoit trouvé leur gent mennovrant les dis chesnes pour faire pel à closture, et pour ce leur deffendy l'ouvrer et le bois, et que il n'en levassent riens, et sur l'arrest et deffens ainsi fait il avoient fait le contraire, et en avoient emporté le dit bois en brisant le dit arrest, et mis une partie en la dite closture : pour quoy l'en vouloit, se il le congnoissoient que il etc.; et se il le nyoient, l'en le vouloit faire vray etc. Le dit abbe, present en jugement, congnut et conffessa au fait tout à plain, et l'amenda congnoissaument pour luy et pour le couvent, selonc ce que au cas appartenoit. Tauxée à L l. t.

Sur ce que l'en accusoit Drouet du Franc Castel que il avoit eu x s. de Robequin pour la forfaiture de gatez que il avoit prises, lesquelles il disoit que elles estoient forfaites, et si estoient merchiez de bon merc : pourquoy l'en vouloit, se il le congnoissoit etc.; et se il le nioit etc. Le dit Drouet, present en jugement, congnut et confessa que il en avoit eu v s.; laquelle chose il l'amenda congnoissaument. Pour ce, XL s. t.

Item yceluy en amende, pour ce que il congnut en jugement avoir donné congié à ceuls du Moncel que leur chièvres alassent pasturer à l'eur de la forest, eu mois deffendu, et en avoit eu pour chacune chièvre un parisis. — Item ycelui en amende, pour ce que il avoit donné congié à la herte des vaches de Vasqueul à aler souz le rain de la forest eu mois deffendu, et en avoit eu argent pour lessier les y aler, pour tout ces II amendes, VIII l. t.

50.

Vente de châblis dans la forêt de Roumare.
19 juillet 1336.

Mandement du roi aux maitres de ses forêts et au bailli de Rouen touchant une remise accordée à Jehan l'Engloys, de Montigny lez Roen, pour les pertes par lui subies dans la vente des « chaables » de la forêt de Roumare. — « Donné à Paris, le xixe jour de juillet, l'an de grace mil ccc trente et sis. Par la chambre des comptes : JA. DE BOULAY. »

51.

Gréement de la nef la *Sainte-Anne,* construite au clos des galées du roi, à Rouen. — 8 septembre 1336.

Sachent tous que je Mahieu de Quiedeville, commis de par Guillebert Poolin, sergent d'armez du roy nostre sire, commis et estably de par ycheluy segneur pour lez reparacions dez nefz et galiez du dit segneur, ay eu et reccheu de Thomas Fouquez, garde du clos dez galiez du dit segneur à Rouen, pour la neccessité de la nef Sainte Anne du dit segneur faite eu dit clos, lez chozes qui ensievent, c'hest assaver neuf grans ancrez, deuz grans caablez, un borsseil, deux espringalez et pluseurs autres surain et pouliez pour la neccessité de la dite nef; desquelez chozes dessus ditez je pramet aaquiter et delivrer le dit Thomas Fouquez envers le dit monsegneur le roy et envers tous autrez qui aucune choze l'en voudroient demander. Item je ay eu et recheu du dit Thomas un banchon. En tesmoign de chen, je en ai donné ches leitres seelléez de mon seel. Donné et fait le diemenche vm^e jour de septembre, l'an de grace mil ccc trente et sis.

52.

Travaux faits à l'hôtel de Quatremares.
Saint-Michel 1336.

Ce sunt oevrez aloéez par Guillaume Auberi, viconte de Beaumont et de Conchez, à Gauchier le Vieil, clerc, fermier de Quatremares, pour faire un appentis encontre lez guerniers de l'ostel de Quatremares, au terme de la Saint Michiel mil ccc xxxvi. Lequel appentis contient tresze travers, et ont lez pos vm piez de lonc, et sont ensueillez de sueils, et a en chas[cune] escosée une appuie, et lez parnez telez comme ellez appartiennent apporter le[z] quevronz, et si y a une pièche de feste qui porte lez quevronz, et si porte le feste sur castaignole, qui sunt amorteséez ez pos dez dis guerniers, lo¹ lez dis quevrons sunt brandis, et doit avoir ez dis appentis quarante six quevronz; et devers lez dis guerniers doit avoir une fillière sur quoy lez jambez sieent, qui portent lez dis quevronz, et doit avoir chascun quevron sa jambe. Et doit le dit Guau-

---

¹ Là où.

chier treuver tieulle, clou, late, et si le doit rendre tout prest de carey et de carpenterie. Item il le doit fère sueiller et empatiner de bonne pierre, et asseer la dite ensueilleure à franc mortier. Item pour la cheminée qui sera faite en la meson d'emprez la porte lò le dit Gauchier demuere, pour faire le contrecuer et l'astre de tuillez si haut comme il appartient, et pour faire le mantel tel comme il appartient, et faire quatre archez afin qu'elle ne s'estende, et pour faire le tuel si haut comme il appartient afin qu'elle ait sez venz, et le roy li doit treuver tout le bois qui y appartient, exepté late. Et fu baillé au dit Gauchier par xx livres à rabez acoustumé, lequel ne fu point rabessé, et ainsi demora au dit Gauchier pour lez dis xx livres. Pourquoy le dit viconte a mandé à Guillaume Doulle, viseteur dez oevrez du roy, par simplez lettres pendanz, et le dit viseteeur n'en voult rienz faire par lez lettres du dit viconte, si ne li fust commandé du baillif, Pierre de la Maillière, baillif de Roen, et le dit viseteeur y a esté par le commandement du dit baillif, et tesmoigne que lez besoignez sunt faites en la manière qu'ellez avoient estéez deviséez à son avis.

53.

Armement de la nef la *Kateline-Johan-Ertaut*, allant rejoindre la flotte de l'amiral Hue Quieret. — 17 octobre 1336.

Sachent tous que je Robert le Carpentier, mestre de la Kateline Johan Ertaut, prise et retenue du roy nostre sire, pour aler en cheste presente armée, en la compaignie de mons. Hue Cueret, chevalier et amiraut du dit segneur, ay eu et recheu de Thonmas Fouques, garde du clos dez galiez dudit segneur à Rouen, lez armeurez et artilleriez qui ensievent, pour distribuer à moy et as autrez compaignons de la dite nef, ch'est assavoir vint platez, vint cotez gambesiez, dis et huit bachinés et heaumez, vint et chinc arbalestez, vint et chinc baudrez, chinc cassez de carreaux à un pié, quarante targez, un garrot, une casse de carreaux à garrot, chent lanchez et un hauchepié, desquelez chozes dessus ditez je me tien à bien paié. En tesmoing de chen, je ay seellé ches leitres de mon seel, faites à Leure, le juedi xviie jour d'optembre, l'an de grace mil ccc trente et six.

54.

Désarmement de la nef *Sainte-Catherine*.
20 novembre 1336.

Je Guillaume de Tonneville, le jane, mestre de la nef Sainte Katerine de Leure, fais assaver à tous que ès arbalestez qui m'avoient esté livrées pour cheste presente armée, lesquelez je ay renduez et livrées à Thomas Fouquez, garde du cloz dez galiez du roy nostre sire, il en y a une dont l'arc est rompu, et une où il faut la noiz. En tesmoing de chen, je ay seellé chez leitres de mon [seel], faites à Leure, mercredi xxe jour de novembre, l'an de grace mil ccc xxxvi.

55.

Armement de la nef *Saint-Julien*.
21 novembre 1336.

Sachent tous que je Nicholas Ascoulleux, mestre de la nef Saint Julien, ay eu et recheu de Thonmas Fouquez, garde du cloz dez galiez du roy nostre sire à Rouen, pour meitre en la dite nef, prise et retenue du roy nostre sire, pour aler en cheste presente armée en la compagnie de monsegneur Hue Cueret, chevalier et amiraut du dit segneur, un bachinet, un escu, un hauchepié et un garrot.... A Leure, le juedi xxi° jour de novembre, l'an de grace mil ccc trente et six.

56.

Fragments d'un rôle relatif à des travaux de charpenterie faits dans les domaines qui avaient appartenu à Robert d'Artois, dans le bailliage de Rouen. — 3 décembre 1336.

A Johan Beegueulle et à son compaignon, pour tache baillée pour descouvrir et recouvrir les forges du chastel de la Lunne, ch'est assavoir iiii mesons qui pourrissoient en deffaute de couverture etc.

A Johan du Monchel et son compaignon, pour xi^m d'essende emploiée par Thomas Trepel affére les mesons de la prieurté de Saint Johan du chastel de Biaumont, pour chascun millier v s. vi d., pour fachon et pour meitre en euvre, vallent lix s. vi d.

A Johan du Pleseis, pour tache baillée pour fére un coulombeis en la cohue de Biaumont, tout au bout de l'alée de la porte, à mortoise, haut et bas, et pour fére ès ditez allées un huis, et pour fére un degré par ouc l'en montera à la haute meson, et sera de la lèse de l'apentis qui entre clot les huches, et ara eu dit degré vii piés de vis et vii post où elle fermera. Item un oriol sus le degré de xxiii piés de tref, et xxxv piés de post, tout clos et coulombé à fenestrage, à iii père de sommiers, et l'uisserie à entrer en la meson à roont point, et fermera le dit oriol à huis, et seront les degrés de la tour hostés et fés dedens l'ostel, pour aller partout les instoir[es] de la tour, et refera toutes les huiseries bien et à point. Item un coulombeis en l'oriol et le degré qui estoit derrière, clos à demi pié entre deus coulonbes et resollé où mestier sera; item il metra deus poutres grosses sus la fosse, qui soustendront le reulleis, et ara en chascune des poutres iii pos, et reillé dessus; et fera la trape par ouc l'en y avalle; item un travers qui sera où le degré siet, coulonbé juques au haut de la machonnerie, si dru que l'en ne puisse passer par mi, pour ce xx l. t.

.... Pour fére de charpenterie tout nuef le gibet de Biaumont...

Oevres faites en la viconté d'Orbec.

.... A Johan Neel et à Pierre Maillart, pour tache baillée pour fére le pont des Moustiers Hubert tout nuef de charpenterie, et leur trouverra le roy tout ce qui y faudra, fors que eus couperont le bois au bos, et l'en leur fera venir sus plache, pour ce xx l.

.... Pour tache baillée pour recouvrir les halles d'Orbec....

.... Somme toute : viii^c viii l. xviii s. vii d.

.... Et jeu Guillaume Doulle, [charpentier juré du roy, visiteur des euvres de charpenterie du roy et de monseigneur le duc de Normandie, de la ballie de Roan et de la terre qui fu monseigneur Robert d'Artoys en la ditte ballie,] certifie les besoingnes dessus dittez estre allouées par moy, du commandement Pierres Boniau, bally de Rouen, et faites et parfétes....[1].

57.

Armement de la nef la *Catherine* de Leure.
15 décembre 1336.

Hue Quieret, admiraut du roy nossire, à Thumas Fouque, garde du clos des galies du dit seigneur à Roan, ou à son lieutenant, salut. Conme Guilebert Rat doit aler en la presente armée de la mer en la Katerine de Leure, li vi^{xx} de compaingnons, pour la garde de la mer, et il nous soit avis que la dite nef se puisse et doie furnir de li meismes d'armeures pour la tierche partie des compaingnons de l'armée d'ichelle, nous vous mandons que vous baillez au dit Guilebert des armeures du roy nossire, que vous avez par devers

---

[1] Il n'y a point de date sur le fragment de rouleau qui nous est parvenu; mais on y trouve jointe une cédule du 3 décembre 1336 relative au sceau de Jean Doulle, et qui est nécessairement du même temps que le rouleau lui-même.

[vous] en garde, IIII^{xx} plates, xx cotes gamboisies, IIII^{xx} bachinez, XL arbalestes, x casses de quarreaus IIII^{xx} pavois, VIII^{xx} lanches et xx douzaines de dars, à cause de l'armée de la nef dessus dite, en retenant par devers vous ces presentes, aveuc lettres de recognoissance de ce que baillé li aurez, parmi lesqueles lettres il vous soit alloé en voz comptes et deduit de vostre recepte. Donné à Guerarville, le xv jour de decembre, l'an m CCC XXXVI.

58.

Armement du galiot le *Saint-Michel*.
21 décembre 1336.

Enguerran Quieret, chevalier, lieutenant de noble homme et puissant messire Hue Quieret, chevalier, admiraut du roy nossire, à Thonmas Fouque, garde du clos des galies du dit seigneur à Roan, salut. Conme Jehan Pestel de Leure doie aler, li XL de hommes, en galiot Saint Miquiel du dit seigneur, en l'armée qui presentement est ordenée à faire pour la garde de la mer et des frontières maritimes du royaume, nous vous mandons que vous baillez au dit Jehan, des armeures du roy que vous avez par devers vous, convenaulement pour la garnison de XL honmes, et pour II mois, pour cause de l'armée du galiot dessus dit, en retenant ces presentes par devers vous, aveuc lettres de recognissance de ce que baillié li aurez, par les queles on le vous puist alloer en voz comptes et deduire de vo recepte. Donné à Guerarville, le xxi jour de decembre, l'an M CCC XXXVI.

59.

Armement de la nef *Saint-Georges*.
23 décembre 1336.

Sachent tous que je Guillaume de la Hogue, mestre de la nef Saint George de Leure, ay eu et recheu de Thonmas Fouquez, garde du cloz dez galiez du roy nostre sire à Rouen, du commandement monsegneur Hue Querez, chevalier et amiraut du dit segneur, lez armeures et artilleriez qui ensievent, pour distribuer à pluseurs personnes ordenez en la dite nef pour aler en cheste presente armée de la mer, ch'est assaver quatre vins platez, vint cotes gambesiez, quatre vins bachinés, quarante arbalestez, quarante baudrez, vint pavoiz, dont il en y a v de Janez, sexante que targezet escus dez armez de Franchez, huit vins lanchez, douze vins dars, dis cassez de carreaux à 1 pié, un garrot, deux cassez de carreaux à garrot et un hauchepié, desquelez chozes dessus ditez je me tien à bien paié, et lez pramet à rendre et à restituer au dit nostre sire le roy ou à son commandement, toutez fois que on les me requerra et demandera. En tesmoign de chen, je ay seellé chez leitres de mon seel, faitez à Leure, le lundi xxiiie jour de decembre, l'an de grace mil CCC trente et six.

60.

Armement du galiot *Saint-Michel*.
23 décembre 1336.

Sachent tous que je Jehan Pestel, mestre du galiot Saint Michiel, ay eu et recheu de Thonmas Fouques, garde du cloz dez galiez du roy nostre sire à Rouen, du commandement de monsegneur Engerren Querés, chevalier, lieutenant de noble homme et puissant monsegneur Hue Querès, chevalier, amiraut du dit segneur, lez armeures et artilleriez qui ensievent, pour distribuer à pluseurs personnes ordenéez eu dit galiot pour aler en cheste presente armée de la mer, ch'est assaver vint et huit platez, douze cotes gambessies, quarante escus et targez dez armes de Franche, quarante bachinés, dis arbalestez, deux cassez de carreaux à 1 pié, sexante lanchez et dis baudrez, desquelez chozes dessus dites je me tien à bien paié, et lez pramet à rendre et à restituer au dit nostre segneur le roy ou à son commandement, toutez foiz que on les me requerra et demandera. En tesmoing de chen, je ay seellé ches leitres de mon seel, faites à Leure, le lundi xxiiie jour de decembre, l'an de grace mil ccc trente et six.

61.

Armement de la nef *Sainte-Catherine*.
24 décembre 1336.

Sachent tous que je Guillebert le Rat, mestre de la nef Sainte Katerine de Leure, ay eu et recheu de Thomas Fouquez, garde du cloz dez galiez du roy nostre sire à Rouen, du commandement de noble homme et puissant monsegneur Hue Querez, chevalier, amiraut du dit segneur, douze haches norroisez, un garrot, deux casses de carreaux à garrot et un hauchepiez, et les pramet à rendre et à restituer au dit notre segneur le roy ou à son commandement toutez foiz que on lez me demandera. En tesmoing de chen, je ay seellé chez leitres de mon seel, faites à Leure, mardi xxiiiie jour de décembre, l'an mil ccc trente et six.

62.

Lettre de la reine Jeanne d'Evreux au bailli de Cotentin.
17 mars 1336, v. s..

Jehenne, par la grace de Dieu rayne de France et de Navarre, à nostre amé le ballif de Costentin, salut. Comme le roy monseigneur nous ait assegnée, si comme autrefoiz vous avons escript, à recevoir xm^c l. t. qui li sont deuz en vostre ballie pour reson du pasnage, et nous avons establi nostre amé Raoul Fauc, bourgeois de Karenten, à recevoir la dite somme d'argent pour nous, si vous prions que, pour l'amour de nous, vous veulliez estre curieus de nous avancier de la dite somme d'argent avoir, et faire en tant que nous vous en sachons gré, et que nous nous appercevons de vostre bonne diligence. Donné à Lonc Champ, lundi xvii jourz de marz[1].

---

[1] C'est en 1337 (nouveau style) que le 17 mars tomba un lundi.

63.

Armement de la galie *Saint-Morice*.
10 juin 1337.

Sachent tous que je Guillaume de Bourdiaux, patron de la galie Saint-Morisse, qui vint de Rouen, du commandement monsegneur Hue Queret, chevalier nostre sire le roy et son amiral, ay eu et recheu de Thonmas Fouques, garde du clos dez galiez du dit segneur à Rouen, lez armeurez et artilleries qui ensievent, pour distribuer à pluseurs persones en la dite galie, ch'est assaver sis vins platez, vint cotez gambesiez, quatre vins et seize bachinés, 1 heaume et III chapeaux de Montauben, quarante pavoiz de Janez, dont il en y a xx dez armes de Franche, vins escus pavaiz fais à pans des armes de Franche, sept vins targez et escus dez armes de Franche, sis vins lanches, huit vins dars, dis arbalestes, dis baudrez et sis cassez de carreaux à 1 pié; desquelez armeures et artilleries je me tien à bien paié, et les pramet à rendre au roy nostre sire ou à son commandement quant on lez me demandera. Donné à Leure, sous mon seel, mardi x° jour de juing, l'an de grace mil ccc trente et sept.

64.

Armement du galiot *Saint-Michel*.
12 juin 1337.

Sachent tous que je Johan Pestel, mestre du galiot Saint-Michiel du roy nostre sire, du commandement de noble homme et puissant monsegneur Hue Queret, chevalier nostre sire le roy et son amiral, ay eu et recheu de Thonmas Fouques..... vint platez, onze cotes gambesiez, quarante targez et escus, trente et un bachinet, sis arbalestez, sis baudrez, deux casses de carreaux à 1 pié, et sexante lanches.... Donné à Leure, sous mon seel, juedi xii° jour de juing, l'an de grace mil ccc trente et sept.

65.

Armement de la galie *Sainte-Claire*.
13 juin 1337.

Sachent tous que je Michiel Sagare, patron de la galie Sainte Esclaire, ay eu et recheu de Thonmas Fouques.... chent platez, vint cotez gambesiez, chent heaumez et bachinés, chent et chinc targez et escus, chent pavoiz, dis arbalestez, dis baudrez, sis casses de carreaux, sis vins lanchez, huit vins dars.... Donné à Leure, sous mon seel, vendredi xiii° jour de juing, l'an de grace mil ccc trente et sept.

66.

Armement du château de Pont-Audemer.
30 juin 1337.

A honme honorable et sage Thonmas Fouques, garde du clos des galies nostre sire le roy à Rouen, le castelain du Pont Audemer, salut. Sachiés vous et tous ches qui ches lettres verront que jeu ay eu de Jehan de Brunville 11 petites espringales, telles comment vous en veistes une qui me demenieut eu castel du Pont Audemer, lesquelles sont bonnes et beles, si bonnes conment telles espringalles pevent estre, chen m'est avis; item 1 grant garout raparellié tel conment vous savés; auquel devant dit Jehan jeu devant dit castelain en ay donné cheste lettre, seellée de mon seel, fete l'an de grace mil CCC XXXVII, le lundi après la Saint Pol apostre [1].

67.

17 juillet 1337.

Le duc de Normandie mande au bailli et au receveur de Rouen qu'il a accordé un répit à Robert de Pistres, écuyer, caution de Robert le Vavasseur, pour une vente de bois en la forêt de « Lonc Bouel. » — « Donné à Becoysel, le XVIIe jour de juillet, l'an de grace mil CCC trente et sept. Par le roy (sic), à la relacion de mons. Jacque Rouss[el] : P. FORT. »

68.

Imposition levée en Normandie pour la garde de la mer.
18 juillet 1337.

L'abregié des comptes des collecteurs de l'imposicion ordenée pour la garde de la mer ès bailliages de

---

[1] Cette date répond au 30 juin 1337, s'il s'agit ici de la fête de saint Pierre et saint Paul, ou bien au 26 janvier 1337, n. s., s'il s'agit de la conversion de saint Paul.

Rouan, de Caen et de Costantin, envoié par Thomas Fouques à mes seigneurs des comptes, le xvııı^e jours de juillet ccc xxxvıı [1].

L'abregié de la recepte de la ballie de Rouan, de Caen et de Costantin, que l'imposicion ordenée pour la garde de la mer a valu, en la manière que ci dessouz est contenu, à nous envoié par Thomas Fouques, commis à lever les deniers de l'imposicion as dis bailliages et à veer les comptes des collecteurs d'icelle.

La baillie de Rouen. Recepte.

La recepte de la ville de Rouen, du xıx^e jour d'aoust l'an xxxvı, juques au xxvııı^e jour de juing l'an xxxvıı, monte ııı^m v^c xxxvııı l. v s. ııı d. t.

La recepte de la visconte de Rouen, du ve jour d'octobre l'an xxxvı juques au ıııı^e jour de juing l'an xxxvıı, monte ııı^c xxv l. x s. vı d. ob. t.

La recepte de la visconté du Pont de l'Arche, du xxvı^e jour de septembre l'an xxxvı jusques au premier jour de juing l'an xxxvıı, monte vııı^c xvı l. xvıı s· ı d. t.

La recepte de la visconté de Beaumont, du xxvııı^e jour d'aoust l'an xxxvı juques au xxxe jour de may l'an xxxvıı, monte ıı^c lvııı l. ııı s. ıx d. ob. t.

La recepte de la visconté d'Orbec, du xxvıı^e jour de septembre l'an xxxvı juques au xxvııı^e jour de may l'an xxxvıı, monte ıx^{xx} xvııı l. ııı s. ob. t.

Somme du dit bailliage, sanz les viscontés du Pont Audemer et du Pont l'evesque, desquelles l'en n'a point

---

[1] Ce titre est écrit au dos du rouleau.

veu les comptes des colecteurs : v^m CXXXVI l. xix s. viii d. ob. t.

Item en la baillie de Caen. Recepte.

La recepte de la ville de Caen, du xxxe jour d'aoust l'an xxxvi juques au xiie jour de may l'an xxxvii, monte m xv l. v s. x d. poit[evine] t.

La recepte de la visconté de Caen, du premier jour de septembre l'an xxxvi juques au xiie jour de may l'an xxxvii, monte ii^c LXXVIII l. vii s. i d. ob. t.

La recepte de la visconté de Faleise, du ve jour de septembre l'an xxxvi juques à viiie jour de may l'an xxxvii, monte v^c ix l. xiii s. iiii d.

La recepte de la visconté de Bayeux, du derrain jour d'aoust l'an xxxvi juques à xie jour de may l'an xxxvii, monte vii^c xxvii l. xi s. x d. poit[evine].

La recepte de la visconté de Vire, du xiiie jour de septembre l'an xxxvi juques au iiiie jour de may l'an xxxvii, monte iii^c xxxi l. xi d. t.

Somme du dit bailliage de Caen : ii^m viii^c LXI l. xix s. ii d. t.

Item en la baillie de Costantin. Recepte.

La recepte de la visconté de Danffront en Passeis, du xvie jour de septembre l'an xxxvi juques au ve jour de may l'an xxxvii, monte LXXII l. xvii s. vii d. ob.

La recepte de la visconté de Mortaing, du xie jour de novembre l'an xxxvi juques au derrain jour de mars l'an dessus dit, monte xxvii l. xii s. i d. ob. t.

La recepte de la visconté d'Avrenches, du xiiiie jour de septembre l'an xxxvi juques au premier jour d'avril l'an dessus dit, monte iii^c xi l. xvii s. iii d.

La recepte de la visconté de Coustances, du x⁰ jour de septembre l'an xxxvi juques au vi⁰ jour d'avril, l'an dessus dit, monte v^c xxxviii l. xiii s. viii d. t.

La recepte de la viconté de Carenten, du vii⁰ jour de septembre l'an xxxvi juques au ix⁰ jour d'avril l'an dessus dit, monte m cc iiii^{xx}iii l. xiii s. iiii d. ob. poit. t.

La recepte de la visconté de Valongnes, du v⁰ jour de septembre l'an xxxvi juques à x⁰ jour d'avril l'an dessus dit, monte cc xix l. x s. ix d.

Somme du dit bailliage de Costentin ii^m v^c liiii l. v s. ix d. ob. poit. t.

Somme toute : x^m v^c liii l. iiii s. viii d. poit. tourn., sanz les viscontés du Pont Audemer et du Pont-l'Evesque, desquiex je n'ai pas encore veu leur comptes, et sanz aucuns arrerages qui em pevent encore estre deuz. Lesquiex deniers ont esté bailliés partie as souadiers de la garde de la mer, partie pour garnisons, et partie pour ouvrages des nefs et de galies.

69.

Envoi à Calais de bannières expédiées de Rouen.
30 juillet 1337.

Hue Quieret, chevalier et admiraut du roy nostre sire, à Jehan le Parmentier, salut. Nous vous mandons que, tantost, ces lettres veues, toutes excus[a-cions] cessanz, vous nous envoiez à Calaiz toutes les banières et pennonceaux que Thomas Fouques envoia, que vous avez en vostre garde. Et ce ne lessiez en nulle manère. Donné à Calaiz, le xxxe jour de juillet, l'an mil ccc trente sept.

70.

12 septembre 1337.

Le roi mande au bailli de Rouen qu'il a reçu l'hommage de Jehan du Sauché, écuyer, pour la terre de « Courbe Espine [1].... Donné à Poissy, le xiie jour de septembre, l'an de grace mil ccc trente et sept. Par le roy, present le viconte de Meleun et messire R. Fretart : H. MARTIN. »

71.

17 septembre 1337.

Mandement du duc de Normandie au bailli de Cotentin, touchant une somme due par feu Jehan Mautaillié [2], pour une vente de bois. « Donné à Paris, le xviie jour de septembre, l'an de grace mil ccc trente et sept. Par les gens des comptes : H. MARTIN. »

72.

Vicomté de Gisors. — Travaux de charpenterie.
Pâques et Saint-Michel 1337.

Les euvres de charpenterie de la visconté de Gysors à compter au terme de Pasques l'an m ccc

---

[1] Voyez plus loin, n. 86.
[2] Voyez plus haut, n. 3.

xxxvii et au terme de la Saint Michiel ensuiant.

Premièrement le chastel de Vernon.

Tasche baillie à Pierre Villequin, et a fait xx toises d'estauz pour le marchié au poisson, c'est assavoir pour posteles pour lez caeres qui serront en terre, et pour fere lez fosses et pour meitre lez ès sur les chaeres à bonnes chevilles, et a à chascune toise une caere, pour couper le bos et pour abatre, et pour fere lez estaus touz prés doit avoir, à tasche et à rabés, iiii l. x s. Et on li trouverra bois sur le lieu. Somme : iiii l. x s.

Tasche baillie à Jehan le Plastrier, de Buesencourt pour le xiie terme, et ainsi est sa tasche acomplie [1]....

73.

Fragments d'un rôle des amendes du bailliage de Caen.
Saint-Michel 1337 ?

.... Summa : xxi l. iii s. Inde cadit pro hominibus Hospitalis, videlicet pro Guillelmo Paillart x s. et pro Thoma Doublel iii s. Summa que cadit xiii s. Sic restat domino duci xx l. x s.

Emende assisiarum.

In vicecomitatu Cadomensi. — ..... Guillelmus Sauvage, attornatus presbiteri et clericorum de Pierrepont, x s. — Johannes de Britavilla, armiger.... — Dominus Hugo de Juvigneio, miles, et Martinus Villequin, attornatus uxoris dicti militis, x s. — Dominus Johan-

---

[1] Suivent plusieurs bouts de lignes qu'il serait inutile de reproduire. Le reste du rouleau a été déchiré.

nes d'Orbec, miles, et ejus uxor, v s. — Guillelmus de Saint Cloout, armiger, et uxor, x s. — Rogerus de Loncvillers, armiger, x s. — Item alie emende facte apud Cadomum, in extraordinario, coram Henrico le G[ay, pro ballivo].... — Summa tota emendarum assisiarum vicecomitatus Cadomensis : xxvii l. x s.

In vicecomitatu Falesie. — Guillelmus Normant, v s. — Guillelmus Patri et uxor, xx s. (Rehabuit ad Pascha cccxxxviii.) — Petrus Diere, homo Grandimontis, v s. — Johannes des Places, homo Sancti Petri, x s. — Dominus Arnulphus de Oilleio, miles, x s. — Radulfus Chouquet, armiger, x s. — Dominus Petrus de Gunnetot, x s. — Le commun d'Araines, xl s. — Item alie emende facte apud Cadomum, in extraordinario, coram Henrico le Gay, pro baillivo.... — Summa tota emendarum assisiarum vicecomitatus Falesie, xxxiii l. Item cadit pro hominibus Grandimontis.... Item cadit pro hominibus sancti Petri supra Dyvam.... Summa que cadit : lx s. Restat domino duci xxx l., de quibus ponuntur super sedem Falesie xxv l., et super terram Oximarum c s.

In vicecomitatu Virie. — Dominus Ricardus de Meheudin, presbiter, xx s. — Dominus Johannes de Yspania, presbiter, xx s. — Robinus Ruaut, armiger, v s. — Robertus Ruaut, armiger, xx s. — Dominus Nicolaus de Braio, persona de Rouilleio, xx s. — Ricardus de Tourneio, armiger, xx s. — Summa tota emendarum assisiarum vicecomitatus Virie : xix l. x s.

Vicecomitatus Baiocensis.

Sergenteria banleuce Baiocensis. — Dominus Henricus de Cruce, presbiter, v s. — .... Summa : xviii l. xiiii s.

Sergenteria de Grae. — Gaufridus de Reveriis, armiger, xx s. — ... Summa : x l. xi s.

Sergenteria de Briquessart. ... Summa : vii . xiii ld.

Sergenteria de Turno. — ... Summa : xxxix s.

Sergenteria de citra Vada. — ... Summa : cxii s.

Sergenteria d'Iseignye. — .... Dominus Philippus Suhart, miles, x s. — Summa : viii l. vi s.

Sergenteria de Ceraseio. — ... Summa : ix l. xiii s.

Sergenteria de Thorigniaco. — .... Summa : xi l. iii s.

Summa totalis expletorum placitorum vicecomitatus Baiocensis : lxxiiii l. Inde cadit etc.

Emende excommunicatorum dicti vicecomitatus Baiocensis. — Johannes Bobin, vii s. — Blasius Ostevent, vii s... — Summa : iiii l. iiii s.

Emende assisiarum vicecomitatus Baiocensis. — ... Ricardus de Condeto, armiger, xx s. — Nobilis homo dominus Henricus de Hotot, miles, xx s. — Rogerus de Aniseio, armiger, xx s. — Frater Guillelmus Carbonnié prior de Llanda, c s. (Rehabuit ballivus ad Sanctum Michaelem cccxxxviii° istos c solidos, eo quod nichil habebat in isto vicecomitatu.) — Item alie emende facte coram Henrico le Gay, pro baillivo, apud Cadomum, in extraordinario. Guillelmus du Querne, x s. — Magister Germanus le Catier, procurator et lator litterarum domini Bertaudi de Serres, canonicus Baiocensis, x s. — Summa tota emendarum assisiarum vicecomitatus Baiocensis : xli l.

[Vicecomitatus Falesie[1].]

. . . .

Sergenteria Brunorum. — ... Summa : xv. l. viii s.
Sergenteria de Monte Aguto. — ... Summa : LXX s.
Sergenteria feodi Britolii — ... Summa : L s.
Sergenteria Sancti Petri supra Dyvam.—...Summa: xxxi l. x s.

Summa totalis emendarum placitorum vicecomitatus Falesie : ii^c xi l. v s. Inde cadit ... in sergenteria Falesie ..; in sergenteria de Tureyo...; in sergenteria de Hulmo...; in sergenteria de Argenthomo...; in sergenteria Brunorum. .; in serjanteria Sancti Petri...; et in serjanteria Jumel...; in serjanteria de Britavilla.... Item cadit pro hominibus abbatis et conventus Sancti Petri supra Dyvam, quibus medietas emendarum suorum hominum pertinet de suo jure, videlicet pro Colino Pointel juniore etc... Restat domino duci : ii^c l. LX s.

Emende placitorum terre Oximensis.... La personne de Gourgeron, x s....

74.

Exploits des forêts de la vicomté de Neufchâtel.
Saint-Michel 1337.

Explés des forez de la viconté du Noefchastel et

[1] Ce qui suit est tiré d'un fragment qui m'a semblé provenir du même compte que le morceau dont on vient de lire des extraits.

d'Arches, comptés au terme de la Saint Michiel l'an mil ccc xxxvii.

La verderie d'Iavy.

Mons. de Briauté [1], xxx s. — Le fremier de la Cauchie, xx s. — Le prieur de Saint-Saeng, vi s.

Osmont de Noefville, escuier, xvi s. — Johan de Lindebuef, xxx s. Guillaume de Cauchy, escuier, xv s.

Regnaut de la Capelle, xii s. — Simon de Quievremont, v s. — Le prieur de Cressi, x s. — Le prieur de Toussains, x s. — Guillaume de Braymoustier, iii s. — Jehan de Cantepie.....

Le personne de Fesques. — Ysart d'Orchies. — — Colart du Tihier. — Jehan de Bienfaite. — Johan de Baalli.

75.

Travaux au moulin d'Amfreville.
Après la Saint-Michel 1337.

. . . .

Pour le molin de Anfreville [2], qui est appartenant audit manoir de Quatremares que le dit Gauchier [3] [tient à ferme.]

Premièrement vi s, pour deux boez à férer l'arbre du molin.

---

[1] Je ne releverai qu'un petit nombre des noms portés sur ce fragment de rôle.

[2] Amfreville-sur-Iton (Eure), arrondissement et canton de Louviers.

[3] Gauchier le Vieil. — Voyez un mémoire de l'année 1336, plus haut, n. 52.

Item xv s. pour faire trois forgeures noevez au fer de molin.

Item xii s. pour une pièche de quesne achetèe à Guiot de la Chooigne pour faire coiax et gantillez.....

Item x s. pour quesne et pour ès acheter à Jehan Guarin pour faire lez esclusez du dit molin.

Item iii s. pour le carpentier.

Item xxv s. pour quesne acheté ou bois de la Mare Hermier pour sueiller lez postillez du dit mol-[in.]

Item vi s. pour la paine du carpentier.

Item x s. pour un quesne acheté ou bois dez Planques pour tenir descendre lez noez d......

Item v s. pour le carpentier.

Item viii s. pour acheter le fust dez mesurez du molin et pour les fér[er.]

Item xviii s. pour aloigner le fer du molin et pour faire lez paalis.....

Somme : cent dix huit sous.

Item pour le dit molin baillié au terme de la Saint Michiel l'an xxxvii par G....., à rabez acoustumé, par sept livres, lequel fu rabessé par Jehan du Plesseis de ....., lequel doit faire lez quevestrez du moullin. Item il doit faire la roe toute noevé, le roet noef, deux père de paig[nons.] Item il doit faire lez escluses et lez esventaillez noevez et doit aler...... à sez despenz, et le roy nostre sire li doit trouver carey.

Et y a eu v charet[ées] prisez en la forest de Beaumont à trois chevaus..... Et en doivent avoir lez charétez viii s. pour jour, valent xvi.....

Item fu baillié par Guillaume Doulle à faire le curage au devant de la roe..... par XL s. à rabez acoustumé.

. . . .

76.

Livraison d'armes par le garde du clos des galées du roi, à Rouen. — 2 octobre 1337.

Sachent tous que je Johan Montaigue, prevost de cheste presente armée de la mer, ay eu et recheu de Thomas Fouques, garde du cloz des galiez du roy nostre sire à Rouen, par la main de Godeffroy des Noetez, son clerc, chent escus pavoiz, chent lanchez feréez et deux casses de carreaux, dont je me tien à bien paié, et lez pramet à rendre et à restituer au roy nostre sire ou à son commandement toutez foiz que on lez me demandera. Donné à Harefleu, sous mon seel, juedi segont jour d'octembre, l'an de grace mil CCC trente et sept.

77.

8 octobre 1337.

Mandement du roy au bailli de Gisors, touchant une amende à laquelle avait été condamné feu Jehan de Aquigny, chanoine d'Evreux. — « Donné à Roan, et fait par nostre gent des comptes en l'eschequier qui fu à la Saint Michiel, le VIIIe jour de octembre, l'an de grace mil CCC trente et sept. Par les genz des comptes: H. MARTIN. »

78.

Mandement de la chambre des Comptes, pour surseoir à contraindre Guillaume de Vaucelles à raison des deniers que feu son oncle avait reçus pour le roi. — 6 novembre 1337.

Les genz des comptes nostre sire le roy à Paris, au bailli de Caen et au viconte de Baieux et à chascun d'euls, salut. Vous contraignez de nostre mandement Guillaume de Vaucelles, neveu de feu monsegneur Jehan de Vaucelles, jadiz bailli de Caux, à venir compter par devers nous, pour le dit monsegneur Jehan, de pluseurs choses dont il a encores à compter. Si vous faisons savoir que, comme il nous est apparu par lettres de chastellet de Paris, Jehan de Jannay, Aymeri de la Touche, Jehan de la Touche et Jehan de Vaucelles, escuiers, demouranz en la seneschauciee de Poitou, sont tenuz à garentir, deffendre et delivrer le dit Guillaume de Vaucelles et touz les autres hoirs du dit monsegneur Jehan de tout ce que nous pour le roy leur pourrions demander; pourquoi nous avons les diz escuiers envoiez contraindre par le receveur de Poitou. Si vous mandons que quant à ores et jusques à la Saint Jehan procheine venant vous cessez de contraindre le dit Guillaume. Et se aucune chose tenez du sien pour ceste cause, si li rendez et restituez à plein. Donné à Paris, le vi^e jour de novembre, l'an xxxvii.

79.

Livraison de deux espringales au châtelain de Pont-Audemer.
19 décembre 1337.

A tous cheus qui ches leitres verront hou orront, Guillaume Martel, escuier et serjant d'armes du roy nostre sire, castelain du Pont Audemer, salut. Jeu fais saver à tous moy aver eu et recheu de honorable honme et puisant Thonmas Fouques, garde du clos de galies nostre sire le roy à Rouen, ch'est à saver deuls espringales par la main de Jaquemin l'Artilleur, qui sont bonnes et bèles, toutes prestes, si que il n'i a defaute en nulle chose, de quelle jeu me tieng pour bien content. En tesmong de chen, jeu devant dit chastelain en ay donné as devant dis Thonmas et Jaquemin cheste leitre, seëllée de mon seel, feite l'an de grace mil CCC xxxvii, le vendredi devant la Saint Thonmas.

80.

Ordre du roi, au bailli de Cotentin, de délivrer des prisonniers allemands et flamands et de leur rendre leurs biens et leur navire. — 21 décembre 1337.

Ph. par la grace de Dieu rois de France, au bàlli de Costentin ou à son lieutenant, salut. Savoir te faisons que dès le merquedi aprez la Toussains derr[ain] passée, Pierre du Boiz, nostre sergent en ton balliage, nous amena de par toi, à Saint Christofle en Halate, deux prisonniers appellés Henri et Guillaume, alemans, lesquiex avoient esté prinz en la coste de la mer en ta dicte ballie, aveeques trente autres personnes alemans et flamens, que tu avoies retenus à Coustances prisonniers, et avecques ce nous bailla une informacion que tu nous envoiaies faite par toi, ou de mandement, seur le port et l'estat des dictes personnes, laquele informacion nous feismes veoir par nostre conseil, laquelle veue, ordenasmes et commandasmes dès lors que tous les prisonniers dessus dis, tant les deux comme les trente, avecques leur nef [et tous] leurs biens leur fussent rendus, laquele nostre ordenance et commandement le dit sergent a laissie par ignorance à prendre jusques à ores..... Pour quoi nous te mandons que touz les dis prisonniers, avecques leur neif ou vaissel et touz leurs biens, tu mettes tan[tost au delivre, et] les en laisses aler là où il leur plaira. Donné à Paris, le xxie jour de decembre, l'an de grace mil ccc trente et sept.

81.

6 mars 1337, v. s.

Le duc de Normandie mande aux baillis de Caux et de Gisors de laisser Richard Commin, écuyer, jouir de 40 l. t. de rente que feu Jehan le Veneur, chevalier, avait assignées en pur et franc mariage à sa fille Colette, quand elle épousa le dit Richard. « Donné à Paris, le vi⁴ jour de mars, l'an de grace m ccc xxx et sept. Par la chambre des comptes : VISTREBEC. »

82.

Livraison d'armes par le garde du clos des galées du roi à Rouen. — 9 mars 1337, v. s.

Sachent tous que je Robert Brumen, mestre de la barge que les galiez dont Dur[ant] Pelegrin est capitaine pristrent, cognois avoir eu et recheu de Thonmas Fouques, garde du cloz des galiez du roy nostre sire à Rouen, par la main de Godeffroy des Noetez, son clerc, lez armeures et artilleries qui ensievent, pour distribuer à moy et à pluseurs honmes qui doivent aler dedens la dite barge en cheste presente armée, ch'est assaver quarante platez, quarante bachinés, chinquante targez et escus, vint arbalestez, vint baudrez, deux casses de carreaux, douze lanches et dis sept dars, desquélez armeures et artillerie je me tien à bien paié, et lez pramet à rendre et à restituer au roy nostre sire ou à son commandement, toutez fois que on les me demandera. Donné à Leure, sous mon seel, lundi ix⁰ jour de mars, l'an de grace mil ccc trente et sept.

83.

Fragment d'un compte des œuvres du bailliage de Rouen.
Pâques 1338 (?)

[Œuvres de vitrerie faites eu chastel de Rouen.]

Pour IIII penneaux de verre à filatières et à vingneite parmi, assis en la meson au sergent de mache, contenantes xxIIII piés, v s. le pié, par le comandement de Johan du Petit Celier, viconte pour le temps, et mesurées par les ouvriers (?), valent vI l.

Pour vI piés de verre assis en deux chassis de fer eu bout de la grant salle, par le commandement de Johan de Chaponval, viconte pour le temps, pour chascun pié de verre, IIII s., valent xxIIII s.

.... Pour appareillier les deux oies de la salle, pour la repparacion, vIII s.

Somme : xxII l. xI s. vI d.

Oeuvres de charpenterie, de couvertures et de plon faites en la geolle et cohue du dit chastel.

.... Somme : LXVII s. IIII d.

Oeuvres de charpenterie et de couverture faites ès halles et estaus du Viel Marchié.

.... Pour faire LVI estaus bien et suffisaument en la manière que autrefois ont esté, et re[joindre] tous les estaus qui bons seront ovecques les noefs, et faire des vielles aes vI bouquestaux, pour faire ceste besongne en la manière que dit est, et rendre les LVI estaux et les vI bouquestiaux tous prés et chevillés chascun aes de quat[re que]villes, baillié en tasche par rabés à Guieffroy Hellois pour xiii l. etc.

Pour paumeer toute la dite halle et toutes les oyes d'icelle et faire les percloses, les arrestières et les noes festeures tout [de] neuf, pour faire ceste besoigne en la manière que dit est, et trouver tieulle, noes, festeures, arestières, late partout où elle failloit, clou, mortier, etc.

Pour les despens de mestre Raoul Godeffroy en alant par les ventes de la forest de Lyons et ès ventes de la forest de Rouveray pour querre le mellieur marchié des dis estaux que il pourroit trouver au profit du dit seigneur etc.

Somme : CXIII l. XIIII s.

Oeuvres de charpenterie faites eu clos des gallies et de couverture.

Pour abatre xviii souspentes, pour ce que les eaues couloient contre les ponchons et les souspentes, et chiét sus les trefs, et einsi pourrissent il, et meittre le viel plon et le viel merrien des dites souspentes à salveté, et estouper et recouvrir tous les pertus qui furent fais à cause des dites souspentes, et abatre de la vielle essende de quoi les dites souspentes estoient couvertes, et rebatre la dite essende, et trouver clou à ce faire, et renfourmer bien et suffisaument les quevrons qui furent coupés quant les dites souspentes furent assises, pour faire la dite besoigne en la manière que dit est etc.

Pour rappareillier de plon les goutières de viii halles d'emprès la porte et de v emprès les garnisons, pour la fonture et dequié et la paine de deux milliers [et de] quatre cens et demi et de xviii livres de plon, dont l'en prist vii^c xxxiii livres ès souspentes qui ont esté abatues, et l'autre fu [prise] des goutières, pour chascun millier LXIIII s., valent les deus milliers quatre cens et demi et les xvii livres de plon, viii l.

Pour.... deux cens trois carterons viii livres de soudeure et pour fonture et dequié, pour chascun cent xxvi s., valent les deux cens trois carterons et viii livres de soudeure LXXIII s. vi d.

Pour un cent soixante dis et huit livres de plon en masse acheté... pour faire soudeures ès goutières du dit clos, iiii l. ii s.

Pour un carteron et demi d'estain à alleer la dite soudeure acheté à Jehan d'Eudemare, XLV s.

Pour enforchier de plastre vii des dites goutières en plusieurs liéux etc.

Somme : xxxii l. x s. vi d.

Oeuvres de charpenterie et de couverture faites ès moulins de Cailly.

Pour paumeer le moulin de la Cauchie et le moulin de Chanteraine etc.

Pour cauchier la roé du moulin de Chantereine, et trouver aunes, coniaux, gantilles, et toutes paines d'ouvriers... xxx s.

Pour curer la rivière depuis la meson Garnache jusques aus murs Colart de Boissay et abessier par tout, si que l'eaue puist aver bien delivrement son cours, et doit avoir la dite rivière xiii piés par tout, pour faire la dite besoigne etc.

Pour une meulle mise eu dit moulin, achetée à Pierre le Gastineis, xiii l.

Pour mener la dite meulle de Rouen à Cailly par Johan Lohé, et pour per..... icelle et amouller, iiii l. x s.

.... Somme : xlv l. xi s.

Oeuvres de charpenterie et de couverture, de machonnerie et de plastrerie et de fer faites eu clos des gallies par Thomas Fouques, garde d'icelli clos et de son commandement.

Pour un horatoire faite eu clos du dit manoir, fondée de Sainte Anne. — Pour pierre achetée à Colin Mase, machon, pour faire le fondement de la dite horatoire, x s. — Pour iii journées que Pierres de Cavel..., machon, ouvra à taillier et asseoir la dite pierre, c'est assavoir pour iii jours en l'an xxxvii, ii s. par jour, valent vi s. — Item p[aié] au dit Colin pour ii jours que son varlet ouvra ovec lui, xiiii d. par jour, valent xxviii d. — A Guieffroy du Tot et à Johan Cressen, carpentiers, pour carpenter et mettre à point le bois de la dite horatoire, c'est assavoir de xii piés de lonc etc.

84.

Travaux faits au château de Caen.
Pâques 1338.

Oevres de la ballie de Caen à compter à Pasques l'an de grace mil ccc xxxviii.

Le chastel de Caen.

..... [1] Pour IIII jours de Guillaume de Camilly, carpentier, pour ouvrer illec, xv d. par jour, valent v s. — Pour Perrot vallet du dit Huart, pour v jours, VIII d. par jour, valent III s. IIII d. — Pour II poullies achatées pour le dit puis de Jehan du Bois, II s. — Pour cent et demi de clou renforchié et pour cent et demi à cantier, II s. IIII d. — Pour un jour de Symon le Mareschal, carpentier, pour aidier au dit puis, xvi d. — Pour demi cent de clou renforchié et demi cent à cantier achaté de G. de Laise, XII d. — Pour II aés achatées à rappareiller la reue du dit puis, II s.

Pour fére pluseurs fenestres en la maison de dessus la porte des champs, pour II jours de Jehan le Maire, III s. — Pour clou à ce fére acheté de G. de Laise, II s. — Pour une douzaine d'aés pour fére huis en la dite maison, achetée de Richart Famete, XI s. Et pour le portage d'icelle, vi d. — Pour II journées d'un carpentier qui fist les diz huis et fenestres, III s. — Pour pentoires et clou achetez pour les diz huis et fenestres, III s. — Pour deux journees de Giles de Cambes, machon, pour appareiller le degrey de la dite maison, III s.

Pour une journée de Symon le Mareschal, carpentier, pour fére II piez de bois à deux escrins en l'ostel au baillif, xvi d.

Pour Richart de la Rivière, jardinier : premierement pour taillier, redrechier, lier et appareillier à

---

[1] Les seize premières lignes de ce chapitre ont été gâtées par l'humidité.

point les vingnes qui sont ou manoir du baillif, pour vııı jour du dit Richart, xvııı d. par jour, valent xıı s. — Pour merrien, pour osier et chercles pour les dites vingnes appareillier, et pour lier et rappareiller la haie et les rosiers qui sont entour le prael près la chambre du baillif, pour tout vı s. ı d. — Pour vııı jours du vallet du dit Richart, qui la dite besoigne aida à fére, pour chascun jour vııı d., valent v s. ıııı d. — Pour ıı jours de Raoul Voisin, pour fouir en jardin du travail, item pour ıı jours de Raoul Morice pour fouir illec, item pour trois jours et demi de Jehan le Jentil pour aidier à fouir eu dit lieu et pour apporter et acarier par li à une chivière à rouellé du malle pour maller et fumer le dit jardin, pour toutes les dites jornéees, vıı jours et demi, pour chascun x d. par jour, valent vı s. ııı d. — Pour semenches achatées pour semer ou dit jardin, ıı s. — Pour redrechier et fére tout neuf le dit prael et le dit boulleour et les siéges qui illec sont par le dit Richart, pour paine et pour tout, xxxv s. — Pour ıııı grans perques de saux achatées pour mettre et planter ou dit prael, ıı s. ıııı d.

Pour non compté à la Saint Michiel derrenier passé, c'est assavoir pour ıı tonn[eaux] vuis achetez de Phelippe Laverti, de quoi l'en fist late pour later sur le costé de la sale au baillif quant l'en y couvri derrenièrement d'escende, et aussi pour later le porchet qui adonc fu fait tout neuf sur l'uis de l'entrée de la dite sale vııı s.

Pour apporter de dessus la rive ou dit chastel par les porteours vıııɱ d'escende pour couvrir sur le dit costé, pour ce que il n'en y avoit pas eu assés de celle de la garnison, v s. — Pour IIII aés à fére doubliers à la dite couverture achetés de Henri Feron, II s.

Pour le plastrier, c'est assavoir pour plastrer tout entour de la fenestre englesque de la sale au baillif, pour ce que la verrine qui y est ne se meffeist, et pour cindre les auvens de la dite fenestre de plastre. Item pour estouper un grant pertus de plastre qui estoit depechié en l'éle pendante au gablé de la grant sale, et aussi pour rappareillier plusieurs autres pertuz parmi ledit manoir, pour toutes choses en tasche, VIII s.

Pour II loquez fais à la chambre du comptoir, ovec une serreure à tronquet à la chambre après, une clef as aumaires de la cuisine, une clef en la haute chambre ou bout de la sale ou bout du degrey, une clef à loquet ès estables, ovec une autre serreure rappareilliée en la chambre du baillif, et fére et rappareillier plusieurs autres besoignes en plusieurs lieux parmi le chastel, pour tout IX s. VIII d.

Pour rappareillier et reformer plusieurs pertus qui estoient ès verrines de la chapelle et de la chambre où le baillif gist, par maistre Jehan l'Ermite, pour voirre et pour tout x s.

Pour refére et redrechier les rasteliers et les mengeours des estables, par Colete, v s.

Pour une corde achetée de Nicole le Lionnois pour le puis du baile du dit chastel, xxvIII s.

Summe : xv l. xv s. vI d.

La forteresche du dit chastel.

Pour I^c de late acheté de Henri le Moine, emploié

en la couverture de la grant sale, ii s. — Pour demi douzaine d'ais pour fére doubliers à la dite couverture, achetée du dit Henri, iiii s. vi d. — Pour clou achaté de G. le Feron pour coustre les diz doubliers, xx d.

Pour bois achaté de Henri le Moine, Jehan Oil de fer et de Robert le Porquier, pour fére les coulombes de deux clostures entre la sale et la chapéle, et pour fére une closture par haut dessus le tref en droit la despense jusques à la couverture, et pour fère ensement une autre closture dessus le tref en droit la chambre ou bout de la dite sale, jusques à la couverture d'icelle, pour tout iiii l. xv s. — Pour plastrer lesdites clostures et les ii gables dessus diz, et pour plastrer ensement la dite chambre, et aussi pour plastrer une chambre aisiée qui est derrière la chambre dessus dite, et pour trouver plastre et pierre et toute autre matère à ce neccessaire, par Raoul et Robert les Plastriers, pour tout viii l. v s. — Pour refére et reformer les pertus qui estoient en la dite sale, c'est assavoir pour deux tonneaux wis mis et empl[oiés] illec pour planch[er], achetez de Pierre du Jardin, viii s. — Pour apporter à la dicte forteresche le dit bois et tonneaux, viii s. — Pour une goutère achetée de Colin le Barrier, mise sur la cuisine jouxte la dite sale, xv s. — Et pour le portage d'icelle, vi d. — Pour ii pièces de bois mises illec pour la dite cuisine ressourdre, achatées de Jehan Oil de fer, viii s. — Pour la dale de la cuisine repaver tout de noef, par G. Pelotin, en tasche, xx s. — Pour fére iiii huis neufs, l'un à la chapéle, l'autre à la chambre, l'autre à la despense; un à la cuisine et l'autre sur le degrey de la grosse tour ovec plusieurs fenestres, c'est assavoir pour ais achetées de Jehan Oil de fer pour ce fére, pour tout xxv s. Pour icelles apporter au chastel, IIII d. — Pour clou achaté de Jehan Caruete pour coustre les diz huis et fenestres et en autres lieux, pour tout XIII s. IX d. — Pour gons, pentoires, touroilz, vertevelles et serreures mises et employées ès dites besoignes, achatées de Jehan des Carrières, pour tout xxv s. Pour la paine et le salaire de Jehan Oil de fer et de Robert le Porquier, carpentiers, pour fére les dites closlures et gables, et pour fére une chambre aisée par derrière la dite chambre, et pour replanch[eier] le planchié de la sale, et pour mettre une goutière en la cuisine et ressourdre deux postz par bas, et fére dis huis et fenestres et plusieurs autres besoignes de carpenterie, pour tout, en tasche, III l. x s. — Pour recouvrir tout de neuf la dite cuisine, par Colin Piet et Pigace, pour tout xxx s. Et pour caux à ce faire, XII s. Pour le portage d'icelle, VI d. Pour clou et late mis et emploié illec par Briquebec, III s. Pour III festeures et un con de geniche illec mis, II s. Et pour queville couvrir, II s. — Pour curer et porter hors les ordures des plastriers et des machons, pout tout IX s. — Pour deux fenestres d'adoise mises sur la dite sale par le dit Briquebec, v s. Pour corde achatée pour clorre et ouvrir les dites fenestres, et une autre en la cuisine, II s. — Pour curer et netéer le puis de bas de la dite forteresche, pour les ordeures qui y estoient chaues, x s. — Pour fére tout de neuf sur les fossés du dit chastel LIIII piez de mur, pour fére closture entre les diz fossés en droit la maison Laurent d'Argences, par Guillaume Pelotin, et pour trouver toute la matère à ce neccessaire, pour tout, en tasche, XL s. — Pour la cuisine de la dite forteresche paver et pour estoupper de pierre un huis par devers la porte des champs en droit là où le carpentier demeure, par le dit Pelotin, pout tout, en tasche, XXV s. — Pour fére une fosse au dessouz de la dite cuisine pour chaoir dedens les ordures d'icelle, et pour la dite fosse remplir et machonner en tour, par Th. le Moisy, VI s. et pour paver entour la dite fosse, IIII s. — Pour une grant pierre plate de vuadiz achetée de Richart le Prevost, pour la dite fosse couvrir, par le dit Thomas, V s. Et pour le portage d'icele, XVIII d. Pour autre pierre menue à ce fere, XII d. — Pour III grans clefs mises en [deux portes] de la dite forteresche et une en la porte de la barbecane ovec un grant oillet par Jehan R. . .

. . . .

84.

Le roi accrédite Hugues Queret près de Ayton Doria, commandant la flotte génoise.

Philippus[1] Dei gratia Francorum rex, nobili Aytoni de Auria, civi Janue, Amico nostro carissimo,

---

[1] Il s'agit dans cette lettre de la flotte génoise qui vint combattre les Anglais dans les eaux de la Manche, et dont il sera longuement question dans le compte publié plus bas, sous le n° 120.

salutem. Ut armata galearum que per vos et alios vestros propinquos et amicos fit apud Mugni [1] pro nobis, cujus vos capitaneum obtulistis, cito acceleretur et veniat ad has partes, quod plurimum affectamus, dilectum et fidelem Hugonem Quiereti, militem, admiratum nostrum, ad vos mittimus hac de causa amiciciam vestram affectuose rogantes, quatinus, ut predicte armate apparatus celeriter fiant, et quod ipsa armata cito inchoet navigare, et ad nostrum promissum veniat servicium, velitis fidelem et juratam sollicitudinem et diligenciam adhibere, et per alios amicos et propinquos vestros predictos facere adhiberi, et dicto nostro admirato credere et fidem indubiam adhibere in hiis que circa premissa et alia vobis ex parte nostra duxerit explicanda eaque effectui demandare, quoniam ea presertim, quia nobis cordi sunt, habebimus valde grata.

(Minute originale).

85.

8 mai 1338.

Le roi mande au bailli de Rouen et au receveur de Beaumont de laisser : « Jehan du Sauchoy, escuier, » jouir paisiblement de sa terre de « Courbe Espine [2]... Donné au boys de Vincennes, le viiie jour de may, l'an de grace mil trois cens trente et huit. Es requestes : SAVIGNY. »

---

[1] On avait d'abord écrit « Monachum. »
[2] Voyez plus haut, n° 70.

86.

Armement du bateau de Jean Godefroy, de Leure.
28 mai 1338.

Nicolas Behuchet, conselier du roy nostre sire et capitaine de l'armée, à Thomas Fouquez, garde du clos des galéez du dit segneur à Rouan ou à son lieutenant, salut. Nous vous mandons que vous bailliez et delivrés à Jehan Godeffroy, de Leure, trente deux paire de platez, trente deux bachinés, trente deux gorgerètez, six arbalestes, 1 coffre de carreaux, six baudrés, trente six targes et escus et trente six lanches, pour distribuer à XL honmes qui doivent venir en nostre compagnie, eu batel de la Barraude, en ceste presente armée. Et de ce que li baudrés pernés lettre de lui, par lesquelles, avecques ces presentes, nous le vous ferons alouer en vos comptes. Donné à Leure, juedi xxviii° jour de may, l'an mil ccc trente et huit.

87.

Armement du bateau de Jean Godefroy, de Leure.
28 mai 1338.

Sachent tous que je Jehan Godeffroy, le jane, mestre du batel Sainte Marie la Barraude, de Honeflue, cognois avoir eu et recheu de Thonmas Fouques, garde du cloz des galiez du roy nostre sire à Rouan, les armeures et artillerie qui ensievent, pour distribuer à moy et à pluseurs autres compagnons qui doivent aler en ma compagnie en cheste presente armée, dedens le dit batel, sous le gouvernement de sire Nicholas Behuchet, consellier du roy nostre sire et cappitaine de cheste presente armée, ch'est assaver vint et chinc cotes gambesiez, dis bachinés, huit chapiaux de Montauben, vint et chinc targes et pavoiz, six arbalestez, six baudrés et une casse de carreaux à i pié....... Donné à Leure, sous mon seel, juedi xxviii° jour de may, l'an mil ccc trente et huit.

88.

Armement du bateau de Roger le Tort, de Leure.
28 mai 1338.

Sachent tous que je Rogier le Tort, mestre du batel de la nef Saint George, de Leure, cognois aver eu et recheu de Thonmas Fouques, garde du cloz des galies du roy nostre sire à Rouen, lez armeures et artillerie qui ensievent, pour distribuer à moy et à pluseurs compagnons qui doivent aler en ma compagnie dedens le dit batel en cheste presente armée, sous le gouvernement de sire Nicholas Behuchet, consellier du roy nostre sire et cappitaine de cheste presente armée, ch'est assaver vint et chinc cotes gambesies, onze bachinés, chinc capiaux de Montauben, six arbalestez, six baudrés et une casse de carreaux à I pié.... Donné à Leure, sous mon seel, juedi xxviii° jour de may, l'an mil ccc trente et huit.

89.

Compte d'une imposition perçue à Harfleur sur les marchandises exportées. — 24 février-12 juin 1338.

Compte Rogier Berenguier, Johan le Merchier, commis en la ville de Harefleu de par le viconte de Moustierviller, de l'imposicion de IIII deniers pour livre des marcheandises et vivres qui se traroient hors du royaume de France, si comme il est plus pleinement contenu en la commission du dit viconte, laquelle est cousue au bout de cest roule, pro annis CCC XXX VII, CCC XXX VIII et CCC XXX IX.

Recepte.

Premièrement de Martin Percheval, du royaume de Castelle, pour xxvi l. de draps de Moustierviller, à l'imposicion valent VIII s. VIII d. Le xxIIII° jour de fevrier, l'an xxxvII.

Item de Pierre Martin de Mortique, de Castelle, pour xIx l. de draps de Moustierviller, valent à l'imposicion vi s. IIII d. Le v° jour de mars l'an xxxvII.

Item de Johan Martin, de Mortique, pour vi l. de draps de Moustierviller, valent à l'imposicion II s. Le jour dessus dit.

Item de Martin Sens, de Mortique, pour viii livres de draps de Moustierviller, valent à l'imposicion ii s. viii d. Le jour dessus dit.

Item de Martin Senches, de Castelle, pour xxv l. de draps de Moustierviller, valent à l'imposicion viii s. iiii d. Le jour dessus dit.

Item de Ferrant Consalles, de Castelle, pour xii l. de draps de Moustierviller, valent à l'imposicion iiii s. Le jour dessus dit.

Item de Pierres Gauges, de Castelle, pour lx l. de draps de Moustierviller portez à Honnefleu pour carchier, valent à l'imposicion xx s. Le xxvie jour de mars l'an xxxvii.

Item de Michiel Yvaignes, de Castelle, pour vi^{xx}v livres de draps d'Abeville, portez à Honnefleu pour carchier, valent à l'imposicion xli s. viii d. Le quart jour en avril l'an xxxvii.

Item de Pescal Garsie, de Castelle, pour iiii livres de draps de Moustierviller, valent à l'imposicion xvi d. Le xie jour de juing l'an xxxviii.

Item de Johan Dariete, de Castelle, pour xv livres de draps de Moustierviller, valent à l'imposicion v s. Le jour dessus dit.

Item de Johan Peris, de Castelle, pour xii livres de draps de Moustierviller, valent à l'imposicion iiii s. Le jour dessus dit.

Item de Johan Carpentier, de Castelle, pour xl livres de draps de Moustierviller, valent à l'imposicion xiii s. iiii d. Le xiie jour de juing l'an xxxviii.

Item de Pescal Michiel, de Castelle, pour lx livres

de draps de..... [valent] à l'imposicion xx s. Le jour dessus dit¹.

90.

17 juillet 1338.

Le roi mande au bailli et au receveur de Rouen que l'ordonnance par laquelle les gages des officiers et serviteurs du roi seraient supprimés pendant un an, à partir du dernier mois de février, n'est pas applicable « à nostre amé Nicolas de la Vente, chastelain de Moulineaux et garde de nostre forest de la Londe.... [Donné à....] lez Gornay, le xvii° jour de juillet, l'an de grace mil trois cens trente et huit. Par le roy : VERBERIE. »

91.

Armement du bateau de Jean Godefroy.
15 août 1338.

Sachent tout que je Jehan Godefroy, maistre de un batel apelé Sainte Marie, ay eu et receu de Symon Monclin les coses qui s'ensievent : primo xii pairez de plates noevez pour xii vielles, vi bachinés noefs. En

---

¹ La fin du rouleau manque. On lit au dos : « Compotus imposicionis iiii denariorum pro libra.... recepte in villa Harèfluctus annis ccc xxxviii et xxxix, et a die Jovis post Natale Domini.... usque ad.... Item compotus ejusdem imposicionis recepte in villa Fiscanni a.... ccc xli usque ad Pascha ccc xliii. »

tesmoing de ce, je ay seelé ceste presente quitance de mon seel, faite et donnée le xve jour de aoust, l'an mil ccc trente et vuit.

92.

Mandements du roi au bailli de Rouen, touchant des provisions de bétail et de lard à expédier à l'armée, et compte de ces provisions. — Août 1338.

Philippe, par la grace de Dieu roy de France, au bailli de Roan et au receveur de Beaumont, ou à leurs lieuxtenans, salut. Vous eustes pieça mandement de nous de faire pourveance de certainnes quantitez de bestail et de larz pour nostre host, et de les nous envoier à Amiens à certaines journées et termes, et après vous fu mandé que vous en feissiez pourveance d'un quart moins que nostre dit premier mandement contenoit, et encore eustes vous après mandement de en faire pourveance d'un autre quart moins, si que vous n'en feissiez pourveance que de la moitié de tant comme le premier mandement contenoit. Et pour ce [que] nous sommes meuz pour aler à [Amiens] avec nostre host pour la deffense de nostre royaume, nous vous mandons que, tantost, ces lettres veues, la dite moitié de bestail et de larz dont vous avez ou devez avoir pourveance, c'est assavoir la moitié des quantitez de ce que le premier mandement contenoit, vous nous envoiez à Amiens touz ensemble, et illec vous ou ceux par qui vous les envoierez, trouverez de nos genz qui les recevront. Donné à Paris, le III⁰ jour d'aoust, l'an mil CCC XXXVIII.

Philippe, par la grace de Dieu roy de France, au bailli de Roan et au receveur de Beaumont ou à leurs lieuxtenans, salut. Vous avez eu pluseurs mandemens de nous de faire certaines pourveances de bestail et de larz pour la necessité de nostre host, et contenoit le derrenier mandement que sur ce vous avons envoié que vous envoiessez tantost les diz bestail et larz à Amiens, et que illec il fussent baillez et delivrez à certaines personnes que nous y avons envoiées et commises à les recevoir pour nous, lesquiex nous ont fait savoir que vous n'avez pas acompli noz diz mandemens, et que il n'ont pas encore receu ce que vous en deviés envoier. Si vous mandons et enjoingnons estroitement que, tantost et hastivement, senz aucune demeure, vous faciez les dites pourveances, si faictes ne les avez, et les envoiez à Amiens aus diz commissaires et deputez à les recevoir, et ce faites en telle manère et en soiez si dilligens que y n'y puisse avoir deffaut : car se il y estoit, nous nous en prendreins à vous et vous puniriens, si que ce sera exemple aus autres. Donné à Paris, le XIII jour d'aoust, l'an mil CCC XXXVIII, souz nostre novel seel, en l'absence du grant.

Le compte Yvon de Cleder, receveur de la conté [de Biaumo]nt, du bestail et larz pris es viçontez de Biaumont, de Conches, d'Orbec et de Danfront, en..... [1] par

---

[1] La lacune doit peut-être se combler par le mot « prest. »

les vicontes des diz lieux par ii mandemenz du roy sur ce faiz, dont la teneur est au dos, et par eux fait priser, receuz par le dit receveur, et par li envoiez en la guerre et assemblée du roy nostre sire faite à Amiens en l'an mil ccc xxxviii.

. . . .[1]

93.

Armement du bateau d'André de Cailly, à Leure.
20 septembre 1338

Sachent tous que je Andrieu de Cailly, mestre du batel de la nef Saint Jorge du roy nostre sire, ay eu et recheu de Thonmas Fouques, garde du clos des galiez du dit segneur à Rouen, pour distribuer à pluseurs mariners qui doivent aler dedens le dit batel, en cheste presente armée, sous le gouvernement de monsegneur Hue Quieret, chevalier du dit segneur et son amiral, vint platez, dis et huit bachinés, vint targez et pavois, six arbalestez, six baudrez et dis lanches ferréez, desquelez armeurez et artilleriez je me tien à bien paié, et les pramet à rendre au dit nostre sire le roy ou à son commandement toutes fois que on lez me demandera. Donné à Leure, sous mon seel, diemenche xxe jour de septembre, l'an mil ccc trente et huit.

[1] Ce compte, qui est fort mutilé, contient principalement le détail des bestiaux et du lard achetés dans les sergenteries de Beaumont, d'Ouche, de Lire, de Glos, de Moyaux, de Guillaume Roscelin et de Jean le Convers, lesquelles faisaient partie de la vicomté de Beaumont.

94.

Armement du bateau de Jean Pestel, de Touque.
20 septembre 1338.

Sachent tous que je Jehan Pestel, mestre du batel Jehan Riant de Touque, ay eu et recheu de Thonmas Fouquez..... dis platez, huit bachinés, dis targez et pavois, quatre arbalestez et quatre baudrez.... Donné à Leure, sous mon seel, diemenche xx° jour de septembre, l'an mil ccc trente et huit.

95.

Armement du bateau de Jean Gahistre, à Leure.
20 septembre 1338.

Sachent tous que je Jehan Gahistre, mestre du batel de la nef Binet de Castellon, ai eu et receu de Thonmas Fouquez, garde du clos des galées du roy nostre sire à Rouan, pour distribuer ax mariners qui doivent aler dedens le dit batel en ma compagnie en ceste presente armée, souz le gouvernement de monsegneur l'admiral et sire Nicolas Behuchet, conseiller du dit seigneur, dis plates, huit bachinés, quatre arbalestes, quatre baudrés et dis escus... Donné à Leure, souz mon seel, diemence xx° jour de septembre, l'an mil ccc trente et huit.

96.

Fragment d'un rôle des amendes de la vicomté de Caen[1].
Saint-Michel, 1338 (?).

Sergenteria.... — Akariez de Burcy, escuier, v s.— Radulphus d'Escorchebeuf, armiger, v s. — Raoulla la Muéte, v s. (Rehabuit ad Pascha ccc xxxix.) — Johannes de Louvigneio, armiger, v s. — Iste emende inferius[2] sunt de tempore Nicolai le Meteer, nuper vicecomitis Cadomensis. — Item iste alie amende sequentes sunt de tempore R. Vimont, tunc ad presens vicecomitis dicti loci.... — Dominus G. Varignon, presbiter, v s. — Summa : xxi l.

Sergenteria Morandi. — Primo de tempore Nicolai le Metteer, nuper vicecomitis Cadomensis. Thomas Deux oues v s. — Ricardus de Espineto, v s. — Item alie emende de tempore Roberti Vimont, tunc ad presens vicecomitis Cadomensis. — Dominus Robertus le Rouillié presbiter, presbiter decani de Demouvilla, Garnier Giefroi, Perrotus l'Aumosnier et filius au Cresté, xxx s. — Rogier Guillebert, Thomas Guillot, Michiel Vigier, Rohert Ren[ier] et Michiel d'Ascy, pro eisdem et pro gentibus et habitantibus ville de Bavento, c s. — Summa : xxi l. xv s.

Sergenteria de Berneriis. — Dominus Petrus Bertrandi, presbiter, v s. — Johannes de Baallye, filius

---

[1] Je ne donne qu'un petit nombre des noms portés sur ce rouleau.

[2] Au lieu de : « inferius, » je crois qu'il faut lire : « superius. »

J. de Ballie, x s. — Relicta Petri de suis Domibus, v s. — Radulfus de Fonte, G. le Piron, Ricardus le Riant, Robertus Saain, Johannes Regnaut, Perrinus Proudomme et Perrinus Hay, pro eisdem et pro communi gencium de hamello ville de Ros, c s. — Summa : xviii l. x s.

Sergenteria de Creuleyo. — Henricus d'Aigneaux, armiger, xx s. — Summa : vii l. v s.

Sergenteria de Evrecheyo. — Robertus de Montigny, armiger, x s. — Petrus Blondel, armiger, x s.—Symon de Crisetot, v s. — Radulphus de Monte, armiger, v s. Prior de Monasteriis, x s. — Guillelmus de Baron, armiger, xx s. — Laurencius de Molibus Campis, x s. — Summa : xxii l. x s.

97.

Armes reçues par Jean Godefroy, de Leure.
3 octobre 1338.

Sacent tous que je Jehan Godeffroy, de Leure, ay eu et reche[u] de Simon Monclin, commis à Bouloigne de par monsegneur l'admiral sur les garnissons d'armeures et d'autres plusseurs garnissons du roy nostre sire, douze gorgères, dont je me tieng pour bien content. En tesmoingnage de che, jeu ay ches leitres seelées de men seel, le iiie jour du mois d'octobre, l'an de grace mil ccc xxx viii.

98.

Tenue à Rouen de l'Echiquier de la Saint-Michel.
3 novembre 1338.

Sachent tous que je Berengier Fresol, chantre de Nerbonne, ai eu et receu de honorable homme et sage Pierre de la Marlière, baillif de Roan, soixante deux livres dix soulz tournois, pour cause de mes despens fais en l'eschequier de Roan de la Saint Michiel mil ccc xxxviii, auquel tenir avec mes autres seigneurs je fus envoiez par lettres de monseigneur le duc de Normendie, et dura le dit eschequier xxii jours, et trois jours pour aler et venir audit eschequier, à cinq chevaulz, et ainsi ai je mis xxv jours, que alant, demourant et retournant, pour lesquelz xxv jours je ay receu la somme dessus dite pour cause de mes dis despens, comme dit est, et m'en tieng à bien paié. En tesmoing de ce, je ay seellé ces lettres de mon seel. Donné à Roan, le mardi tiers jours de novembre, l'an de grace mil ccc xxxviii.

99.

Lettre de l'Amiral à Thomas Fouques, pour armer le galliot la Sainte-Anne. — 18 décembre 1338.

L'admiral du roy : Thumas Fouque, Baillez armeures convenaulement à Jehan Pestel, mestre du galiot Sainte Anne, pour li et xxxvi compaignons qui o li iront sus le dit galiot en la presente armée. Donné à Harfleu, le xviii jour de decembre, l'an mil ccc et xxxviii.

100.

17 janvier 1338, v. s.

Le roi mande au bailli de Rouen que l'ordonnance portant suppression des gages des officiers du roi pendant un an ne doit pas s'appliquer au verdier de la forêt de Bonneville. « Donné au bois de Vinciennes, le xviie jour de janvier, l'an de grace mil ccc trente et h[uit]. Par le roy, present mes. Hue de Relly : VERBER. »

Semblable mandement pour Herbelin, clerc de la forêt de Bonneville.

101.

Armes envoyées de Rouen aux garnisons françaises des îles du Cotentin. — 20 janvier 1338, v. s.

Sachent tous que je Jehan l'Alemant, sergent d'armes du roy nostre sire et commis de par monseigneur Robert Bertran, chevalier, sire de Briquebec et mareschal de France, à recevoir pluseurs armeures et artilleries pour la garde des ylles [1], ay eu et receu de Thomas Fouques, garde du clos des galées du dit nostre sire le roy à Rouan, par mandement de Françoys de l'Ospital, clerc des arbalestriers du dit seigneur, les ar-

---

[1] L'île de Guernesey et ses dépendances, que Robert Bertran venait de conquérir. Voy. *Histoire du Château et des Sires de Saint-Sauveur-le-Vicomte*, p. 62.

meures et artilleries qui ensievent, pour la garde et seurté des dites ylles, c'est assavoir : trente plates toutes neuves couvertes de canevas, et deulx plates de Janes couvertes de coutil, vernicies en gaune; trente deux bachinés, touz garnis; trente deux gorgerètes de coton, couvertez de blance telle neuve; cincquante pavois, tous prés et garnis; vint cinq escuz tous neufs rouges, à un escuchel des armes de France; deux cenz lances ferrées toutes neuves; quatre vins arbalestes à un pié; neuf arbalestes à II piés toutes prestes; troiz arbalestes à tour sur main, et une arbaleste à tour, toutes prestes; quatre vins baudrés, touz garnis; quatre hauchepiés touz prés; quatre tours pour tendre arbalestes à tour; vint casses de carreaux à un pié, ferrés et empanés; douze casses de viretons toutez prestes pour arbalestez à II piés; deulz espringales, toutes prestes, garnies de deulz vraies cordes et une fausse; et quatre casses de carreaux pour espringales tous prés, empanés de laton. Desquelles armeures et artilleries dessus dites je le dit Jehan l'Alemant, eu nom du dit monseigneur le mareschal, me tieng pour bien comptent, et en promet aquiter et delivrer le dit Thomas Fouques et touz autres de par lui envers tous ceux qui aucune chose en pourroient ou voudroient demander ou temps à venir. En tesmoingnage de ce, j'ai seellé ces lettrez de mon propre seel. Donné à Rouan, merquedi xxe jour de janvier, l'an mil ccc trente et huit.

102.

Armement d'un bâtiment pris sur les Anglais.
25 février 1338, v. s.

Sachent touz que je Guillaume de Bourdeaux, mestre de la quoque du roy nostre sire acquise sur lez Englois, cognoiz avoir eu et receu de Thomas Fouquez, garde du clos dez galéez du roy dit segneur à Rouan, pour distribuer à pluseurs honmes qui doivent aler dedens la dite nef en ceste presente armée de la mer, c'est assaver : cinquante plates, dont il en y a v couvertes de drap de soie dorey, et lez autres de canevas neuf; cinquante bachinez garnis de pavellons et gorgierez de coton et de telle; cent targez, pavois et escus, dont il y a LX escus neufs rougez à un escuchel dez armez de France; quatre vins lances neufves ferréez; vint arbalestez prestes; vint baudrés garnis; trois cassez de carreaux à un pié; diz cotes gambesiez; un garrot fourni de deuz vraies cordez et une fausse; une casse de carreaux à garros, un hauchepié; un bauchent et deuz banièrez neufs de camelot dez armes de Franche, et une lanche pour mètre le dit bauchent.... Donné à Leure, souz mon seel, jeudi xxve jour de fevrier mil ccc trente et huit.

103.

Armement de *la Thomassette*, de Caen.
27 février 1338, v. s.

Sachent touz que je Guillaume de la Hogue, de Leure, mestre de la Thomasséte de Caen, congnois avoir eu et receu de Thomas Fouques, garde du clos des galées du roy nostre sire à Rouan,... quarante plates, dont il en y a v couvertes de drap de soie dorey; v de coutil et les autres de canevas neuf; dis cotes gambesiez; cinquante bachinés garnis de pavellons et gorgières de coton; vint arbalestes prestez; vint baudrez; troiz casses de carreaux à 1 pié; quarante targez et pavois garnis; quarante escuz neufs, rouges, à un escuchel des armes de France; quatre vins lances neuvez ferrées; un garrot garni de deux vraies cordes et une fause; une casse de carreaux à garrot; un baucen et deux banèrez de camelos neuves des armes de France, et une lance pour mètre le dit baucen..... Donné à Leure, souz mon seel, samedi xxviie jour de fevrier, l'an mil ccc xxxviii.

104.

Armement de la nef *la Catherine*, de Leure.
7 mars 1338, v. s.

Sachent touz que je Guillaume de Tourneville, mestre de la nef appellée la Katherine de Leure, congnois avoir eu et receu de Thomas Fouques, garde du clos des galées du roy nostre sire à Rouan, pour distribuer à pluseurs personnes qui doivent aler dedens la dite nef en ceste presente armée de la mer, les armeurez et artilleriez qui ensievent, c'est assavoir : cincquante platez toutez prestes, dis cotes gambesiez; cincquante bachinés garnis de pavellons et gorgières de coton; quatre vins escuz, targez et pavois garnis, dont il y a trente escuz neufs rouges à un escuchel des armes de France; quatre vins lances neuves ferrées; vint arbalestes prestes; vint baudrés; quatre casses de carreaux à un pié; deux haucepiés; un garrot garni de deux vraies cordes et une fause; un coffre de carreaux à garrot; un baucen et deux banières de camelos neufs des armes de France, et une lance pour métre le dit baucen... Donné à Harefleu, souz mon seel, diemence viie jour de mars, l'an CCC XXXVIII.

105.

Armement de la nef *la Saint-Georges*, de Leure.
8 mars 1338, v. s.

Sachent tous que je Phelippe Bonnet[1], de Leure, mestre de la nef Saint George du roy nostre sire, ay eu et receu de Thomas Fouques, garde du clos des galées du roy nostre sire à Rouan, pour le fournissement de la dite nef, soissante escuz neufs des armes de France, quarante lances neuves ferrées, dis casses de viretonz, deux casses de carreaux à un pié, et trois aunes de camelos rouges pour faire un gaudion à la dite nef.... Donné à Harefleu, souz mon seel, lundi viiie jour de mars, l'an mil CCC XXXVIII.

106.

Armement du bâtiment pris sur les Anglais.
11 mars 1338, v. s.

Sachent tous que je Guillaume de Bourdiaux, mestre de la cogue du roy nostre sire aquize sus les Englois,

---
[1] Ou peut-être « Bouvet. »

cognois avoir eu et recheu de Thonmas Fouques, garde du cloz des galiez du roy nostre sire à Rouen, pour le fournissement de la dite nef, vint platez, dont il en y a x de Janes couvertes de canevas, III de bourde et lez autres de pluseurs couverturez; vint escus neufz des armez de France; vint lanches; une casse de carreaux à un pié; une casse de carreaux à garrot; une banière de camelot des armes de France, et une lanche pour métre un gaillart..... Donné à Hareflue, sous mon seel, juedi xie jour de mars, l'an mil ccc trente et huit.

107.

Armes livrées à Danois de l'Aiguillon, au Chef de Caux.
18 mars 1338, v. s.

Sachent tous que je Daneys de l'Aguillon ay eu et recheu de Thonmas Fouques, garde du clos des galiez du roy nostre sire à Rouen, unes platez pour livrer à Tassin Piquers, esquèlez platez, qui sont de Janes, couvertez de coutil, il a les fers de II père de platez; et les pramet à rendre au roy nostre sire ou à son commandement toutez fois que mestier sera. Donné au Chief de Caux, sous mon seel, juedi xviiie jour de mars, l'an mil ccc trente et huit.

108.

Armement de la nef *la Martinette*, de Fécamp.
20 mars 1338, v. s.

Sachent tous que je Robin Brumen, mestre de la nef appelée la Martinète, de Fescamp, cognois avoir eu et receu de Thonmas Fouques, garde du clos des galéez du roy nostre sire à Rouan, lez armeures et artilleries qui ensievent, pour distribuer à pluseurs honmes qui doivent aler dedens la dite nef en ceste presente armée de la mer, c'est assavoir vint arbalestez prestes, vint baudrez, vint pavois, vint targes, sexante escus neufs dez armez de Franche, cent lanches ferréez, quatre casses de carreaux à un pié; une casse de carreaux à garrot; deux garros fournis de quatre vraiez cordes et une fausse; sexante bachinez roons garnis de chernellières; sexante platez dont il en y a xv couvertez de coutil blanc, ix couvertes de bourde fourbiez et eschiquetéez, viii de coutil eschiqueté, vi couvertez de coutil destaint, une de coutil roié de pluseurs coulleurs, viii de cuir vermel et blanc, xii de Janes et unez couvertez de drap de soie et deschiqueté, un bauchent et deus banères de camelos neufs des armes de France, et une lance pour mètre le dit baucent...... Donné à Leure, sous mon seel, samedi xve jour de mars, l'an mil ccc xxxviii.

109.

Eperviers pris dans la forêt de Conches et portés au roi.
1338.

Despence fette pour les espreviers de la forest de Conches de l'an mil ccc xxxviii, par Huet des Ventes, verdier de la dite forest, c'est assavoir pour sept hèrez d'espreviers qui furent en la dite forest, et out en chascune hère deulz vallez pour garder yceulz par le temps qui enssuit, et prenoist chascun dis deniers tournois par jour, c'est assavoir :

L'ère de la garde Colin Buhier fu gardée XLII jours par Geffroi Buhier et son compaignon, et valent lour journéez LXX s. t.

Item l'ère de la garde Poignet fu gardée XLVII jours par Richart Coquentin et son compaignon, et valent les journéez LXXVIII s. IIII d.

Item l'ère de la garde Gauquelin fu gardée LII jours par Robin Gassot et son compaignon, valent lour journéez IIII l. VI s. VIII d.

Item l'une des hères de la garde Collart fu gardée LII jours par Guillot de la Forge et son compaignon, valent lour journéez IIII l. VI s. VIII d.

Item les II hèrez de la garde Jehan Foubert furent gardéez chascune LIX jours par Jehannot aus Chevax et par Rogier du Chemin et lours compaignons, valent lour journéez IX l. XVI s. VIII d.

Item l'autre hère de la garde Colart jouste Pommereul fu gardée LIX jours par Guillet et son compaignon, valent IIII l. XVIII s. IIII d.

Item à ceulz qui trovèrent les dis espreviers, pour chascune hère V s., valent XXXV s.

Item pour descendre yceulz, pour chascune hère V s., valent XXXV s.

Item pour les journéez de II hommes qui les gardèrent à la loge des Landes depuis qu'il furent descendus, par XXXVI jours, pour chascun X d. par jour, valent lour journéez LX s.

Item pour les despens des dis espreviers par XXXVI

jours, pour chascun jour une douzaine de poulaille, du pris de IIII s. la douzaine, valent VII l. IIII s.

Item pour porter et conduire les dis espreviers par devers le roy nostre sire, pour despens et pour teille et pour fasson de qu[ag]ez, et furent portez par deux foiz, x l. t.

[Somme :] cinquante quatre livres dis soulz huit deniers tournois.

En tesmoign de cen, je verdier dessus dit [ai mis mon see]l en cest present escript.

110.

Œuvre de maçonnerie et de charpenterie de la baillie de Gisors, à compter au terme de Pâques 1339.

Bretueil.

. . . .

Pour nestoier le chastel en la venue monseigneur d'Alençon [1], la semaine de la mi quaresme [2], VIII s.

. . . .

Vernon.

Pour II cheminées dont les tuyaux sont doubles en la chambre du roy eu chastel de Vernon, faitez toutes nueves jusques au mantel et à la hauteur des murs.

. . . .

Pour curer et nettoier en la venue du roy les dites chambres, la salle, les estables, redrecier les rateliers

---

[1] Charles de Valois, frère du roi Philippe de Valois.
[2] Semaine commençant le lundi 8 mars 1339, n. s.

et curer les goutières, porter et mettre hors l'ordure, par Pierre Hamelin, garde du dit chastel pour le chastelain, par tasche, xxx s.

Somme de Vernon : xvii l. x s.

Andeli.

Pour xx milliers de late et clou à la value, mis et emploiez en la grant tour du donjon de Gaillart, troiz chevrons nuefs, demy cent de late et clou à la quantité, mis en euvre en la chambre de lez la dite grant tour, et ii sextiers de plastre, deuz autres sextiers de plastre mis en une autre chambre prez de la grant sale, et reffaire de plastre les planchiers de iii chambres du chastel devers le boys, qui estoient rompuz et depecez; pour xii aez touz nuefs mis en la roe du puiz du donjon du dit chastel, et pour rapareillier le pont de devant l'entrée du dit chastel de aès et autre merrien; pour lx autres aés mis ès querniaux du dit chastel, et les eschaufaux qui estoient cheuz par vent redrecier, pour tout ce faire bien et deument, par tasche baillée à Jaquet Veel, pour tout xxx l[1].

. . . .

Somme : xxxv l. vi s.

Gisors[2].

. . . .

Autres oevres de maçonnerie faites eu chastel de

---

[1] On a ajouté en marge : « Cepit ballivus ad Sanctum Michaelem ccc xxxix°, inter partes operum, pro parum capto hic, ratione cooperture castri, geolie et hallarum, vii l.

[2] En regard de cet article, un clerc a mis cette note : « Cepit ballivus ad Sanctum Michaelem ccc xxxix pro non capto hic ratione cooperture castrorum Gisortii, Novi Mercati et Nealphe, xx l. xv s. »

Gisors pour reson de la bataille qui y devoit estre à la quinzaine de Pasques derrenier entre le sire de Flavi et le sire de Courdemanche.

. . . .

Somme toute de Gisors : IIII^{xx} XIII l. VIII s. x d.

Le manoir de la Fouillée.

Pour IIII ^{xx} XVIII m et demy[1] mise et emploiée eu manoir de la Fouillée, en plurieurs lieuz, abatre le boys, doler et acharier, pour clou, pour late et pour paine, par Robin Solain et Tassin de Houssemaine, pour chascun millier x s. VI d., LI l. XIII s. III d. — Summa per se : LI l. XIII s. III d.

Oevres de pyonnerie faite pour reson de la dite bataille. — Pour le champ curer, aplanier et de sablon paver de demy pié d'espoisse, les preaux du roy, de la royne et du chappelain rapparelier, pour journées de plurieurs personnes pour charoy, et pour forgier les piz et les houes, et pour toutes autres paines, par maistre Pierre de Han, pyonnier monseigneur le duc, XIX l. XI s. VI d.

III.

21 juin 1339.

Le duc de Normandie mande au bailli de Rouen qu'il a reçu l'hommage de Guillaume de Houeteville, pour « un demy membre de haubert seant en la par-

---

[1] Il faut sans doute suppléer ici le mot : « d'escenle. »

roisse du Neuf Bourc, et un quart de haubert seant en la parroisse de Marcouville.... Donné à Confflans emprès Paris, le xxie jour de juing, l'an de grace mil ccc trente et neuf. Par Yvain du Brueil et Adan de Cocherel, chambellens monsseigneur le duc : MELLOU. »

112.

Armement de la nef de Martin Danoys, d'Harfleur.
20 juillet 1339.

Sachent tous que je Martin Danoys, mestre de la nef Saint Denys du roy nostre sire, ai eu et receu de Thonmas Fouques, garde du clos dez galées du dit seigneur à Rouan, par la main de Godeffroy des Noetez, son clerc, lez armeures et artilleries qui ensievent, pour distribuer à certainez personnes qui doivent aler dedens la dite nef en ceste presente armée dez xx nefs, sous le gouvernement de noble honme et puissant monseigneur Hue Quieret, chevalier et admiral du dit seigneur, c'est assavoir deus garros garnis, deus casses de carreaux à garros, douze casses de carreaux à un pié, quarante escus dez armes de France, vint targez et pavois, quatre vins lances ferréez, deus cens dars ferrez, trente arbalestes, trente baudrez.... Donné à Harefleu, sous mon seel, mardi xxe jour de juillet, l'an mil ccc xxxix.

113.

Armement du bâtiment de Guillaume de Bourdeaux, d'Harfleur.
20 juillet 1339.

Sachent tous que je Guillaume de Bourdeaux, mestre de la coque du roy nostre sire, ai eu et receu de Thonmas Fouques, garde du clos dez gallées du roy nostre sire à Rouan par la main de Godeffroy des Noetes, son clerc, lez armeures et artilleriez qui ensievent, pour distribuer à certainez personnes qui doivent aler dedens la dicte nef en ceste presente armée des xx nefs, sous le gouvernement de noble honme et puissant monseigneur Hue Quieret, chevalier et admiral du dit seigneur, c'est assavoir cent escus dez armes de France, trente targez, vint pavois, sept vins dis lancez ferréez, huit vins dars, dis casses de carreaux à un pié, trente arbalestes, trente baudrez, un garrot garni de deus vraies cordez et une fausse, et une casse de carreaux à garrot.... Donné à Harefleu, sous mon seel, mardi xxe jour de jullet l'an mil ccc xxxix.

114.

Armement de la nef de Nicole de la Croix, de Leure.
20 juillet 1339.

Sachent tous que je Nicole de la Crois, seigneur et maistre de la nef appelée le Beau Repaire de Leure, prise et retenue pour aler en l'armée dez xx nefs, sous le gouvernement de noble homme et sage monseigneur Hue Quieret, chevalier et admiral du roy nostre seigneur, ai eu et receu de Thonmas Fouques.... c'est assavoir quatre vins quatorze plates, dont il en y a LX couvertez de canevas, qui sont de reparacion, xx de canevas neuf, et xiiii d'Almengne couvertez de pluseurs couverturez, cent quatorze bachinés, dont il en y a c garnis de pavellons et xiiii sans pavellons, quatorze gorgièrez de coton, sexante dis lances ferrées, quatre vins escus tous prés, trente une targe et pavois, dis nuef arbalestes, trois casses de carreaux à un pié, un garrot garni de ii vraiez cordez et une fausse.... Donné à Harefleu, sous mon seel, mardi xxe jour de juillet, l'an mil ccc xxxiv. Item ai eu et receu dis neuf baudrés et deux casses de carreaux à garros. Donné comme dessus.

115.

Armement du bateau de Guillaume de la Hogue, de Caen.
20 juillet 1339.

Sachent tous que je Guillaume de la Hogue, mestre de la Thonmassète de Caen, prise et retenue pour aler en l'armée dez xx nefs, sous le gouvernement de noble homme et puissant monseigneur Hue Quieret, chevalier et admiral du roy nostre sire, ai eu et receu de Thonmas Fouques.... cent platez, dont il en y a LX dé reparacion couvertez de canevas, XL couvertes de canevas, et en y a ix esteuvéez, cent bachinez, dont il en y a iiii^{xx} à pavellons et xx sans pavellons, vint gorgièrez de coton, sexante dis escus, cinquante targes et pavois, six vins lancez ferréez, vint arbalestez prestes, vint baudrez, trois casses de carreaux à un pié, une casse de carreaux à garrot, et un garrot garni de deux vraiez cordez et une fausse.... Donné à Harefleu, sous mon seel, mardi xxe jour de juillet l'an mil CCC xxxix.

116.

Armement d'une galée envoyée vers les îles de Jersey et de Guernesey. — 7 septembre 1339.

Nicolas Heliez, sergent d'armez du roy nostre sire et vis admiral, à Thomas Fouquez, garde du clos dez gallées du dit seingneur à Rouan, ou à son lieutenant, salut. Nous vous mandons que à Danois de l'Aguillon, patron d'unne galée du dit seingneur, laquelle doit aler vers les partiez dez illes de Gersuy et Guernesuy, au service de noble homme et puissant monseingneur le mareschal Bertren, vous bailliés et delivrez cent paire de platez, cent bachins, deus cens dis que pavois que escus, deus cens dis lances, quatre cens vint dars, vint cinq arbalestes, vint cinq baudrez et dis cassez de quarreaus, en retenant cez presentez avec autres lettrez de recongnissanche. Donné à Leure, sous nostre seel, le viie jour de septembre, l'an m. CCC xxxix.

117.

Même sujet.
7 septembre 1339.

Sachent tous que je Danois de l'Aguillon, patron de la gallée du roy nostre sire, laquelle doit aler vers lez parties de Gersui et de Guernesuy au service de noble honme et puissant monseigneur Robert le mareschal Bertren, ai eu et receu de Thomas Fouques.... cent platez, dont il en y a LVI couvertez de canevas neuf, et XLIIII d'Alemengne couvertes de pluseurs couverturez, cent bachinez garnis de pavellons [et de] gorgières de coton, deus cens dis lancez ferréez, vint chinc arbalestes, vint chinc baudrez, et dis casses de carreaux à un pié, et deus cens dis targes pavois et escus, lesquiex ont esté prins en la nef Saint Denys, dont Martin Danois est maistre.... Donné à Leure, sous mon seel, mardi VIIe jour de septembre, l'an mil trois cens trente et neuf.

118.

Armes livrées à Thomas de la Flesque par le garde du clos des galées de Rouen. — 10 octobre 1339.

Sachent tous que je Thomas de le Flesque ai eu et receu de Thomas Fouquez, garde du clos des galées du roy nostre sire à Roen, et commis de par le dit seigneur à recevoir les armeures et artilleries des Gelfes et des Guibelins, pour distribuer à pluseurs compaignons pour aler en ceste presente guerre de la terre c'est assavoir par la main Pierre Barbevaire, sergent d'armes du dit seigneur, trente et huit bachinés, et par la main du dit Thomas, que il reçut des Guelfes, quinze bachinés tous garnis, desquiex bachinés je me tien à bien paié. Donné á Calaiz, souz mon seel, diemence x° jour d'octobre, l'an mil CCC XXXIX.

119.

Fragment du compte d'une imposition perçue au Tréport sur les marchandises de mer. — 1339.

Recheite faite au Tresport par Jehan de Preaux et par Gontier le Sergant, II d. pour le livre des marcheandises alans et venans par mer depuis le XX° jour de septembre l'an mil III°XXXIX° dusques à l'entrée de karesme enssuiant :

Pour le semainne après le Saint Denis l'an XXXIX. — Raoul Dieu, maistre de le nef Saint Jaque de Lisebone, pour flotes, pour sieu et pour oint, XX d. t. — § Le lundi jour feste Saint Luc[1]. — Climenche de Preaux, pour III quarrées de sel quarquies u navel Auvray de Lyhus, VI s. VIII d. p. — Le dit Auvray, XXI p., pour tourbes. — Guillaume d'Espaigne, pour tourbes, XX p. — Mahiet du Moustier, pour tourbes, XXII p. — Pierre de Preaux, pour III quarées de sel quarquies u navel du dit Mahiet, VI s. VIII d. p. — § Mardi enssuivant. Tassin Castelain, pour tourbes, XIII p. — Robert le Duc, pour tourbes, XIII p. — Laurent Binguet, pour tourbes,

---

[1] 18 octobre 1339.

xxii p. — Robert Riden, pour tourbes, xvi p. — Robert Gaillart, pour tourbes, xviii p. — Thoumas Quevalet, pour tourbes, xii p. — § Joesdi. Tassin Vainot, xvi p., pour tourbes. — Jehan Climent, pour tourbes, xvi p. — Gautier Bacheler, pour tourbes, ii s. p. — Jehan de Roognon, pour iii quarées de sel quarquies u navel Tassin Castelain, v s. p. — Jehan Bauduin, pour tourbes, xiii p. — Triquot, pour tourbes, xiii p. — Bernart Gaillart, pour tourbes, xx p. — Jehan Ernaut, pour tourbes, ii s. vi d. p. — Jollet, pour tourbes, xxi p. — Jehan de Preaux, pour iii quarées de sel quarquies u navel du dit Jollet, v s. p. — Baudet Messon, pour tourbes, xiii p. — Item ichely, pour ii quarées de sel, xl p. — Quevalet, pour tourbes, xiii p. — Martin de le Fontainne, pour tourbes, xiii p. — Colin le Fauconnier, de Harefleu, pour Har[enc], viii p. — Pierre Frote, pour tourbes, xviii p. — Climenche de Preaux, pour iii quarées de sel quarquies u navel du dit Frote, vi s. viii d. p. — Henriet Buniquet, pour tourbes, xix p. — Guillaume l'Englois de Fontainnes, pour tourbes, xiii p. — Somme : lxix s.......

120.

Fragment d'un compte des dépenses faites pour les marins génois qui servirent le roi de France dans les eaux de la Manche. — 1337-1339.

Item à Leonard Doire, à Jennes, pour les gaiges de sa galée pour les premiers iiii moys dessus diz, au pris de ixᶜ florins le mois, iiiᵐ viᶜ florins, par ses lettres de quittance, valent pour xv s. t. la pièce, iiᵐ viiᶜ l. t.

Item à lui, puis que les galées furent venues ès parties par deça, sur les gages de sa dite galée deserviz et à deservir, xviiiᶜ florins d'or, par sa lettre de quittance, tout en escuz d'or, au pris de xx s. t. la pièce, et le florin avalué comme dessus, valent xiiiᶜ L l. t.

Item à luy, pour sembleble, le xxiiiᵉ jour de novembre l'an dessus dit, en deniers d'argent à la coronne et doubles noirs, par sa lettre de quittance m. l. t.

Item à lui, pour xixᶜ xxxviii florins v s. vi d. à luy deuz par la fin de son compte fait avecques François de l'Ospital jusques au derrenier jour de janvier l'an xxxviii, pour les gaiges de sa dite galée, en lyons d'or à xxv s. t. la pièce, par sa lettre de quittance, valent à compter le florin xv s. t., xiiiiᶜ LII l. xv s. vi d. t.

Item à luy, pour amenuisement de iiiᶜ xii quintaux et demi de bescuit, que François de l'Ospital li avoit rabatuz ou compte dessus dit, au pris de xvi s. t. le quintal, et depuis li ont esté ramenez à xii s. t. Ainsi li doit estre rendu iiii s. t. pour quintal, LXII l. x s. t. Et pour une journée que François de l'Ospital li avoit rabatue pour ses droiz du dit compte, xxx florins d'or, xxii l. x s. t. Et pour les gaiges de sa dite galée pour le moys de fevrier ensuivant, ixᶜ florins en lyons d'or pour xxv s. t. la pièce, viᶜ LXXV l. t. Et pour le seurcrois de iiᵐ viiiᶜ LXVIII florins dessus diz qui li ont esté paiez en lyons d'or, pour xxv s. t. la pièce, avalué le florin à xv s. t. et depuis li ont esté advaluez à xvi s. viii d. t., tout par mandement du roy et de l'admirail et lettres de quittance de luy, ɴᶜ xxxɪx l. t.; valent par tout ɪxᶜ ɪɪɪɪˣˣ xɪx l. t.

Item à luy, pour les gaiges de sa dite galée pour le moys de marz et d'avril ensuivant, xvɪɪɪᶜ florins d'or; valent, à compter xvɪ s. vɪɪɪ d. t. le florin, ɪɪɪ vᶜ l., c'est assavoir vɪɪɪᶜ xv l. t. en deniers d'argent à la coronne, et le demorant en lyons d'or au pris dessus dit, par sa lettre de quittance, ᴍ vᶜ l. t.

Item à luy, pour semblable, pour les mois de may et de juign, et les receut Jehan Spinole comme procureur de luy et des autres patrons par sa lettre de quittance, xvɪɪɪᶜ florins, en lyons d'or; valent, à compter comme dessus, ᴍ vᶜ l. t.

Item à luy, pour sembleble, pour le mois de juillet ensuivant, ɪxᶜ florins en deniers d'argent à la coronne, par sa lettre de quittance; valent, à compter le florin xvɪ s. vɪɪɪ d. t., vɪɪᶜ ʟ l.

Item à luy, pour les gaiges d'un pilot, du vɪɪɪᵉ jour de novembre l'an xxxvɪɪ jusques au premier jour de may l'an xxxɪx, xɪɪ l. x s. Et pour une journée qui ne li avoit esté comptée, xxɪx l. vɪɪ s. vɪ d. Et pour les gaiges d'un pilot jusques au derrenier jour de juillet ɪx l. Et pour xɪɪ quintaux de bescuit baillié à Symon Moclin à Bouloigne, vɪɪ l. ɪɪɪɪ s. t. Et pour le seurcrois de ɪxᶜ ʟxvɪɪɪ florins paiez pour le moys de marz et d'avril en deniers d'argent à la coronne, et il devoit avoir deniers d'or au lyon, ɪɪɪɪ d. t. pour pièce, xvɪ l. ɪɪ s. vɪɪɪ d. t. Et pour le seurcrois de ɪxᶜ florins paiez à luy pour le moys de juillet, à xvɪ s. vɪɪɪ d. t. le florin, en deniers d'argent à la coronne au temps des pavillons d'or pour xxx s. t., et puis ont esté advaluez à xviii s. ix d. t., tout par mandement du roy et de l'admirail et lettre de quittance de luy, xiiii^{xx} xiii l. xv s. t.; pour tout viii^{xx} vii. l. xix s. ii d.

Somme paié au dit Leonart Dorie : pour tout xi ^{m} iii^{c}xx l. xiii s. viii d. t. En laquelle somme sont v^m L l. t. du temps des deniers d'or à l'escu pour xx s. t., et v^m iiii^c LII l. xv. s. vi d. t. du temps des lyons d'or pour xxv s. t., et ix^c xvii l. xix s. ii d. t. du temps des pavillons pour xxx s. t. la pièce.

Item à Thomas Scarcefie, à Jennes, pour les gaiges de sa galée pour les premiers iiii mois dessus diz, au pris de ix^c florins le moys, iii^m vi^c florins, par sa lettre de quittance; valent, à xv s. t. la pièce, ii^m vii^c l. t.

Item à luy, puis que les galées furent venues ès parties par deça, sur les gaiges de sa dite galée deserviz et à deservir, xviii^c florins d'or, tout en escuz, au pris de xx s. t. la pièce, et le florin advalué comme dessus, par lettres de quittance de luy; valent xiii^c L l. t.

Item à luy, pour semblable, le xxiiie jour de novembre l'an dessus dit, en deniers d'argent à la coronne et doubles noirs, par ses lettres, M l. t.

Item à luy, pour xiii^c iiii^{xx} iiii florins xi s. iiii d. à luy deuz par la fin de son compte fait avecques François de l'Ospital, jusques au derrenier jour de janvier l'an xxxviii, en lions d'or pour xxv s. t. la pièce; valent, à compter le florin xv s. t., M xxxviii l. xi s. iiii d. t. Et pour amenuisement de iii^c vii quintaux de bescuit que Françoys de l'Ospital li avoit comptez ou dit compte,

IIII s. t. pour quintal, comme aus autres patrons devant, LXI l. VIII s. t. Et pour une journée que le dit François li avoit rabatue pour ses droiz, qui se monte à XXX florins, XXII l. X s. t. Et pour les gaiges du mois de fevrier ensuivant, IX^c florins, qui valent, au pris dessus dit, VI^c LXXV l. t. Et pour le seurcrois des II^m IIIc XIIII florins dessus diz, lesquiex li ont esté advaluez à XV s. t., et depuis li ont esté advaluez à XVI s. VIII d. t., IX^{xx} XII l. XVI s. VIII d. t. Tout par mandement du roy et de l'admirail et lettres de quittance de luy, pour tout XIX^c. IIII^{xx} X l. VI s. t.

Item à luy, pour les gaiges de sa dite galée des mois de marz et d'avril l'an XXXIX ensuivant, XVIII^c florins d'or, en VI^c XXV l. en deniers d'argent à la coronne, et VII^c leons d'or, advalué à XVI s. VIII d. le florin, par lettres de quittance de luy, M V^c l. t.

Item à luy, pour sembleble, pour le mois de may et de juign ensuivant, XVIII^c florins en lions d'or, et les reçut Jehan Spinole comme procureur de lui et des autres patrons, et par lettre de quittance; valent, comme dessus, M V^c l. t.

Item à luy, pour les gaiges de sa dite galée, pour le moys de juillet l'an XXXIX, IX^c florins en deniers d'argent à la coronne, par lettre de quittance; valent, à compter le florin XVI s. VIII d. t....

Item à luy, pour les gaiges d'un pilot du VII^c jour de novembre l'an XXXVIII jusques au derrenier jour de juillet l'an XXXIX, XXIII l. XII s. t. Et pour une journée poi comptée comme aus autres. . . . .
. . . .

[Item à Carlot Dorie.......]

[Item à lui..... Et pour amenuisement de ii^c ii quintaux de bescuit que Françoys de l'Ospital li avoit comptez ou compte] dessus dit iiii s. [t. pour qui]ntal comme aus autres patrons, XL l. VIII s. t. Et pour une journée que Françoys de l'Ospital li avoit rabatue ou dit compte pour ses droiz, qui monte xxx florins, XXII l. x s. t. Et pour les gaiges de sa dite galée du mois de février ensuivant, IX^c florins, valent, à xv s. t. la pièce, VI^c LXXV l. t., en lions d'or pour xxv s. t. Et pour le seurcrois des II^m v^c XXIIII florins dessus diz, qui li ont esté advaluez à xv s. t., et puis li ont esté advaluez à xvi s. VIII d. t., II^c x l. VI s. VIII d. t., par mandament du roy et de l'admirail et ses lettres de quittance; pour tout II^m CXLIII l. xv s. II d.

Item à lui, pour les gaiges de sa galée des mois de marz et d'avril ensuivant, XVIII^c florins d'or, en VI^c XXIIII l. t. en deniers d'argent à la coronne, et le remanant en lions d'or pour xxv s. t. la pièce, valent, à compter le florin xvi s. VIII d. t., par ses lettres de quittance, xv^c l. t.

Item à luy, pour sembleble, pour les mois de may et de juign l'an xxxix ensuivant, XVIII^c florins tout en lions d'or pour xxv s. t. la pièce, par lettre de quittance de Jehan Spinole, comme procureur de luy et des autres patrons; valent, à compter xvi s. VIII d. t. le florin, M v^c l. t.

Item à luy, pour sembleble, pour le mois de juillet ensuivant, IX^c florins en deniers d'argent à la coronne du temps des deniers d'or au pavillon, par ses lettres de quittance; valent, à compter comme dessus, vii^c L l. t.

Item à luy, pour les gaiges d'un pilot du ve jour d'octobre l'an xxxviii jusques au derrenier jour de juillet l'an xxxix, xxiii l. xvi s. t. Et pour une journée poi comptée comme aus autres patrons, xxix l. vii s. vi d. t. Et pour les despens d'un batel pris à Garnesy, vii l. iiii s. Et pour le seurcrois de vii^c XLIX florins, que nous comptons bailliez à luy pour les mois de marz et d'avril en deniers d'argent à la coronne, et il devoit avoir leons d'or, iiii d. t. pour pièce, xii l. ix s. viii d. Et pour le seurcrois de ix^c florins bailliez à lui ci dessus pour le mois de juillet en deniers d'argent à la coronne du temps des pavillons avaluez xvi s. viii d. t., et puis leur ont esté advaluez à xviii s. ix d. t., iiii^{xx} xiii l. xvi s. t. Et pour ci quintal et LXX livres de bescuit, qu'il bailla à Bouloigne à Symon Mouclin, compté xii s. le quintal, LXI l. t., tout par mandament du roy et de l'admirail et lettres de quittance de luy; pour tout ii^c xxvii l. xii s. ii d. t.

Somme paie au dit Carlot Dorie : pour tout xi^m CLXXI l. vii s. iiii d. t., en laquelle somme sont v^m L l. t. du temps des deniers d'or à l'escu pour xx s. t. la pièce, et v^m CXLIII l. xv s. ii d. t. du temps des lions d'or pour xxv s. t. la pièce, et ix^c LXXVII l. xii s. ii d. t. du temps des pavillons pour xxx s. t. la pièce.

Item à George Dorie, à Jennes, pour les gaiges de sa galée des premiers quatre mois dessus diz, iii^m vi florins, par ses lettres de quittance; valent à xv s. t. la pièce, ii^m vii^c l. t.

Item à lui, puis que les galées furent venues és parties par deça, sur les gaiges de sa dite galée deserviz et à deservir, xviii^c florins d'or, par ses lettres de quittance, tout en escuz d'or pour xx s. t. la pièce; valent, à compter comme dessus, xiii^c L l. t.

Item à luy, pour sembleble, le xxiiie jour de novembre l'an xxxviii, en deniers d'argent à la coronne et doubles noirs, par sa lettre de quittance, M l. t.

Item à luy pour xv^c xxiii florins xi s. t. à lui deuz par la fin de son compte fait avecques François de l'Ospital jusques au derrenier jour de janvier l'an xxxix[1], pour les gaiges de sa dite galée, tout en lions d'or pour xxv s. t. la pièce, compté le florin xv s. t. xi^c XLII l. xvi s. t. Et pour amenuisement de ix^{xx} iiii quintaux de bescuit, que François de l'Ospital li avoit comptez ou compte dessus dit, iiii s. t. pour quintal, xxxvi l. xvi s. t. Pour une journée que François de l'Ospital li avoit rabatue pour ses droiz, qui monte xxx florins, xxii l. x s. t. Et pour les gaiges de sa dite galée du mois de fevrier ensuivant, ix^c florins, valent, à compter xv s. t. la pièce, vi^c LXXV l. t. en lions d'or pour xxv s. t. la pièce. Et pour le seurcrois des ii^m iiii^c LIII florins dessus diz, qui li sont advaluez xv s. t., et depuis li ont esté advaluez xvi s. viii d. t., ii^c iiii l. viii s. iiii d. t. Tout par mandement du roy et de l'admirail et lettres de quittance de lui, ii^m iiii^{xx}, l. x s. iiii d.

Item à lui, pour les gaiges de sa dite galée des mois de marz et d'avril ensuivant, xviii^c florins d'or, en vi^c

---

[1] Il faut lire : « xxxviii. »

xii l. iiii s. vii d. en deniers d'argent à la coronne, et le remanent en lions d'or pour xxv s. t. la pièce; valent, à compter le florin xvi s. viii d. t., par ses lettres de quittance, xv° l. t.

Item à luy, pour sembleble, pour les mois de mai et de juign l'an xxxix ensuivant, xviii° florins, tout en lions d'or pour xxv s. t. la pièce, par lettres de quittance de Jehan Spinole, comme procureur de luy et des autres patrons; valent, à compter xvi s. viii d. le florin, xv° l. t.

Item à luy, pour sembleble, pour le mois de juillet ensuivant, ix° florins, en deniers d'argent à la coronne, du temps des pavillons d'or, par ses lettres de quittance; valent, à compter comme dessus, vii° L l. t.

Item à luy, pour les gaiges d'un pilot, du v° jour d'octobre l'an xxxviii jusques au derrenier jour de juillet l'an xxxix, xxvi l. xvi s. t. Pour une journée poi comptée comme aus autres patrons, xxix l. vii s. vi d. Pour les despens d'un batel pris à Garnesi, vii l. xvi s. t. Et pour le seurcrois de vii° xxxv florins, qui sunt comptez ci dessus, bailliez pour les mois de marz et d'avril en deniers d'argent à la coronne, et il devoit avoir lions d'or, iiii d. t. pour pièce, xii l. v s. t. Et pour le seurcrois de ix° florins bailliez à lui ci dessus pour le mois de juillet en deniers d'argent à la coronne du temps des deniers d'or au pavillon advaluez à xvi s. viii d. t., et depuis leur ont esté advaluez à xviii s. ix d. t., iiii^{xx} xiii l. xv s. t. Et pour LIX quintaux et XL livres de bescuit, que il bailla à Symon Moclin, xxxv l. xiii s. t. Et pour L quintaux de bescuit bailliez à Tade de Grimaux, et xiii quintaux bailliez à Hector du Flesc, xxxvii l. xvi s. t. Tout par mandement du roy et de l'admirail et quittance de luý; pour tout ii^c xliii l. ix s. vi d. t.

Somme paie au dit George Dorie pour tout xi^m cxxiiii l. xix s x d. t. En laquelle somme sont v^m l l. du temps des deniers d'or à l'escu pour xx s. t. la pièce, v^m iiii^{xx} i l. x s. iiii d. t. du temps des lions d'or pour xxv s. t. la pièce, et ix^c iiii^{xx} xiii l. ix s. vi d. t. du temps des deniers d'or au pavillon pour xxx s. t. la pièce.

Item à Antoine Scarcefic, à Jennes, pour les gaiges de sa galée, pour les premiers iiii mois dessus diz, iii^m vi^c florins d'or de Florence, par ses lettres de quittance; valent, à xv s. t. la pièce, ii^m vii^c l. t.

Item à luy, puis que les galées furent venues ès parties par deça, sur les gaiges de sa dite galée deserviz et à deservir, xviii^c florins d'or, par ses lettres de quittance, tout en escuz d'or pour xx s. t., avalué le florin comme dessus, valent xiii^c l l. t.

Item à luy, pour sembleble, le xxiiie jour de novembre l'an xxxviii, en deniers d'argent à la coronne, par ses lettres de quittance, m l. t.

Item à luy, pour xiii^c iiii^{xx} ii florins xii d. t. à lui deuz par la fin de son compte fait avecques François de l'Ospital jusques au derrenier jour de janvier l'an xxxviii, en lions d'or pour xxv s. t. la pièce, avalué le florin xv s. t., m xxxvi l. xi s. t. Et pour amenuisement de ii^c iiii^{xx} x quintaus de bescuit, que François de l'Ospital li avoit comptez au dit compte, iiii s. pour quintal, comme aus autres patrons, lviii l t. Et pour une

[1339] DE LA CHAMBRE DES COMPTES. 221

journée que le dit François li avoit rabatue pour ses droiz, qui monte xxx florins, au dit pris, xxii l. x s. Et pour les gaiges de sa dite galée pour le moys de fevrier ensuivant, ix^c florins en lions d'or pour xxv s. t., au pris dessus dit, vi^c lxxv l. Et pour le seurcrois des iii^m ii^c xii florins ci dessus advaluez xv s. t., et depuis li ont esté advaluez xvi s. viii d. t., ix^{xx} xii l. xiii s. iiii d. t. Par mandement du roy et de l'admirail et lettres de quittance de lui, pour tout xix^c iiii^{xx} iiii l. xiii s. iiii d. t.

Item à lui, pour les gaiges de sa dite galée des mois de marz et d'avril ensuivant, xviii^c florins d'or, en vi_c xxv l. t. en deniers d'argent à la coronne, et le demorant en deniers d'or au leon pour xxv s. t. la pièce, valent, à compter le florin xvi s. viii d., par ses lettres de quittance, xv^c l. t.

Item à lui, pour sembleble, pour les mois de may et de juign l'an xxxviii, xviii^c florins d'or, et les reçut Jehan Spinole comme procureur de lui et des autres patrons en lions d'or comme dessus, xv^c l. t.

Item à luy, pour sembleble, pour le mois de juillet ensuivant, ix^c florins en deniers d'argent à la coronne, du temps des deniers d'or au pavillon, valent, à compter xvi s. viii d. le florin, par ses lettres de quittance, vii_c l l. t.

Item à luy, pour les gaiges d'un pilot du xviiie jour de septembre l'an xxxviii jusques au derrenier jour de juillet l'an xxxix, xxv l. x s. t. Et pour une journée poi comptée, comme aus autres patrons, xxix l. vii s. vi d. t. Et pour les despens d'un batel pris à Garnesi, xiii l ix s. vi d. t. Et pour le seurcrois de vii^c l florins que nous comptons dessus ès mois de marz et d'avril en deniers d'argent à la coronne, et il devoit avoir leons d'or, IIII d. pour pièce, XII l. x s. t. Et pour le seurcrois de IX^c florins que nous comptons paiez à luy pour le mois de juillet l'an XXXIX en deniers d'argent à la coronne, du temps des deniers d'or au pavillon au pris de XVI s. VIII d. t. la pièce, et depuis li ont esté advaluez à XVIII s. IX d. t., IIII^{xx} XIII l. XV s. t. Et pour VI^{xx} III quintaux de bescuit, qu'il bailla à Bouloigne à Tassart Bin, LXXIII l. XII s. t., par ses lettres de quittance. Pour tout II^c XLVIII l. VI II s.

Somme paie au dit Antoine Scarcefic pour tout : XI^m XXXIII l. II s. IIII d. t. En laquelle somme sont V^m L l. t. du temps des deniers d'or à l'escu, III^m IX^c IIII^{xx} IIII l. XIII s, IIII d. t. du temps des deniers d'or au leon, et IX^c IIII^{xx} XVIII l. VIII s. t. du temps des deniers d'or au pavillon.

Item à Nicolose Spinole, à Jennes, pour les gaiges de sa galée des premiers IIII mois dessus diz, III^m VI^c florins d'or de Florence, par ses lettres de quittance; valent, à XV s. t. la pièce, II^m VII^c l. t.

Item pour lui, à Casan Spinole, puis que les galées furent venues ès parties par deçà, sur les gaiges de sa dite galée deserviz et à deservir, XVIII^c florins d'or, tout en escuz d'or pour XX s. t la pièce, par ses lettres de quittance; valent, pour XV s. t. la pièce, XIII^c L l t.

Somme paie au dit Nicolose Spinole pour tout IIII^m L l. t., tout du temps des escuz d'or pour XX s. t. la pièce. Et depuis nient, quar l'admirail li donna congié.

Item à Dimenche Gataluse, à Jennes, pour les gaiges

de sa galée des premiers iiii mois dessus diz, iii^m vi^c florins d'or, par ses lettres de quittance; valent à xv s t. la pièce, ii^m vii^c l. t.

Item à lui, puis que les galées furent venues ès parties par deça, sur les gaiges de sa dite galée deserviz et à deservir, xviii^c florins d'or, tout en escuz d'or pour xx s. t. la pièce, par ses lettres de quittance; valent, pour xv s. t. la pièce, xiii^c l l. t. . . . .
. . . .

Somme paiée au dit maistre Gerart: vii^{xx} l. viii s. iiii d. t.; en laquelle somme sont xxx l. t. du temps des deniers d'or à l'escu, et iiii^{xx} xi l. xiii s. iiii d. du temps des deniers d'or au lyon, et xviii l. xv s. t. du temps des deniers d'or au pavillon.

Item à messire Nicole de Crani, chapellain du dit messire Charles[1], pour ses gaiges de xvii mois et xxi jour, c'est assavoir du mois de may l'an xxxviii jusques au premier jour d'octobre l'an xxxix, compté un mois pour son retour, au pris de v florins le mois, iiii^{xx}iii florins vii s. vi d. en deniers d'or au pavillon, par ses lettres de quittance, valent, à compter xviii s. ix d. t. le florin, lxxviii l. iii s. ix d.

Item à Bernart de la Massourre, sergent d'armes du roy nostre sire, commis ovecques nous pour la dite armée, par mandement des thresoriers et lettres de quittance de lui, et les lui baillasmes à Jennes et à Nice en florins, pour xv s. t. la pièce, vi^{xx} l. t.

Item à Ayton Dorie, à Jennes, ii^m iii^c florins d'or,

---

[1] Sans doute Grimaldi.

lesquiex nous li avions prestez pour aprester et faire delivrer les galées de l'armée, et depuis nostre sire le roy les li a donnez, par mandement du roy et quittance du dit Ayton Dorie, valent, à xv s. la pièce, xviii^c l. t.

Item à messire Benoit de Chastillon, à Jennes, qui ordenna les convenances des galées de Jennes, vi florins d'or, valent, à xv s. t. la pièce, iiii l. x s. t.

Item à Janvier de Cornille, notoire de la Court de Jennes, pour enregistrer les dites convenances, vi florins, valent, au dit pris, iiii l. x s. t.

Item à maistre Jehan Cravy, notoire de Nice, pour ciii instrumenz faiz par lui, tant des convenances comme des recognoissance et quittance des patrons, par sa lettre de quittance, iiii^{xx} xviii florins et demi, valent, au dit pris, lxxiii l. xvii s. vi d.

Item à maistre Pierre Mercadier, pour sembleble, lxxvi florins, valent, au pris que dessus, lvii l. t.

Item pour ii granz estandarz, un petit, xl banières de cendal des armes du roy, et xl banières d'estamine des armes de l'admiral, iii pennonciaux pour les trompeurs et la trompéte des xl galées, et ii tentes de drap, l'une pour l'admirail, l'autre pour Bernart de la Masseurre, les parties au dos, tant par certification de l'admirail comme de messire Charles et de Ayton Dorie, vi^e lxiii florins et x d. jenneuis, valent, le florin à xv s. t., iiii^c iiii^{xx} xvii l. v s. vi d.

Item pour xxxvii^m viretons achetez à Jennes et à Pise, c'est assavoir xviii^m soudez, au pris de ix l. de jenneuis le millier, valent clxii l. jenneuis, et xv^m et v^c non soudez, au pris de vii l. jenneuis le millier, valent cviii l. x s. jenneuis, et pour iiim vc achetez à Pise, qui coustèrent en somme xlvi l. vi s. vi d. pisans, valent, à compter le florin xxv s. jenneuis et xl s. pisans, iic xxxix florins, v s. vi d. jenneuis, valent, au pris dessus dit, les parties au dos, viiixxxix l. viii s. iiii d. Et furent les diz viretons mis en la galée Ayton Dorie, si comme il appert par ses lettres de certifficacion.

Item pour change fait avéques pluseurs marcheans de xxxiim iiiic florins d'or, lesquiex il nous baillièrent à Jennes, et nous les leur feismes baillier à Avignon, les parties au dos, et est assavoir que nous ne comptons riens de portage des diz deniers ne conduit d'Avignon à Jennes, viic lxxviii florins d'or, valent, à xv s. t. la pièce, vc iiiixx xi l. xv s. xi d. t.

Item pour dechiet de lxviiim ixc lxxvi florins d'or de Florence, achatez à Avignon de pluseurs personnes à divers pris, à deniers d'or à l'escu et autre monnoie, outre le pris de xv s. t. la pièce payez aus diz patrons à Jennes et à Morgue, et nous ne les prenons en despense que pour xv s. t. la pièce, les parties de l'achat au dos iim viic xlii l. v s. ix d. t.

Item pour portage de monnoye, c'est assavoir de Carcassonne à Montpellier, à Nymes, à Avignon et à Nyce, les parties en un rolle baillié à court, ou temps des escuz en florins d'or pour xv s. t. la pièce iic iiiixx xviii l. xi s. t.

Item pour messages envoyez du xie jour de novembre l'an xxxvii jusques au derrenier jour de may l'an xxxviii, monnoie courant un escu pour xx s. t., les parties en un rolle baillié à court, iiiic iiiixx i l. xvi s. ii d. t.

Item pour les despens de Thore du Puy, Bernart de la Massourre et Marquis Scatisse, faiz du xxx⁰ jour de novembre l'an xxxvii que il se partirent de Nymes pour aler à Nyce, à Morgue et à Jennes, à xv chevaux, et furent touz ensemble juques au xv⁰ jour de decembre ensuivant que les diz Bernart et Marquis se partirent de Nyce pour aler à Jennes à x chevaux, et revindrent à Morgue et à Nyce le iiii⁰ jour de fevrier ensuivant, et demourèrent juques au xvi⁰ jour du dit moys que le dit Bernart se parti pour venir en France, et le dit Marquis pour retourner à Jennes, et pour les despens du dit Thore qui demoura à Nyce et à Morgue, et pour ceulz de Marquis, tant en alant à Jennes comme demourant et retournant à Paris, et revindrent le xxv jour de juillet l'an xxxviii, c'est assavoir pour ii⁰ xxxviii jours, desquiex le dit Bernart fu avéques eulz par iiii^{xx} iiii jours, pour chascun jour. . . . . ¹.

Item pour dechiet de xxviii^{m} iiii^{c} iiii^{xx} deniers d'or à l'escu, achatez à deniers d'argent à la couronne, outre le pris de xx s. t., pour faire payement aus patrons, depuis le xxv⁰ jour de juillet l'an xxxviii, que les diz Thore et Marquis furent revenuz en France, des deniers que il ont receuz des tresoriers et d'autres personnes, comme appert par la recepte et courretage, les parties au dos, iii^{c} ii l. xii s. x d. t.

Item pour amendement d'un cheval morel, lequel fu mort à Nyce, l'an xxxviii, si comme il appert par instrument sur ce fait, et lequel Thore du Puy avoit

---

¹ La fin de cet article est restée en blanc.

acheté pour aler ou dit voyage, l'an CCC XXXVII, XXXII l. x s. t.

Item à François de l'Ospital, clerc des arbalestriers du roy nostre sire, par ses lettres de quittance, VIII^c LV deniers d'or à l'escu, VIII^c LV l. t.

Item à plusieurs marrenniers qui furent de la galée Cassan Spinole, qui furent retenuz avecques les autres patrons, du mandement de l'admirail, certificacion de Ayton Dorie et quittance d'eulx, en deniers d'or au lyon pour XXV s. t. la pièce, et en deniers d'argent à la coronne, les parties en un role avecques les dites lettres, VIII^{xx} V l. IX s. t.

Item à Andrieu esclavon demorant à Jennes, tant pour l'achat de III^{xx}VII^m viretons achetez à Jennes, III^m pavoiz achetez à Pise par le dit Andrieu, comme pour ses despens et autres faiz sur ce par mandement du roy nostre sire fait à nous par ses lettres, les parties en un role baillié à court, avecques les lettres du mandement et quittance du dit Andrieu . . . .[1].

Parties de III^c IIII^{xx} XVIII l. VIII d. t. paiées pour estandarz et bannières et autres choses neccessaires pour les galées, acheteéz à Jennes, dont mencion est faite au blanc de ce role.

Premièrement pour un grant estandart fait à Jennes des armes de France, d'or fin batu, pour la galée Ayton Dorie, et pour un autre petit estandart des dites armes, en somme VIII^{xx}XIX florins XV d. jenneuis,

---

[1] La suite manque. — Les comptes particuliers qu'on va lire sont copiés au dos du rouleau.

valent, à compter le florin xv s. t. et xxv s. jenneuis, vi^{xx}xiiii l. v s. ix d. t.

Et pour un autre estandart et une antenne, une pome dorée et une fleur de lis pour la galée messire Charles des Grimaux, vii^{xx}vi florins xi s. viii d. jenneuis ; valent, au pris dessus, cix l. xvii s. t.

Et pour iii penonciaux des dites armes pour ii trompeurs et une trompéte, vii florins xii s. jenneuis ; valent, au dit pris, cxii s. x d. t.

Et pour xl bannières de cendal des armes de France pour les xl galées, c'est assavoir pour xl pièces de cendal ynde et pour xxii pièces de cendal jaune, vi^{xx}xii florins, et pour la façon des dites bannières lxxiii florins xv s. jenneuis ; monte pour tout ii^c vi florins xv s. jenneuis, qui valent, au pris dessus dit, cliiii l. xix s. t.

Et pour xl bannières d'estamine des armes de l'admirail pour les dites galées, xliiii florins ; valent, au dit pris. xxxiii l. t.

Et pour un pennoncel d'estamine des armes de France, pour le lign, ii florins ; valent xxx s. t.

Et pour une tente de drap faite des armes de France pour la galée Ayton Dorie, où l'admirail ala, laquelle fu faite de son commandement, liiii florins, xxi s. iii d. jenneuis ; valent, au pris dessus dit, xli l. ii s. ix d. t. et i d. jenneuis.

Et pour une autre tente pour la galée Agamelon des Grimaux, où ala Bernart de la Masseurre, xxii florins ; valent, au dit pris, xvi l. x s. t.

Pour toile cirée, i florin xiiii s. de jenneuis ; valent xxiii s. iiii d. t.

Parties de v^c iii^{xx} xi l. xv s. xi d. comptez ou blanc pour change de xxxii^m iii^c florins.

Premièrement pour xvi^m florins pris à Jennes de Thomas Bauguoys, de la compagnie des Peruches par Marquis Scatisse, et il les fist baillier à Avignon par sa lettre à Henry Rodelos, et fu pour le derrenier payement que on fist à Jennes le premier jour d'avril l'an xxxviii, laquelle somme de florins coustèrent ii florins le cent, si comme on les changoit à Jennes adonques, iii^c xx florins; valent, à xv s. t. la pièce, ii^c l l. t.

Item pour viii^m florins pris à Jennes de Lyonnel de Vivaut et de Pascal de la Porte pour faire le dit payement, lesquiex le dit Marquis li fist baillier à Avignon par le dit Henry, et coustèrent ii florins et demi le cent, ii^c florins; valent, pour xv s. t. la pièce, vii^{xx} x l. t.

Item pour viii^c florins pris à Jennes de Françoys Saul par le dit Marquis pour la dite cause, et il le manda payer à Pise, à Galdel Sesmonde, et coustèrent i florin et demi le cent, xii florins; valent, comme dessus, ix l. t.

Item pour iiii^m c florins pris à Jennes du dit Françoys par le dit Marquis pour la dite cause, et il les manda payer à Avignon au dit Henry, et coustèrent en somme iii^{xx} florins; valent, comme dessus, lx l. t.

Item pour m florins pris de Jehan de Poge, à Jennes, par le dit Marquis pour la dite cause, et les li manda payer à Avignon par le dit Henry, et coustèrent i florin et demi le cent, xv florins; valent, comme dessus, xi l. v s. t

Item pour ıı^m v^c florins bailliez à Avignon à la compaignie des Peruches par le dit Henry, et la dite compaignie les rendi à Jennes au dit Marquis pour la dite cause, et coustèrent ıııı^{xx} vı florins, ııı s. xı d. t.; valent, comme dessus, LXIIII l. XIII s. XI d. t.

Item pour courratage de vıı^m florins pris à Jennes de Lyonnel de Minaut, vııı florins; valent vı l. t.

Item pour dechié de vııı^c florins que Pagan du Porche porta de Avignon à Nyce, et les avoit pris pour bons et ne se trouvèrent de poys, x florins; valent vıı l. x s. t.

Item pour courratage de xx^m deniers d'or à l'escu changiez à Avignon à florins de Florence par le dit Henry, xxıı florins; valent xvı l. x s. t.

Item pour courratage de vııı^m LX florins achatez par Renonche Arnulphin en pluseurs parties en pluseurs lieux et de pluseurs personnes, ıx florins; valent vı l. xv s. t.

Item pour courratage de xvı^m florins pris a Jennes de la compagnie des Peruches par le dit Marquis, et les manda payer à Avignon, xvı florins; valent xıı l. t.

Parties de ıı^m vıı^c XLII l. v s. ıx d. t. comptez ou blanc pour dechié de LXVIII^m ıx^c LXVI florins.

Premièrement pour dechié de xv^m vııı^c xxxv florins d'or achatez par Philippe de Poge à Avignon, de la somme de xxxıı^m v^c escuz d'or que les tresoriers envoyèrent à Avignon, lesquiex nous rendons en recepte entre les parties du tresor, et coustèrent les diz florins xv s. ıx d. t. la pièce, à compter un escu pour xx s. t.; pour ce vı^c xxvı l. xvı s. t.

Item pour dechiet de xxv^m ii^c XLI florins achatez à Avignon par Henry Rodelos de la dite somme d'escuz, et coustèrent xv s. x d. t. et la sisiesme partie d'un denier la pièce; pour ce M LXIX l. III s. IX d. t.

Item pour dechié de xxvii^m ix^c florins achatez à Avignon, à Perpignan et à Montpellier, des deniers du subside et d'ailleurs de receptes, xv s. IX d. t. la pièce; pour ce M XLVI l. v s. t.

Parties de iiii^c ii l. XIII s. x d. t. comptez au blanc pour dechié de xxxviii^m III^c IIII^{xx} deniers d'or à l'escu.

Premièrement, pour dechié de xvi^m viii^c xxv deniers d'or à l'escu achatez de plusieurs personnes à Paris et à Rouan, ou moys d'aoust l'an xxxviii, à deniers d'argent à la coronne, pour faire payement aus patrons guelphes et guibelins de ii moys, quant il furent venuz ès parties par deça, c'est assavoir vii^m achatez à Paris, ii d. t. la pièce, et xi^m viii^c xxv achatez à Rouan, iii d. t. la pièce; valent pour tout ix^{xx} i l. ii s. xi d. t.

Item pour courratage, vi l. xviii s. t.

Item pour dechié de xi^m vi^c LV deniers d'or à l'escu; achatez à Paris et à Rouan de pluseurs personnes, à deniers d'argent à la couronne, au moys de septembre et de octobre, pour faire le dit payement, et pour faire prest ou temps à venir, c'est assavoir à Paris par la main Philippe de Poge, ii^m ix^c LXXV escuz, iii ob. parisis la pièce, xxiii l. v s. t.; et vi^m iii^c xxv deniers d'or à l'escu, achatez par la main du dit Philippe, c'est assavoir xiii^c xxxv escuz, iiii d. p. la pièce, les v^m iiii d. et poit[evine] parisis, vii^{xx} l. xi s. vi d. t.; et xii^c LIII escuz achatez à Amiens, par la main de Barthelemi du Drag, v d. t. la pièce, xxv l. v s. vi d. t.; et par la main du dit Marquis, ix^c iiii^{xx}xi escuz, au dit pris, xx l. xii s. xi d. t.

Item pour courratage, iiii l. xvii s. t.

Parties de viii^{xx}xix l. viii s. iiii d. t. paiées pour viretons achetez à Jennes et à Pise dont mention est faite au blanc.

Premièrement pour xxxiii^m v^c viretons achetez à Jennes, c'est assavoir xviii^m soudez pour le pris de ix l. jenneuis le millier, et xv^m v^c non soudez, pour le pris de vii l. jenneuis le millier, montent ii^c LXX l. x s. jenneuis, qui valent ii^c xvi florins x s. jenneuis; et valent, à compter le florin xv s. t. et xxv s. jenneuis, CLXII l vi s. t.

Et pour iii^m v^c viretons non soudez achetez à Pise, pour le pris de v florins le millier, montent xvii florins et demi; valent, au pris que dessus, xiii l. xvii s. vi d. t.

Pour faire porter les diz viretons de Pise à Jennes par mer, iii florins; valent XLV s. t.

Et pour faire porter touz les diz viretons, c'est assavoir LXXIIII caisses, où il avoit en chascune v^c viretons, à l'ostel, et puis de l'ostel en la galée, LVIII s. jenneuis, qui font ii florins VIII s. jenneuis, valent, au pris que dessus, XXXIIII s. x d. t.

Somme : viii^{xx} xix l. viii s. iiii d. t.

121.

Information faite par Jean du Petit Celier, vicomte de Rouen, sur la valeur des héritages de Jean Tassin, de Couronne. — 6 février 1339, v. s.

Climent Lohier..... dit par son serrement que toutes les choses contenues en decré fait le samedi avant la feste Toussains l'an douse [1], ...valoient bien le pris que il furent proisiées; et se il sont decheues depuis, ce n'est pas merveilles, quer les arbres sont envellis, les mesons empiriées et decheues et toutes autres choses, par ce que le chemin n'est mès erré ne frequanté comme il estoit en icelli temps, pour ce que le port [2] de Moulineaux, où toutes marcheandises souloient arriver, est rompu et decheu....

122.

Armement du bateau de Jean Le Boucher, de Leure.
27 février 1339, v. s.

Hue Quieret, chevalier le roy et son admiral, à nostre amé Thomas Fouques, garde du clos des galées du roy nossire à Roen ou à son lieu tenant, salut. Comme nous, de l'auttorité du roy nossire, ayons donné congié à Jehan le Boucher d'armer un crayer à la deffense des parties maritimes, nous vous mandons que au dit

---

[1] 28 octobre 1312.
[2] Le passage.

Jehan vous baillez trois douzaines de lanches, douze plates, douze bachinés garnis, par nom de prest, en retenant ces presentes, aveuc recongnoissance, données à Leure, le xxvii° jour de fevrier, l'an M CCC XXXIX.

123.

Armement du bateau de André de Cailly, d'Harfleur.
27 février 1339, v. s.

Sachent tous que je Andrieu de Cally, de Leure, mestre d'un craier, ai eu et receu de Thomas Fouques... vint plates couvertez de canevas, vint bachinés garnis de pavellons, trente et six lances ferrées, sexante dars ferrés, huit arbalestez prestes, huit baudrez, une casse de carreaux à un pié et quarante escus tous prés..... Donné à Harefleu, sous mon seel, diemence xxvii° jour de fevrier, l'an mil CCC XXXIX.

124.

Armement du bateau de Guillaume de la Hogue, d'Harfleur.
7 mars 1339.

Sachent tous que je Guillaume de la Hogue, de Leure, maistre et gouverneur d'une des barges du roy nostre sire, ay eu et receu de Thomas Fouquez, garde du clos des galées du dit seigneur à Rouan, par mandement de Nicole Helie, sergent d'armes du dit seigneur et et vis-admiral, les armeures et artilleries qui ensuivent, pour distribuer à plusieurs personnes qui doivent aler dedens la dicte barge et dedens 1 batel en ceste presente armée, c'est asssavoir cent platez, dont il en i a iiii^{xx} couvertes de canevas, et xx d'Alemaigne couvertez de plusieurs couvertures, cent bachinez garnis de pavellons et gorgières de coton, six vins escus garnis, six vins lances ferréez, vint arbalestes prestes, vint baudrez et chinc casses de carreaux à un pié; desquelles armeures et artilleries je me tien à bien paié, et les promet à rendre au roy nostre sire ou à son commandement, toutes fois que on les me demandera. Donné à Harefleu, sous mon seel, mardi viie jour de mars, l'an mil ccc xxxix.

125.

Armes reçues par l'écrivain d'une galée du roi à Harfleur.
25 mars 1339, v s.

Sachent tous que je Jehan Maissele, escrivain d'une galée qui est le roy, laquelle est ordenée pour venir en l'armée presentement ordenée pour seccourre le navire marcheant qui est demouré en Bretaigne pour doubte d'anemis, de laquelle armée Nicole Helie, sergent d'armes du roy nostre sire et vis-admiral, est capitaine, ay eu et receu de Thomas Fouques, garde du clos des galées du dit seigneur à Rouan, par la main Godeffroy des Noettes, son lieutenant, les armeures et artilleries qui ensievent, c'est assavoir deuz cens plates, dont il en i a ii couvertes de bourde eschiquetée, et les autres de canevas, deus gog[ères] de plates de janez, uns bras de plates de janez, deuz cens bachinés garnis de pavellons et gorgières de coton, sept vins deus pavois garnis, dont il en i a xx des armes de France, cinquante huit escus des dites armes, deuz cens lances ferrées, vint chinc arbalestes prestes, vint chinc baudrés, huit casses de carreaux, un gaillart et une banère des armes de France, et une banère des armes monseigneur l'admiral..... Donné à Harefleu, sous mon seel, samedi xxv° jour de mars, l'an mil ccc trente et neuf.

126.

Armement du bâtiment de Guillaume de Bordeaux.
26 mars 1339, v. s.

Nicolas Heliez, sergent d'armes du roy nostre sire et vis-admiral, à nostre amé Thomas Fouques, garde du clos des gallées du dit seingneur à Rouen, ou à son lieutenant, salut. Nous vous mandons que à Guillaume de Bourdeaus, mestre de la cogue qui est le roy, qui doit venir en l'armée ordenée pour secourre le naville que est demouré pour doubte d'ennemis ès partiez de Bretaingne, et de laquelle armée nous summez capitaine, vous balliez et delivrez lez armeurez et artilleries qui s'ensuient, c'est asavoir IIII^{xx} xiiii paire de platez, IIII^{xx} xiiii bachins, c que pavieis que escus, c lancez, II^c dars, xxx arbalestez, xxx baudrez, iiii coffres quarreaus, II coffrez [de] viretons, I garrot, II coffrèz de quarreaus appartenant à ycelluy, en retenant cez presentes, avecques lettrez de recongnissance. Donné à Leure, sous nostre seel, le xxvi⁰ jour de mars, l'an M CCC XXXIX.

127.

Armement de la nef de Jean Le Boucher, de Caen.
26 mars 1339, v. s.

Nicolas Heliez, sergent d'armes du roy notre sire et vis-admiral, à nostre amé Thomas Fouques, garde du clos des gallées du dit seingneur à Rouen, ou à son lieutenant, salut. Nous vous mandons que à Johan le Boucher, mestre de la nef Nostre Dame de Caen, que doit venir en l'armée presentement ordenée pour secourre le naville que est pour doubte d'ennemis ès partiez de Bretaingne, de laquelle armée nous sonmez ordenez capitaine, vous bailliés et delivrés les armeures et artilleries qui s'ensuient, c'est à savoir xx arbalestrez, xx baudrez, IIII coffrez de quarreaus, II coffrez de viretons, I garrot, II coffrez de quarreaus appartenans à ycelluy, XII paire de platez, XII bachins garnis, c lancez, II^c dars, c que pavez que escus, en retenant cez presentez, avec lettrez de recongnissance. Donné à Leure, sous nostre seel, le xxvie jour de mars, l'an M CCC XXXIX.

128.

Armement de la nef de Guillaume Tourneville, de Leure.
26 mars 1339, v. s.

Pareil mandement pour délivrer à Guillaume Tourneville, le jeune, maitre de la nef Sainte Catherine de Leure, « cent paviers que escus, cent lances, ii^c dars, xxx arbalestes, xxx baudres, vi coffres de viretons et quarreaus, un garrot et un coffre de quarreaux appartenans à yceluy. Donné à Hareflue, le xxvi jour de mars, l'an M CCC XXXIX. »

129.

Armement de la nef de Jean Le Boucher, de Caen.
27 mars 1339, v. s.

Jehan le Boucher, maitre de la nef Notre Dame de Caen, reçoit de Thomas Fouques « vint arbalestes, vint baudrés, six casses de carreaux, un garrot fourny, deus casses de carreaux à garrot, douze plates, douze bachinés garnis de pavellons, cent lances ferrées, cent dars ferrés et cent pavois et escus. Donné à Hareflue, sous mon seel, lundi xxvii de mars, l'an M CCC XXXIX. »

130.

Armement de la nef de Guillaume Tourneville, de Leure.
27 mars 1339, v. s.

Guillaume Tourneville, le jeune, de Leure, maitre de la nef Sainte Catherine de Leure, reçoit de Thomas

Fouques « cent targes, pavois et escus, cent lancez ferrées, cent dars ferrés, trente arbalestes, trente baudrez, six casses de carreaux, un garrot fourny de deux vraies cordes et une fausse, et une casse de carreaux à garrot. Donné à Hareflue, sous mon seel, lundi xxvii° jour de mars, l'an mil CCC XXXIX. »

131.

Armement du bateau de Raoul Rose, d'Honfleur.
27 mars 1339, v. s.

Sachent tous que je Raoul Rose, maistre de la Magdaléne, qui est le roy, laquelle est ordenée pour venir en l'armée presente pour secourre le navire marcheant etc.... ay eu et receu de Thonmas Fouques... cent escus, cent lancez ferréez, cent dars ferrez, trente arbalestes, trente baudrez, quatre casses de carreaux, deus casses de viretons, un garrot fourny et deus coffres de carreaux à garrot.... Donné à Hareflue, sous mon seel, lundi xxvii° jour de mars, l'an M CCC XXXIX.

132.

Armement du bateau de Guillaume de la Hogue, de Caen.
28 mars 1339, v. s.

Sachent tous que je Guillaume de la Hogue, mestre de la Thomasséte de Caen, laquele est retenue pour aler en l'année présente ordenée pour secourre le navire etc.. ay eu et recheu de Thonmas Fouques..... dis arbalestez prestez, dis baudrez garnis, deux casses de carreaux à un pié, un garrot garny de tous poins et deux casses de carreaux à garrot.... Donné à Hareflue, sous mon seel, mardi xxviii® jour de mars, l'an mil ccc trente et neuf.

133.

Fragments d'un compte du bailliage de Caux.
Vers 1340 (?).

Parties de leux et de leuves.

Pour leux pris en la viconté de Monstiervillier. — A Guyot et Vacoville, forestiers ès bois de Halates, pour v leux et une leuve par eulz pris ès diz bois, xxxv s. — Item aus forestiers dez boiz des Hogez, pour ii leux et une leuve pris par eulz ès diz bois, xx s. — Item aus forestiers dez bois de Tancarville, pour iiii leux pris ès bois du dit lieu, xx s. — Item pour un leuf et une leuve pris par le veneur Colart d'Estouteville, xv s. — Item pour ii leux pris ès bois de Raoultot (?) par les forestiers d'ilec, x s. — Item aus forestiers dez bois de Tancarville, pour i leu et une leuve par eulz pris ès diz bois, xv.

Item en la viconté de Caudebec. — Pour iii leux et ii leuvez pris en la forest du Trait par Ricart du Quesne, xxxv s. — Item pour i leuf et une leuve pris ès boys de Caniel par Ricart Gueroult, xv s. — Item pour une leuve prise en la forest du Trait par le fils Guillaume Torel, x s.

Item en la viconté du Noefchastel et d'Arches. — Pour une leuve prise entre Manières et Freelles, aportée par Mahieu Ricouart, x s. — Pour ii leux et une leuve pris ès boys de Luchi, apportez par Thomas Bonmartel, xx s.

Somme : x l. v s.

Pour querre, espier et prendre mafaiteurs.

Pour querre et espier Adan le Jay, soupeçonné d'avoir murtry et ochise la fame Guillaume de Grouchi, quis et espié ès parties des bois de Halattez, du Quif de Caux, de Leure, de Harefleu et environ, où l'en disoit qu'il se demuchoit pour le dit cas, quis et espié par Philippe Cucu, Guillaume Adam, Johan de Boez et Pierres le Portier, sergens à ce commis, pour iiii jours qu'il furent à ce faire, pour les despens d'culz, de leurs vallés et de leur chevalx, pour jour xx s., valent iiii l.

Pour querir, espier et prendre par Raul de la Montaingne, sergent de Cany, Guillaume et Johan lez Oyseleurs, dis les Coustriaus, souppeçonnez de plusseurs larechins, qui de la prison de Cany s'estoient eschappez et s'enfuirent en la ville de Rouen en laquelle le dit Raul les poursui en sa compagnie son sous sergent et ii dez sergens du maire de Rouen et les pristrent, desquiex c'est assavoir le dit Johan fu rendu à l'official pour ce qu'il estoit clerc, et le dit Guillaume ramené en la geolle de Caudebec et i est encore, et demourerent le dit Raul et son souz sergent en faisant ceste besoingne vi jours, pour les despens d'iceulz et de leurs chevalx, par jour xv s., valent iiii l. x s.

Pour querre et espier Regnaut le Moingne et Johan du Tournoy par Johan Trenquedenier en la compagnie Nivelet de Courpez à ce commis de par le lieutenant du bailli lesquieux estoient souppçonnez d'une roberie faite de nuit à Rogierre la Vassouresse, adonc demourant à Alouville, et le quistrent par vii jours, et trouva le dit Trenquedenier le dit Regnaut et le pris et depuis li eschappa et sailli en l'aumosne de laquelle il est departis sanz ce qu'il puisse avoir esté pris, et sont lez dis souppeçonnés mis ès appiaux pour les despens des diz Johan Trenquedenier et Nivelet, à chascun ii s. vi d. par jour, valent xxxv s.

Parties de la despence faite pour mener prisonniers de lieu en autre.

Premierement pour les despenz de Richart de Franch[oy] et de Jehan de Sery, sergenz de monsseigneur le duc au Noef Chastel et d'un de leurs vallez qui se partirent du Noefchastel le lundi avant la Saint Mahieu, du commandement du bailli, allèrent à Amienz querre Aenguerren Gosier, lequel le dit bailli avoit fait métre en prison au dit lieu pour la mort de Henry Guillebert de Monstiervillier, et demourèrent deux jours, en leur compaingnie i homme et i cheval sur quoy le dit prisonnier vint au Noefchastel, et i homme de pié, pour lez despens déz dis sergenz, pour chascun x s. pour jour, valent xl s. — Pour le saillaire dudit voiturier et de son cheval, pour ii jours, xii s. — Pour le sallaire du dit homme à pié pour les ii jours, vi s. — Pour les despenz du dit Richart et Robert de Heudelimont, sergens, et de leur valet, pour mener le dit Engerran du Noefchastel à Monstiervillier, où il fu pendu, et demourrèrent alanz et demouranz au lieu jusques à tant que l'excecucion en fust faite et retournans au Noefchastel vi jours, pour chascun x s. pour jour valent lx s. — Pour le saillaire de ii hommez de pié qui me[nè]rent le dit Enguerran pour iiii jour, à chascun iii s. par jour, valent xxiiii s. — Pour le louage du cheval qui le porta, pour iii jours, xii s.

Pour les despans de Philippe Cucu et de Johan de Biaucamp, sergens de monsseigneur le duc à Monstiervillier, fais en alant de Monstiervillier à Arches, pour mener Guillaume Quesnel de Saint Jouvin, souppconné de la mort du père de sa fame, et demourèrent alanz, demouranz et retournanz au païs v jours, pour iii chevalx et iiii hommes, xx s. pour jour, valent c s. — Pour le louage d'un cheval, pour iiii jours, xii s.

Somme : xiii l. vi s.

134.

Fragment d'un rôle des amendes de la forêt de Breteuil.
Vers 1340 (?)[1].

De Robert des Mareiz, pour l'eritage que il vendi à Estienne de la Mare, ouquel il a souspresture de iii perches, xxx s.

De Robin Sonhein, pour un mur treit sus le roy, v s.

De Colin Denis et de Jaquet Denis, pour x perches prises sus le roy, l s.

[1] Je ne donne que des extraits de ce fragment.

De Henri Harenc, pour ıı perches et demie, x s.

De Lorens Lorée, pour une perche, v s.

De Raoul de Bernai, pour une perche, v s.

Des hoirs P. de Benoi, pour une perche, v s.

De Gilet le Franc, pour vııı perches de haye planceiche faite sus le roy, L s.

De Robin Hays, pour ıııı perches de lonc ıııı piez de lé clos à mur, xx s.

De Rogier Hasart, pour souspresture, où il fist porées comme fermier, xxv s.

Somme : xxxıx l. xıııı s.

Autres amendes des souspréstures de la dite forest, en la parroisse de Baus.

Pour deniers receus du prevost de Baus, pour ce que il dit à une personne qui estoit pour le roy venus à souspréstures jurer que il n'en faisoit ne bien ne loyauté, x l.

De Eustasce Bertaut, pour ıı perches de lonc et ııı piez de lé clos à mur, et l'amenda sans attendre l'enqueste, vııı l.

De Huet Pennier, pour ıı perches et demie de lonc et ı pié de lé, par le serement de ceuls de l'enqueste passée sans saon et sans soupechon, en reparant le fossé, x s.

De Sandrin Boulot et de son parchonnier, pour une bourne assise sus le roy en departant l'eritage d'iceuls, xxx s.

De Guillaume l'Oisel, pour xıı perches de lonc et ııı piez de lé, cavé sus le fossé par les eaues, et par houer et beschier, xL s.

Des hoirs Guillaume de Bonneville, qui ont vendu

l'eritage où estoit la souspresture de vi piez de lonc et iiii piez de lé, à lever sus ceuls qui tiennent l'eritage, xl s.

Pour deniers receuz de Adam le Boscheron, pour sousprestures où il ficha piex, et puis les osta quant il oy dire que l'en verroit ès sousprestures, v. s.

De Dous Byaufou, pour ii perches, xx s.

Jehan Auber, pour ii perches, xx s.

De Guillot Laillier, pour vi perches clos à haye, xxx s.

Somme : xxxix l. xix s.

135.

Fragment d'un compte des œuvres de la vicomté de Bayeux.
Vers 1340 (?).

Les œuvres des halles de la dite visconté....

Oeuvres faites as manoirs du Bur par le maistre du Bur.

Pour carpenterie faite par Johan Barbei pour la couverture d'escende sur Saint Nicolas, xi l. xix s. vi d.

Pour vi perques de palis touz neufs entour les manoirs du Bur, lxxv s.

.... Pour verrières faites toutes neuves et pour autres appareillier en la chapéle Saint Nicolas, l s.

Pour iii touailles à autel, xx s. — Pour touailles à mains et pour une couverture au messel, iiii s. — Pour uns corporeaus, xii s. — Pour une criéte à vin, xvııı d. — Pour une custode au calice, xv d. — Pour une cuillier d'argent pour le calice, xx d.....

Somme : xxxıııı l. xxıı d.

136.

Fragment d'un compte des œuvres de la vicomté de Falaise.
Vers 1340 (?).

Le chastel de Faloise.

Pour non compté au terme de la Saint Michiel derrenièrement passée, pour trois douzaines d'ais mises et emploiées en la salle du tinel et en pluseurs autres lieux eu dit chastel, là où mestier estoit, achatées de Colin Repichon et Jehan Herout, xvııı s.

Pour ıı cordes neuves mises eu puis du dit chastel, achatées de Maciée la Cordière, vı s.

Pour couper Lx caretées de bois pris ès bois de Quennivet, pour eschaufer les cheminées du dit chastel, par Guillaume le Gravey, xL s.

Pour les dites caretées de bois admener des diz bois eu dit chastel, pour chascune charetée ıı s. vı d., par le dit Gravey, valent vıı l. x s.

Pour icellui fendre et mettre en gloe, par Guillaume le Butour et Challes des Veiz, xL s.

Pour xvı livres d'estain mises et emploiées es goutières du dit chastel, par tout là ou mestier estoit, achatées de Raoul Doguet, chacune livre xxıı d., valent xxıx s. ıııı d.

Pour xiiii livres de ciment, dont l'on a enchimenté les dites goutières, achatées du dit Doguet, chascune livre xii d., valent xiiii s.

Pour le dit estain, chiment et xl livres de plon qui estoient en garnison eu dit chastel mettre en oeuvre ès dites goutières, par maistre Raol le Plonmier, pour ce faire xv jours, xx d. par jour, xxv s.

Pour charbon aus choses dessus dites faire, achaté de Jehan Herout, xx s.

Pour i vallet qui le servi tout le temps dessus dit, xii d. par jour, valent xv s.

Pour viii verges de fer mises ès fenestres de la chappelle du dit chastel, achatées de Robert Voisin, iii s.

Pour un dreceour et ii tertres touz neufz mis en la despense du viconte, en la manière que autrefoiz y ont esté; item un huis tout neuf mis en la chambre du dit viconte; item une usserie, une petite fenestre à deux couplez et ii petiz chevrons mis sur icelle usserie, en une chambre prés le viel compteur du dit viconte, et relater la dite usserie par tout là où mestier estoit; item refourmer les siéges où le dit viconte tient ses plez souz porte, une chaere toute neufve faite sur iceuls siéges; item refaire le coulombage du viel compteur par tout là où mestier estoit; pour les choses dessus dites faire, en tasche et par rabais, à Guillaume le Poulinel, xl s.

Pour ii gons, ii vertevéles, mis et emploiez en l'uis de la chambre au viconte par devers le compteur, achatez à Robert Malvoisin, iiii s.

Pour resouder et appareillier les aneaux des ambres du puis du dit chastel, par le dit Voisin, viii d.

Pour i picois pour la garnison du [dit chastel] achaté du dit maistre, iiii s.

Pour iii cleiz mises, c'est assavoir ii en la salle au bailli, et i en la porte de souz la chapelle, achatées de Pierre le Clavier, iii s.

Pour une cleif mis en l'uis de la chambre où les armeures sont et .... les gardes de la serreure du dit huis, par le dit Clavier, xviii d.

Pour une des serreures mises en un des huis de la forteresche, achaté du dit Clavier, iii s.

Pour une serreure mise en l'uis de la chambre où sont les arbalestes pour la garnison du chastel, achaté du dit Clavier, ii s.

Pour lever, rappareillier et asseer la serreure de la première porte de la forteresche, par le dit Clavier, vi d.

Pour une serreure mise en l'uis dessus le chelier au viconte, xx d.

Item pour une serreure mise en la porte devers le vivier, et une clef mise en la porte de la barbecane, ii s. vi d.

Item pour une serreure mise en la tourelle couverte de tuille, iii s.

Pour un touroil mis en l'uis de la chambre au viconte par devers le compteour, et appareiller celui de la porte dessouz la chapelle, ii s. ii d.

Pour un loquet à deux clés et une barre de fer mis en l'uis jouxte la chambre au dit viconte, iii s.

Pour deux couplez mis en une des fenestres de la maison près le dit compteour, xvi d.

Pour une serreure mise en la chambre derrière le compteour, xviii d.

Pour un anel [et une] clenque ovec leur suiance mis en l'uis d'entre la sale et la cuisine, xii d.

Pour trois clefz à loquet mises en l'uis du vieil compteour, et une petite clé mis ès aumaires où l'en met les roulleaux des plez, iii s. vi d.

Pour la serreure mise ou tourniour où l'en met les haubergons, xv d.

Pour une clef mise en la porte derrière les preiz de la barbeqüane, vi d.

Pour curer et neteir les goutières du chastel, pour l'eaue s'en escouloinger, par Guillaume le Poulinel, x s.

Pour iiii verges de drap pers dont l'en a couvert le compteur au viconte, achatées de.... Troitemer, chascune verge viii s., valent xxxii s.

Pour.... et petit clou dont l'en a bordé le dit [compteur]. . . . .
. . . .

137.

Compte des œuvres de la vicomté de Breteuil.
Pâques 1340.

Parties d'euvres faites eu chastel de Bretueil, en la halle, au Desert et ailleurs pour le terme de Pasques CCC XL[1].

[1] Titre mis au dos du tableau : « Oevres de maçonnerie et charpenterie faites en la vicomté de Bretueil au terme de Pasques l'an M CCC XL, prises sur monseigneur le duc au terme de Pasques l'an M CCC XLI. »

Maçonnerie.

Pour sueiller une sole de xxii piez de lonc souz le guernier au chastellain, par tasche, par Jehan de Saint-Victor, descompté un rabez mis sur ce, xv s.

Pour sueiller une autre solle tout du lonc de la cuisine le roy par devers l'estanc, en laquelle a vii tasseaux de pierre, chascun de iii piez de lé et de iiii piez de haut, par le dit Jehan, rabatuz ii rabés mis sur ce, l'un par Jehan Ymbert et l'autre par le dit de Saint Victor, xvi s.

Pour rappareillier et renfourmer le mur du chastel devers le praiel la royne, depuis l'entrée d'icelui praiel jusques à la tour, par tasche et rabés, par le dit de Saint Victor, xxv s.

Pour vuidier et traire hors toute la pierre du puis du chastel et aparfondir le fons d'icelui puis de iii piez plus que il n'estoit, et tant que il y a iii piez d'eaue à pié main et plus, et pour maçonner arrères tout le dit puis bien et suffisanment au regart des genz du duc nostre seigneur, et asseoir la dite maçonnerie, et faire d'une caïse à autre une serche de quarriaus de taille, et a la dite maconnerie ii piez à pié main de lé et plus, et est le haut d'icelle maçonnerie de xi toises et demie et plus de haut au rès de terre; et a pris celui qui ce a fait pierre en la chaucée des moulins devers la meson Nicolas de la Vente; et pour ce que il n'en y avoit pas assez de taille pour les dites serches faire, il a trouvé du sien le seurplus : pour ce faire de chaux, de sablon et de chyment là ù mestier a esté, et querir toutes choses, quelles que elles soient, à ce necessaires, excepté la chaux, le sablon et le chyment tant seulement, que les genz du dit seigneur ont livré, par tasche, par le dit Jehan de Saint Victor, par xv l., pour ice rabatuz II rabés mis sur ce, l'un par le dit Jehan de Saint Victor et l'autre par Robert Piel et Jehan Ymbert, XII l.

Pour toute la chaux qui a esté mise et emploié eu dit puis achatée par tasche à Jehan l'Englois de Saintte Marguarite, pour ce que icelui puis est si près des murs de la chambre le roy, quer il eust empiré yceuz murs se il eust esté fait à sec, deduit un rabés mis sur ce, par icelui, LXXII s.

Pour sablon traire et chargier ès tumberiaux, pour ce faire, XII s. VI d.

Pour quatre voitures à amener icelui sablon, par IIII jours, c'est assavoir Michiel le Seesne I jour, Perier I jour, et Jehan le Cheron II jonrs, IIII s. pour chascune charrette, XVI s.

Pour faire une brèche de maçonnnerie qui estoit chaette en la tourelle où le chastellain met son harnoys et armeures, de II toises de lonc et toise et demie de haut, et pour herbeg[ier] une solle en icelle tourelle, et pour asseoir les gons, faire une fueillure à l'uisserie, pour renfourmer une huisserie qui est ainsi comme l'en monte ès degrès à aler ès quarneaus, renfourmer une brèche qui est en l'estable où le chastellain met ses chevaus, refaire une cheminée toute nuefve, du mantel jusques au haut des quarneaus, laquelle est chaette, et joint as diz quarneaus de la tourelle dessus dite; et pour faire une brèche qui est chaette eu mur, si comme l'en monte en la haute salle, et pour la cercher jusques au certain, par tasche et rabés, par le dit Jehan de Saint Victor, et pour chaux, sablon, charoy et toutes autres choses à ce necessaires, ix l. x s.

Pour curer le dit puis, par tasche, deduit un rabés mis sur ce par Jehan Garin, tantost que icelui puis fu fait, pour la chaux, pierre, terre et autres choses qui y estoient chaes au faire, xxi s.

Pour nettoier la cour et oster les terres et pierres qui y estoient demourez de la vuidenge du dit puis, par tasche et rabés, par le dit Guerin, vi s.

Pour la charrette Perier à ii chevaux, pour iiii jours, à porter les dites terres et pierres hors du dit chastel par devers le boys, xiii s.

Pour curer autre foiz le dit puis, pour ce que l'eaue n'estoit pas encores bien afinée, par tasche et rabés, par le dit Guerin, xii s.

Pour paver tout de nuef le planchié de la tourelle où le chastellain met son hernoys, pour ce que icelui chastellain a fait un guernier sur le dit planchié, et son hernoys est sus les trefs, c'est assavoir pour plastre achaté de Guillaume Tabouret xiii s.; pour ycelui plastre cuire, batre et mettre en euvre, par Jehan de Saint Victor et Ren[ier] le Tieullier, pour tout xxvi s.

Pour renfourmer bien et suffisaument la cheminée de la cuisine de la bouche du roy, et querir jusques au certain; pour renfourmer la cheminée de la meson au chastellain aus engins, et querir jusques au certain, et pour plastre mis en un des costés qui estoit tout rompu, et feust toute chaette; pour renfourmer une brèche d'une toise quarrée ès apentiz sus les estables ainsi comme l'en monte ès quarneaus du fort chastel, renfourmer uue arche qui cheoit illec; pour faire une brèche illec qui estoit endroit les pos; pour hebergier et estouper ii fenestres du commandement au chastellain, chascune de iii piez de haut et de iii piez de lé, en la tourelle au chastellain; pour ce faire bien et suffisanment, par tasche et rabés, par le dit de Saint Victor, et a tout trouvé ce qui à ce estoit necessaire, LVI s.

Pour xvi toises et demie de pavement et chaucée fait tout nuef de pierre de grès environ le puis, depuis la despense au chastellain jusques au degré par où l'en entre en la salle d'icelui, pour ce que les terres de la court et d'environ le dit puis sont toutes geteisses, et y a gravoys, par quoy les eaues couroient eu dit puis au dedevant, et pour [ce] le convint il refaire, fait par tasche et rabés par Robert Piel, xii s. pour toise, pour pierre, charoy et mettre en euvre, ix l. xviii s.

Pour torcheis fait par Jehan Guerin en l'estable au viconte de Meleun où le chastellain met ses vaches, et en la cohuete près du pont du chastel, en la meson de la geole par terre, eu bout si comme l'en va à la fosse, viii s.

Somme: XLVI l. vii s. vi d.

Charpenterie.

Pour une goutière assise eu bout de la halle de Bretueil sus l'entrée devers la meson Pierre de la Vallée, de x piez de lonc, pour paine à ce faire, par tasche et rabés, par Robin Pelerin, vi s.

Pour la cohue au prevost appareillier d'une coulombe d'espeur tout neuf, et reclorre en plureurs lieux, et faire y une fenestre, pour bois abatre et pour paine à ce faire, par tasche et rabés, par icelui Pelerin, vi s.; et par le prevost, iii s. vi d.

Pour appareillier la meson de la Heronnerie pour les chiens monseigneur d'Alençon, qui fu baillée à compter à Pasques ccc xxxviii, et il ne fu pas compté, et fu rappareilliée d'espeur et d'ais, pour iii jours du dit Pelerin, pour chascun jour ii s. vi d., valent vii s. vi d., et pour son vallet iii jours, xviii d. par jour, valent iiii s. vi d.; pour toutes ces journées xii s.

Pour iiic de clou à chantier mis illec, pour chascun cent x d., ii s. vi d.

Pour redrecier, relever et appareillier rateliers et mangoueres ès estables au chastellain en plurieurs lieux, pour clou, pour boys à ce faire, par tasche et rabés, par le dit Pelerin, xii s.

Pour nettoier les goutières de plon et plurieurs autres et les quarneaus parmi le chastel, par le dit Pelerin, xx s.

Pour vuidier terre en l'alée de la cuisine de Bretueil, en alant d'icelle cuisine à la poterne par laquelle l'en prent l'eaue, par Ren[ier] le Tieullier, du commandement des genz monseigneur d'Alençon, pour iii jours, xii d. par jour, iii s.

Pour oster la charpenterie qui estoit sur le puis dessus dit quant l'en le fist nuef et remettre en son estat par le dit Pelerin, et plurieurs aid[èrent] avec luy, x s.

Pour une corde toute nuefve pour le dit puis, pour ce que l'autre qui y estoit estoit toute usée, vii s.

Pour euvres faites en la ville eu costé par devers la mare : pour lever touz les poos d'icelui costé qui estoient fondus, et pour mettre en icelui costé entre ii poos vielz un poost nuef, de x piez de lonc, pour les estellées qui estoient trop longues et s'estoient trop abessiées en plurieurs lieux; et pour mettre xvii chevrons, chascun de xxxii piez de lonc mis en euvre; et pour faire en icelui lieu une double fenestre à apentiz sus les estauz aus taneurs, pour ce que les autres estoient pourries; pour relater dessus les diz chevrons; pour doler la late; pour redrecier l'autre costé où mestier estoit, et faire les estaus aus taneurs et aus drapiers; pour charoy, pour estaies, pour seage, pour clou, par tasche et rabés, par le dit Pelerin, pour toute paine à ce faire, rendu tout fait sus le lieu, excepté le bois que l'en lui a trouvé en estant tant seulement, vii l.

Pour faire la charpenterie du grant degré par où l'en monte en la chambre le roy, mettre une sole de xviii piez de lonc, et asseoir les pas d'icelui degré, tous que trois qui y sont demourez, c'est assavoir pour le bois abatre, seage, charrier, charpent[er] et mis en euvre, par tasche et rabés, par le dit Pelerin, vi livres.

Pour faire ii fenestres nuefves enchasilliées et tresliées eu bas celier du dit chastel, et sont seellées à plastre, pour boys abatre, seage, charoy et pour clou, par le dit Pelerin, x s.

Pour rappareillier la clóeson de l'alée de la prison, et pour mettre une entretoise, et pour faire serres sus les tasseaus de la salle de la vieille cuisine, par le dit Pelerin, 1 jour, 11 s. v1 d., et pour Colin et Guillaume de la Haie, chascun 1 jour, xx d. par jour, 111 s, 1111 d.; pour tout v s. x d.

Pour rappareillier les estables de la Heronnerie, où l'en met les chevaux au viconte de Meleun, pour changer entretoises et mettre deux parnes, chascune de L piez de lonc; et pour mettre corbeaux et liens qui porteront unes parnes par devers les praiaux illec, pour les eaues qui les pourrissoient; et pour mettre xxv chevronz touz nuefs, later illec; et pour mettre 11 solles par dessouz eu bas costé, chascun de v1 piez de lonc, et en chascune sole se ferme un lien; et pour refaire et relever une cloeson d'ais qui est depuis les estables jusques au fenil; pour charoy, pour boys abatre, late, clou et pour paine, par tasche et rabés, par le dit Pelerin, LXX s.

Pour abatre XLVI grans arbres en Bele Lande, doler et escarrir, livrez pour faire un grant greil en l'entrée du grant estanc par où la ryvière entre afin d'arrester le poisson, lequel en temps de fri monte amont la ryvière et part d'icelui estanc, et le prennent les genz qui illecques ont leurs peescheries, et y estoit le duc nostre sire chascun an moult grandement domagié, et ont esté abatuz et esbochiez seulement, par tasche et rabés, par le dit Pelerin, 1111 l. v111 s. Et est assavoir que la façon du dit greil comptera xx1111 l., se l'en veult que il soit fait par tasche et rabés par le dit Pelerin, dont l'en ne compte rienz à present, pour ce que il n'est fait.

Pour amener et charier les XLVI arbres dessus diz, que a amenez Robert Amis du dit lieu de Bele Lande eu dit chastel, par tasche, deduit un rabés sur ce mis, par le dit Amis, VI l. x s.

Pour IX^m d'esceulle emploiez sus la meson du roy où le chastellain demeure quant il est au Desert, par Robin Solain et Guillaume de la Mare, pour bois abatre, fendre, doler, charier et mettre en euvre, et pour clou, par tasche et rabés, XII s. VI d. pour millier, CXII s. VI d.

Pour autres III^m d'escenlle, abatre le boys, fendre, doler, charier et est demourée en la dite meson preste pour mettre en euvre, VII s. pour millier, XXI s.

Pour autres XXVI^m d'escenlle mis et emploiez eu chastel de Bretueil ès apentiz, depuis le bout de la chambre le roy jusques au bout des quarneaux, et sus II degrés illec, et sus la halle de Bretueil eu bout du costé devers la mare, par tasche et rabés, par les diz Robin et Guillaume, pour abatre le boys, fendre, doler et charier, clou et pour paine, XIII s. pour millier, XVI l. XVIII s.

Somme : LV l. XVII s. IIII d.

Somme totale : CII l. IIII s. X d.

138.

5 mai 1340.

Le duc de Normandie, à la prière de sa tante sœur Ysabeau de Valois, religieuse à Poissy, donne à Jehannin des Angles, vallet de la dite dame, une pension viagère de douze parisis par jour à prendre sur la prévôté de Vernon. — « Donné à Maubuisson lez Pontoise, le v⁰ jour de may, l'an de grace mil CCC XL. »

Copie du 3 novembre 1340.

139.

Armement de la nef de Gilbert Lefèvre, d'Harfleur.
24 mai 1340.

Sachent tous que je Guillebert le Fèvre, mestre de la nef Saint Jehan de Hareflue, congnois avoir eu et reçeu de Thomas Fouques, garde du clos des galées du roy nostre sire à Rouen, et des armeures et artilleries du dit seigneur, pour distribuer à certaines personnes qui doyvent aler en ceste presente armée de la mer souls le gouvernement de noble homme et puissant[1], vint et huit plates, dont il en y a VI d'Allemaigne, douse bachinés, trente deuls targes et pavois, chinc arbalestes, sis baudrés, une arbaleste à II piez, trois casses de carreaux, une casse de viretons..... Donné à Hareflue, le mardi XXIIII⁰ jour de may[2] l'an mil CCC XL. Item ai eu et receu du dit Thomas, eu dit jour, depuis que ceste lettre fu escripte, douze cousteaz et douse père de gantelez. Donné comme dessus. Item ay eu et recheu un garrot, et une casse de carreaux à garrot, et vint lanchez ferréez.

---

[1] Le nom a été omis dans l'original.
[2] En 1340, le 24 mai tomba un mercredi.

140.

Armement de la barque de Jean Ligier.
24 mars 1340.

A tous chiauls qui les presentez lettres verront ou orront, Jehan Ligier d'Ordecelle, maistre de la barge Nostre Dame faite à Abbeville, salut. Sachent tous que, par le vertu dez lettres de François Calletot, commis et depputés ès partiez de Picardie de par monseigneur l'amiral et sire Nichole Behuchet à faire et ordener toutes choses pourfitaules pour ceste presente armée de la mer, j'ai eu et recheu de Thumas Fouque, garde du clos des galées du roy nossire à Roen, des armeures et artilleries d'icheluy seigneur par le main de Guiffroy de Hasteville, son lieutenant à Abbeville, pour le garnison de l'armée de le dite barge les chosez qui s'ensievent, est assavoir XL paire de pelatez, XX cotepointez, LX bachinez, LX gorgeretez, XXX lanches, I coffre de carrias, I coffre de viretons de chiaulz qui furent fais à Roen, III arbalestes, et LX que targes que paviers.... Donné au Crotoy, le veille de l'assompttion Nostre Seigneur, l'an M CCC et XL, sous mon seel.

141.

Armement du bâtiment de Guillaume de Bordeaux.
25 mai 1340.

Saichent tous que je Guillaume de Bordeaux, mestre de la cogue Saint Nicolas du roy, congnois avoir eu et receu de Thomas Fouques.... trente plates, quinse bachinés, vint escus, vint pavois, vint et chinc lances, sis arbalestes prestes, une arbaleste à II piez, sept baudrés, quatre casses de carreaux à un pié, une casse de viretons, XII cousteaux, item une arbaleste à tour et le tour et une casse de carreaux pour icelle, un garrot et une casse de carreaux à garrot. .. Donné à Harefleu, le xxve jour de may l'an mil CCC et XL.

142.

25 mai 1340.

Jehan Gieffroy, maitre de la nef Dieu de Caen, reçoit des armes de Thomas Fouques. « Donné à Harefleu, le jeudi xxve jour de may, l'an mil CCC et XL. »

143.

25 mai 1340.

Guillaume le Breton, maitre de la nef Saint Pierre de Caen, reçoit des armes de Thomas Fouques. Même date.

144.

26 mai 1340.

Jehan Cauche, maitre de la nef Sainte Marie de Leure, reçoit des armes de Thomas Fouques. « Donné à Harefleu, sous mon seel, le xxvie jour de may, l'an mil CCC XL. »

145.

26 mai 1340.

Robin Danois, maitre de la nef le Jehennet de Leure, reçoit des armes de Thomas Fouques, entre autres « vint plates de prove et de demie prove. » Même date.

146.

26 mai 1340.

Symon Coterel, maitre de la nef Sainte Marie de Leure, reçoit des armes de Thomas Fouques, entre autres « seze plates de caravane et de demie prove. » Même date.

147.

26 mai 1340.

Michel Sagare, maitre de la nef Saint-Denis de Leure, reçoit des armes de Thomas Fouques. Même date.

148.

26 mai 1340.

Guillaume de Tourneville, maitre de la nef Sainte Catherine de Leure, reçoit des armes de Thomas Fouques, entre autres « chinc arbalestes à ı pié, une arbaleste de cor à deulz piez, sis baudrés, un haucepié à tendre arbaleste. » Même date.

149.

Armement du bâtiment de Jean Godefroy, d'Harfleur.
27 mai 1340.

Sachent tous que je Jehan Godeffroy, maistre du Christofe qui est le roy, ai eu et receu de Thomas Fouques, garde du clos des galées du roy nostre sire à Rouen, les armeures et artilleries qui ensievent, pour distribuer à certaines personnes qui doivent aler dedens la dite nef en ceste presente armée de la mer, c'est assavoir cinquante plates, dont il en i a xxv d'Alemaigne et les autres de prove, vint bachinés, vint chinc escus, vint chinc pavois, cinquante lances ferrées, huit arbalestes à un pié, une arbaleste de cor à II piés, huit baudrés, un haucepié, une arbaleste à tour, le tour pour tendre la dite arbaleste, une casse de carreaux pour le trait d'icelle, trois casses de viretons où il a III^m, deux casses de viretons où il a en chascune environ un millier, un garrot fourny, une casse de carreaux à garrot et vint couteaux, desquelles armeures et artilleries je me tien à bien paié, et les promet à rendre au roy nostre sire ou à son commandement toutes fois que on les me demandera. Donné à Harefleu, sous mon seel, le xxviie jour de may, l'an mil CCC XL.

150.

27 mai 1340.

Martin Danois, maitre de la nef Saint-Denis de Leure, reçoit des armes de Thomas Fouques, entre autres, « trois casses de viretons où il a III^m, une arbaleste à tour et le tour pour la tendre, une casse de carreaux pour ycelle, deuls casses de viretons qui sont environ II^m.... Donné à Harefleu, le XXVIIe jour de may, l'an mil CCC XL. »

151.

27 mai 1340.

Jehan Eraut, maitre de la nef Saint Eloi de Leure, reçoit des armes de Thomas Fouques. Même date.

152.

Armement de la nef de Ph. Bouvet.
28 mai 1340.

Sachent tous que je Ph. Bouvet, maistre de la nef Saint George qui est le roy, ay eu et receu de Thomas Fouques, garde du clos des galées du roy à Rouen, les armeures et artilleries qui ensievent, pour distribuer là où monseigneur l'admiral commandera, c'est assavoir vint plates d'Alemaine, deus cens pavois, quinze arbalestes de cor à deus piés, deus arbalestes de cor à tour, diz haucepiés, cent baudrés, vint paire de gantelés, dis huit cens sexante dars ferrés, six cens sexante quinze dars defferrés, six cens sexante treze fors dars en poss., quarante deux lances, quatre cens quarante fers de lance en un coffre, neuf cens quatre vins dis sept houees enmanchies, sexante huit cuignies enmanchies, sexante banères de camelot des armes de France, deux baucens des dites armes, sept banères des armes d'Escosse, trois banères des armes monseigneur l'admiral, deux banères des armes sire Nicolas Behuchet, deux milliers de bochètes pour ferer dars et lances, chinquante huit milliers de clou melés[1] et xv greillons pour metre mains et ponchiors...... Donné à Leure, sous mon seel, le xxviiie jour de may, l'an mil CCC XL.

153.

Fragment d'un compte du bailliage de Caen.
Saint-Michel 1340 ?

Pour plusieurs lettres closes du roy notre sire envoiées aus prelas et barons de la dite baillie pour faire prês de deniers pour cause de la dite armée, XII s.

Pour lettres as diz vicontes envoiées pour faire venir à Caen les impositeurs et les receveurs de la taillie pour les franchises de Normandie[2] pour savoir que en estoit deu pour envoier aus tresoriers à Roen, VIII s.

Pour autres lettres as diz vicontes envoiées pour faire expletter et venir ens ce qui estoit deu de la dite taillie, VI s.

Pour autres lettres as diz vicontes envoiées pour faire crier la prorogacion de l'eschequier de Pasques derrenièrement passé, VI s.

Pour autres lettres à iceus envoiées pour faire con-

---

[1] Mot douteux. L'original porte *mel* ou *mol*, avec un signe d'abréviation.

[2] Imposition levée à l'occasion de la confirmation de la charte normande par Philippe de Valois, au mois de mars 1340 n. s. Voyez *Ordonnances*, VI, 549.

traindre les religieux exemps à paier leurs porcions de la taillie pour la dite armée, vii s.

Pour autres lettres à iceus envoiées pour faire crier que touz fussent prez en armes et en chevaux à Amiens, au mois de Pasques derrenièrement passé, avec monseigneur le duc, v s.

Pour plusieurs lettres closes du roy nostre sire envoiées à plusieurs barons en la dite baillie pour celle cause, pour tout x s.

Pour unes lettres closes envoiées de Caen à Paris à nos seigneurs des comptes, pour excuser le dit bailli d'aler si tost compter comme il li estoit mandé, pour ce qu'il li convenoit estre à Roen du commandement du dit admiral, pour cause de la dite armée, xx s.

Pour lettres envoiées as diz vicontes ovec le transcript des lettres du roy notre sire, contenant que les nobles qui doivent service d'ost y alassent, non obstant la taillie que l'en levoit sur euls et sur leurs hommes, vii s.

Pour envoier as prelas et chapitres de la dite baillie les lettres de l'amiral et de Behuchet, pour paier ce qu'il devoient pour cause de leurs dismies, xii s.

Pour lettres envoiées à touz les vicontes de la dite baillie, ovec le transcript des lettres du roy contenant que l'en feist crier que nulle monnoie d'or n'eust cours fors que les doubles d'or seulement pour lx s. etc., et le denier d'or à la couronne pour xl s.[1], pour ce v s. vi d.

---

[1] C'est en 1340 que le cours des doubles d'or fut fixé à 3 livres tournois, et celui des deniers d'or à la couronne à 2 livres. Voyez N. de Wailly, *Mémoire sur les variations de la livre tournois*, p. 62.

Pour envoier de Roen en Costentin du commandement de l'admiral du roy les lettres du dit admiral adrechanz au bailli de Costentin, pour faire venir tantost à Roen ce qui estoit deu en sa baillie de la taillie dessus dite, xxii s.

Pour envoier de Caen à Paris à nos seigneurs les presidens le procès fait entre le procureur de monseigneur le duc et Guillaume d'Anisy, par vertu du mandement du roy, par ses lettres, xxiii s.

Pour plusieurs lettres envoiées as diz vicontes pour envoier à l'admiral les arbalestiers pour l'armée dessus dite, iiii s. vi d.

Pour autres lettres as diz vicontes envoiées pour porter à Paris au tresor ce qui estoit deu en leurs vicontez, vi s.

Pour unes lettres closes envoiées par le dit admiral, de son commandement, au bailli de Costentin, viii s.

Pour lettres envoiées as diz vicontes pour faire crier que chascun s'avanchast d'aler en l'ost jouxte le mandement du roy, vi s.

Pour envoier à iceus le transcript des lettres du dit admiral pour faire crier et savoir les marchandises qui estoient arrivées à Leure et à Hareflue ès nefz d'Espaigne, vi s.

Pour un serjant à cheval envoié au roy, quelque part qu'il seroit, pour porter li les lettres de maistre G. Pinchon et du dit bailli, pour faire li savoir l'estat du pais et le peril qui s'en pourroit ensuir se garde n'i avoit, afin qu'il y pourveist, par x jours, alant, demourant et retornant, vi s. t. par jour, valent lx s.

Pour lettres envoiées as diz vicontes, pour faire crier que touz nobles alassent par devers monseigneur le duc à Escaudemire, iiii s. vi d.

Pour lettres envoiées à touz les justiciers demouranz sur les pors de la mer, pour faire prendre et arrester touz les Geneuoiz de la galiée Barbevaire pour la traison qu'il li avoient faite, si comme le bailli de Caux tesmoignoit, vi s. vi d.

Pour envoier de Paris à touz les diz vicontes lettres contenanz qu'il ne paiassent fiez, aumosnes ne gages deuz en leurs vicontez, xx s.

Pour autres lettres à iceus envoiées pour faire les venir à Caen pour savoir l'estat de leurs debtes, iiii s. vi d.

Pour un message à cheval envoié de Caen en l'ost au roy nostre sire, par le conseil des prelas et barons du pais, pour avoir la response de l'autre message dessus dit, pour savoir l'estat et le gouvernement du pais, pour tout, LVIII s.

Pour lettres envoiées as diz vicontes, pour faire retorner à l'ost du roy les nobles qui s'en estoient venus sanz congié et iceus punir, vii s.

Pour autres lettres à iceus envoiées et as chastelains de la dite baillie, pour savoir quelx garnisons il avoit ès chasteaux qu'il ont en garde pour le certefier à monseigneur Robert de Houdetot, chevalier, à ce commis du roy[1] v s. vi d.

Pour envoier de Caen à Dieppe au dit chevalier la response des dites garnisons, xv s.

---

[1] Il y a au cabinet des titres un acte de « Robert de Houdetot, capitaine du navire nostre sire le roy », daté de Rouen, le 15 juillet 1340.

Pour lettres envoiées as diz vicontes pour faire les venir à Caen pour oir l'ordenance du seigneur de Tornebu, garde de la coste de la mer, et pour savoir comme les arbalestiers seroient paiez, IIII s. VI d.

Pour autres lettres à iceus envoiées pour faire crier l'arrèreban jouxte le mandement du roy, VII s.

Pour autres lettres à iceus envoiées pour faire de rechief crier le dit arrèreban par le mandement du dit seigneur, v s. VI d.

Pour autres lettres à iceus envoiées pour faire crier que touz ceux qui aroient receu aucune des armeures de l'armée de la mer les portassent à Thomas Fouque, garde du cloz des galies de Roen, VI s.

Pour autres lettres envoyées as diz vicontes pour envoier à monseigneur Robert de Houdetot les deniers des finances de l'arrère ban, v s. VI d.

Pour envoier au bailli de Costentin l'ordenance qui estoit faite de lever finance pour l'arrère ban, x s.

Pour autres lettres envoiées as diz vicontes pour envoier à Roen à Jehan du Moustier les deniers des dites finances, v s. VI d.

Somme : XXI l. XVIII s.

154.

Fragment d'un compte du bailliage de Rouen pour les vicomtés de Pont-Audemer et d'Auge. — Saint-Michel 1340.

Pour messages envoiés aus dis sergens que il feissent à savoir, fust par bouche ou par cri deuement fait, à tous nobles que, tost et hasti[vement, fussent] en armes et en chevaux à Compiengne, ou là ù le roy seroit, pour secourre et aydier au duc nostre sire, qui piecha au devant estoit en la terre......, pour secourre et aidier hastivement à la couronne de France et à leur honneur, par les lettres du dit seigneur données à la Fontaine Nostre Dame...... le xxviiie jour de may l'an XL, pour ce VI s. VI d.

Pour messages envoiés par toute la viconté hastivement, pour ce que aucuns [marchans, non] voulans garder les ordenances des monnoies qui au devant de ce avoient esté criées, s'efforchoient de mettre les dites monnoies [à plus haut] pris que donné leur estoit et sans porter au billon comme devant estoit crié, que tous les sergens et soussergens feissent cri[er et deffendre] notoirement, sur paine d'estre en la merchi du seigneur, euls et leurs biens, de prendre nulle monnoie d'or de cest royaume ou d'a[illeurs, excepté] les doubles d'or pour LX s. t., et toutes autres monnoies d'or abatues et portées au marc pour billon, et pour faire et enterig[ner les lettres] du roy nostre sire qui furent données à Paris, sous le nouvel seel, le VIIIe jour de juing l'an XL, VI s. III d.

Pour messages envoiés par [toute la vicon]té, pour faire crier l'arrière ban du duc nostre seigneur, et envoier sur la mer, en quelcunque lieu que il plairoit à monseigneur le conte de Harecourt, [et aus autres] députés, envoier les personnes à cause du dit arrière ban, par les lettres données à Bethunez le xxvie jour de jullet l'an XL, V s. VI d.

[Pour] messages envoiés par toute la viconté que par ban et cri solempnel feissent asavoir par toute la viconté que tous ceulz qui autrefois avo[ient esté en]voiés par escript et qui semons estoient, qui furent non comparissans et tenus pour mal diligens sur la journée qui assignée [leur avoit esté] à Touque, fussent au dit lieu sans delay ne respit, le cri fait, en armes et en chevaux, et pour faire amende de leur desobeissance [comme mandé leur] seroit, et selon le contenu des lettres sur ce faites, qui furent données et envoiées par mons. Johan Richier le vi{e} jour d'aoust l'an mil ccc [xl]......

Pour messages envoiez à tous les sergens de la viconté pour savoir et enquerre se il y avoit anemis engloys ou englesques [en la viconté, et de] ceuls que l'en trouveroit l'en levast la tierce partie de tous leurs biens meubles et heritages, par les lettres données à Paris le xvie jo[ur d'aoust, l'an] dessus dit, v s. iiii d.

Pour messages envoiés à tous les sergens pour faire crier que acort de trèves estoit pris entre le roy [nostre sire et ses] aliés, d'une part, et le roy d'Engleterre et les siens, d'autre[1], jusques à la Saint Johan l'an xli, et que tous marcheans povaient [venir march]ander seurement là ù il leur plairoit, v s.

Pour messages envoiés hastivement par tous les marchiés et issues de la dite viconté [querre] et espier se l'en pourroit trouver Jourdain du Val, qui estoit

---

[1] Cette trève fut conclue le 25 septembre 1340. On en trouvera les conditions dans Rymer, II, ii, 1135.

compagnon Johan de la Vente, qui fu pris à Honnefleu, et le dit Jourdain s'e[nfuy].....

Pour messages semblablement envoiés en tous les marchiés et yssues de la dite viconté, pour querre et espier Johan Authon, qui avoit [rumpu] la prison du Pont l'evesque, où il avoit esté mis pour souspechon de plurieurs larrecins, VII s.

Pour III messages envoiés à tou[s les sergens] de la viconté, pour semondre et faire venir des chevaliers au Pont l'Evesque pour faire delivrance des prisonniers, V s. VI d.

Pour [un message] envoié au sergent de Honnefleu, pour semondre et faire venir au Pont l'Evesque grant foison des gens de Fourmeville, pour enf[ormer le] viconte de la vie et conversacion de Rogier le Masuier, que Johan Establart avoit accusé, qui avoit esté pendu à Lixa, XII d.

Pour [un] message envoié depuis au dit sergent, pour faire venir des dites gens, pour soy enfourmer de Rogier de la Folie, que l'en disoit [estre] compaignon Johan Cruchon, qui rumpi la prison, XII d.

Pour un message envoyé aus sergens de Honnefleu et de Touque, [pour faire] crier que chascun apprestast les rentes que l'en devoit du terme de la Saint Michiel, II s. VI d.

Pour II messages envoiés pour [cause] semblable aus sergens de Cambremer et à celi de Dive, III s.

Pour II messages envoiés à tous les sergens de la viconté, afin que ri[goureuse]ment contrainsissent tous les debteurs de leurs sergenteries pour apporter l'argent, III s.

Pour III messages envoiés à tous [les sergens] de la viconté, pour semondre et faire venir des chevaliers pour faire delivrance des prisonniers, pour ce que à l'autre fois avoient esté [semons] pour cause de la guerre, v s.

Summe : xxi l. vi s. vii d.

Parties de justice faite.

Pontiaudemer.

Pour le saloire d'un fèvre, pour ferrer et defferrer les prisonniers en la geole d[u Pontiaudemer], à cest terme, xv s.

Auge.

Pour querre et prendre Johannin de la Vente, qui estoit souspechonné de plusieurs larrecins et de user de p[oudre pour en]dormir les gens, lequel fu fuy jusques à Faloise, pour ce que encusé avoit esté au Pont l'Evesque de Robin Hoain qui avoit esté pendu, et le s[uivit le viconte] et II de ses sergens, et en la parfin le trouvèrent à Honnefleu avec un de ses compaignons que l'en appéle Robin Bagot; lesquix furent [mis] en la prison du Pont l'Evesque pour les cas dessus dis, pour III jours que il furent en la prossecucion dessus dite, pour euls, leurs chevaux, leurs [varlés et] pour deux autres varlés qui aloient devant pour espier, par jour xxx s., valent vi l.

Pour despens fais par Colart Sabour, Guillemin de [....... et] Loys de Feuguière, qui menèrent au Pont de l'Arche le dit Johan de la Vente, et d'illeuc à Rouen par le mandement du bailli, pour ııı jours d'aler [et] de retourner, pour lez despens d'eulz et de leurs chevaux et de leurs varlés, et pour les despens du dit prisonnier et d'un cheval sur quoy [il fu mis, pour les] v jours dessus dis, chascun jour xxx s., valent vii l. x s.

Pour le saloire de deux sergens, c'est assavoir Guillaume du Mesnil et Johan...., [qui] furent à Faloise à la foire de Guybray, pour querre et espier Jourdain du Val, qui estoit en la compaignie du dit Johan de la Vente, [qui fu mené à] Honnefleu et s'en fuy, pour les despens des dis sergens, de chevaux et de leurs varlés, pour ııı jours que il y furent, pour un jour d'[aler et un jour] de retourner, par jour xv s. pour tout, valent les v jours dessus dis LXXV s.

Pour le saloire Johan Sabour, sergent, Regnaut Toull..... [et].... de Biau Repaire, qui alèrent à Caen et à Baiex pour querre et espier Johan Cruchon, qui avoit rumpu la prison du Pont-l'Evesque, où il [estoit pour] souspechon de plurieurs larrecins, ès quelles villes il furent en chascune deux jours, pour un jour d'aler et un jour de retourner, par jour [xv s. pour tout], valent pour les vı jours dessus dis ıııı l. x s.

Pour le saloire Hebert Bouquelongue, pour ferrer et defferrer les prisonniers au Pont l'Evesque, [pour] tout l'an, xx s.

Parties de despense faite par le vicomte d'Auge, pour cause d'une escute ovec ses apparances, appellée la neif Sainte...... [de] l'Escluse, venue à Touque eu temps de deffens, dont l'en compte en recepte, cx l.[1].

Premièrement pour descarchier la dite neif des derrées [dont car]chiée estoit, afin de monter la dite neif et meittre à sauveté, par Johan le Sage et deux de ses fils, Robin le Cornu et Robin de Foumuchon, C......, Johan Ryout, Loquelet, Guillaume Adam, Colin Sanc meslé, Durant le Chien, Ernouf Baillehache, qui y furent vi jours, pour descarch[ier].... cuirs de buef sés, xxi baille de sieu, deux bailles de vuiés oeint, x fés de cuirs vers, xvii tonniaux et ix pippes de cresses, ix [fés de cuirs] vers, xiiii tonniaux vii pippes d'uyle, item ii tonniaux, xv fés de vert cuir, et à chascun par jour ii s., valent pour les xii hommes dessus [nommés pour les dis] vi jours, vii l. iiii s.

Pour le saloire de x marmeaux qui la dite neif amenèrent en hable et en la ville de Touque à force d'avir[ons, pour] que les anemis ne l'emmenassent par nuit, pour ce c s.

Pour le saloire de iii hommes qui gardèrent la dite escute par jour [et par nuit pour] la doubte des anemis, qui y furent xl jours, jusques à tant que le viconte eust congié et mandement de la court de faire la vent[e de la dite neif, à] chascun pour jour et nuit ii s. p., valent xii l. p., valent xv l.

Pour le saloire de deux hommes qui furent mis en la dite escute av[ant qu'elle] fust descarchie, pour

---

[1] On a biffé ce chapitre et mis en marge ces mots : « Dictum fuit quod quando redderet bona existencia in ista navi, lieret quod deberet. »

[1340] DE LA CHAMBRE DES COMPTES. 275

garder les derrées, et y furent xii jours, à chascun par jour xv d., valent xxxvii s. vi d.

Pour le saloire des br[emenz qui] recarchièrent les dis biens en deux batiaux pour apporter à Touque, pour meitre à sauveté, xv s.

Pour le saloire et despens des se[rgens et de] plurieurs hommes qui alèrent prendre le treif de la dite escute et meitre hors de la dite escute qu'elle n'en fust menée, xv s.

Pour le [loyer de] deux batiaux qui apportèrent les dis biens à Touque, xl s.

Pour le saloire des bremenz qui lez diz biens descarchièrent et mistrent [en une meson] à Touque à sauveté, xl [s.].

Pour lez despenz d'un clerc qui fu viii jourz en la dite escute pour faire l'inventoire dez bienz, et lez m..... [une] pièche aprez autre, si comme l'en vuidoit l'escute, pour porter en une meson en la ville de Touque, pour paine et pour parchemin et..... de viii jours, par jour v s., valent xl s.

Summe : xxxvi l. xi s. vi d.

Parties de vivres de prisonniers.

Pontiaudemer.

Pour Johan Blondel et sa fame, detenus en prison [pour souspe]chon de la mort d'un homme tué en leur meson, du jour de Pasques jusques au jour de la Saint Michiel, pour viii^{xx} vi jours, iiii d. pa[r jour, valent] lv s. iiii d.

Pour Robin le Tieulier, detenu pour souspechon de plurieurs larrecinz, du jour des ditez Pasquez jusques à la dite Saint Michiel, [pour viii^{xx}] vi jours, ii d. par jour, valent xxvii s. viii d.

Pour Guillaume Costuve, detenu pour souspechon de la mort Johan le Lièvre, du jour de Pa[squez jusques] à la dite Saint Michiel, pour viii^{xx} vi jours, ii d. par jour, valent xxvii s. viii d.

Pour Pierre de Drumare et Colin le Cousturier, detenus [pour souspechon] de larrecin, du jour de Pasques jusques à la Saint Michiel, pour viii^{xx} vi jours, iiii d. par jour, valent lv s. iiii d.

Pour Henri..... Martin dis Amises, detenus pour souspechon de la mort Huet Bouelle, de Pasquez jusquez au jour de la feste saint Jaque et saint [Cristofle, pour] ci jours, vi d. par jour, valent l s. vi d.

Pour Robin Martin, detenu pour souspechon d'une fâme prise à force, du jour de Pasques [jusquez au] terme dessuz dit, pour ci jours, ii d. par jour, valent xvi s. x d.

Pour Robin Drumare et Robin Osber, detenus pour souspechon de [larrecin, du] jour de Pasques jusques au jour dessus dit, iiii d. par jour, valent xxxiii s. viii d

Pour Johan Faloise, detenu pour souspechon de larrecin, du samedi d[evant Pasques] jusquez au jour dessuz dit, pour cii jours, ii d. par jour, valent xvii s.

Pour Jaquet de Meri, detenu pour souspechon que il ne fust espic d'Engle[terre, pour] xliii jours, vii s. ii d.

Pour Richart Quitel et Estienne Bouvet, detenus en prison pour souspechon de fausse monnoie, du merquedi avant la...... jusques à la dite feste de Saint

[1340] DE LA CHAMBRE DES COMPTES. 277

Michiel, pour CIII jours, IIII d. par jour, valent XXXIII s. IIII d.

Pour Johan Oyn, detenu pour souspechon de larrecin, [du]..... avant la Saint Jaque et Saint Cristofle jusques à la dite feste, pour LXVIII jours, XI s. IIII d.

Pour Johan le Telier et son fils, detenuz pour souspechon......, du mardi avant la Saint Michiel jusquez à la dite feste, pour IIII jours, XVI d.

Auge.

Pour le vivre Robin l'Engloys, pris en la mer en une...... auz Engloys, du jour de Pasques jusques à la Saint Michiel, pour VIII^{xx} VI jours, par jour II d., valent XXVII s. VIII d.

Pour le vivre de Robine...., [detenue] en prison pour cas de crisme, du jour de Pasques jusquez au jour de la Trinité, qu'elle fu delivrée par lettre de grace, pour L jours, par jour II d., valent [VIII s. IIII d.]

Pour le vivre de Johan Cruchon de Fourmeville, amené en prison pour cas de crisme, du merquedi avant la Nostre Dame en mars jusquez au lundi [avant la Saint] Benoit que il rumpi la prison, pour CXI jours, par jour II d., valent XVIII s. VI d.

Pour le vivre de la fame du dit Johan, envoiée en prison [pour souspe]chon de larrecin, du merquedi avant la marchesque jusques au jour de la Saint-Michiel, pour IX^{xx} XI jour, par jour II d., valent XXXI s. X d.

[Pour le vivre de] Marquet la Hardouine de Fourmeville, amenée en prison pour souspechon de larrechin, du jour dessuz dit jusquez à la Saint Michiel, autant de jours, [valent xxxi s. ii d.]

Pour le vivre de Johan Gohart, du jour de Pasques jusques au jeudi avant la Saint Johan, que il fu mis en recreance, pour LXVIII jours, [par jour ii d.], valent xi s. iiii d.

Pour le vivre Perrin le Melle, pris pour souspechon, de la Sainte-Crois jusques au jour de la Saint Michiel, pour xviii jours, [par jour ii d.], valent iii s.

Pour le vivre Thomas du Mont Chauvet, pris pour souspechon de larrechin, pour viii jours, par jour ii d., valent xvi s.

Pour le [vivre de Robin] Bagot pris en la compaignie de Johan de la Vente, pour xv jours, par jour ii d., valent ii s. vi d.

Somme : xxii l. xiiii s. vi d.

Parties de leus et de aygles pris.

Pontiaudemer. — Pour deux hures de leus pris par Guillaume du Bosc, x s. — Pour iii leuz pris par le veneur au seigneur d'Onnebaut, xv s. — Pour un aigle pris et apporté par le dit veneur, v s. — Pour v louveti[aus et.....] leuvés apportées par Colart Sabour le lundi avant Rouvoisons, XLV s. — Pour iii petites leuves prises et apportées par Guillaume et Rogier dis...... [de] Hesbertot, xxx s.

Pour une leuve apportée par le veneur d'Onnebaut le merquedi aprez la Saint Lucas, x s. — Somme : c xv s.

155.

Ordre d'empêcher les hostilités entre le comte de Harcourt et le maréchal Robert Bertran. — 30 mars 1341, v. s.

Philippe, par la grace de Dieu roys de France, aus baillis de Roan, Caux, Costentin, Gisors et Caen, ou à leurs lieux tenans, salut. Nous entendons que noz amez et feauls le conte de Harecourt et le mareschal Bertren font cemonces li uns contre l'autre et signe de guerroier l'un à l'autre, laquelle chose n'est honorable ne loisable à eulz à faire maintenant, mesmement pour cause de noz guerrez, qui sont si prestes et prochaines comme chascun scet ; et pour ce vouz mandons nous et estroitement commandons, si estroitement comme plus poons, et à chascun de vouz, sanz attendre li uns l'autre, que, tantost veuez ces lettrez, vouz aillez deffendre aus diz conte et mareschal, et à chascun de eulz, de par nous, que il ne soient si hardi, sur quanques il se pueent meffaire envers nouz, de guerroier li uns à l'autre, de faire en signe ne semonce aucune, ainçoiz, se fait en ont aucune chose, que tantost il le rappellent et cessent ; et se aucuns fait au contraire, prenez et saisissez leurs biens touz, et mettez en nostre main et devers vouz, sanz delivrer ne retroirre, se par nouz n'est. Donné à Sainte Genme, le xxxe jour de mars, l'an de grace mil ccc et quarante, souz nostre petit seel[1].

Copie du temps.

---

[1] J'ai déjà publié ce mandement dans mon *Hist. du château de Saint-Sauveur*, preuves, p. 87, n. 64.

156.

Paiement du sergent qui avait notifié l'ordre précédent.
18 avril 1341.

Sachent touz que je Robert de Giencourt, sergent à Longueville prez de Vernon, eu bailliaige de Gisors, ay eu et receu de mon chier seigneur et maistre sire Robert du Chastel, bailli du dit lieu, sexante quatre soulz parisis, pour mes despenz faiz en la sepmaine peneuze derrain passée[1] en allant en Normendie vers Caen, et en Perche vers Saint Paul le Viconte[2], par devers nobles hommes mons. le conte de Harecourt et mons. le mareschal Bertran, pour leur deffendre de par le roy nostre sire que il ne feissent aucune cemonce l'un vers l'autre pour guerrier, ne ne menassent aucun fait d'armes, et s'aucune chose en avoient fait que il cessassent sanz delay, jouxte la fourme et teneur de ma commission à moy sur ce donnée du dit mons. le bailli, par vertu des lettres du roy nostre sire dedenz contenues......[3] Le xviii° jour d'avril, l'an M CCC quarante et un.

[1] Du 1 au 7 avril 1341, n. s.

[2] Saint-Paul-le-Vicomte, ancienne paroisse du diocèse du Mans, dont le territoire fait partie de la commune de la Fresnaye-sur-Chédouet (Sarthe).

[3] Voyez plus haut, n. 155. — Cette quittance a déjà été publiée dans *Hist. du château de Saint-Sauveur*, pr., p. 88, n. 65.

157.

Armement du bateau de Jean Godefroy, d'Harfleur.
16 septembre 1341.

Sachent tous que je Johan Godeffroy, le jane, mestre de un batel, cognois avoir eu et recheu de Thonmas Fouques, garde du clos des galies, armeures et artilleriez du roy nostre sire à Rouen, les armeures et artilleriez qui ensievent, pour distribuer à pluseurs hommes qui doivent aler dedens le dit batel en cheste presente armée, ch'est assaver vint et chinc plates, vint et chinc bachinés, vint et chinc gorgières, vint et chinc pavois, vint et chinc lanchez, quatre arbalestes, quatre baudrez et une casse de viretons, desquelez armeures et artilleriez je me tien à bien paié, et les pramet à rendre toutez fois qu'on les me demandera. Donné à Hareflue, sous mon seel, lundi xvie jour de septembre [1], l'an mil ccc quarante et un.

158.

16 septembre 1341.

Certificat semblable de Jehan Pestel, maitre d'un batel. Même date.

---

[1] En 1341, le 16 septembre tomba un dimanche.

159.

Mandement du roi pour faire porter en Bretagne de l'artillerie et des armures délivrées par le garde du clos des galées de Rouen. — 1 septembre 1342.

Ph. par la grace de Dieu rois de France, au ballif de Caen, ou à son lieutenant, salut. Comme nouz aions mandé à Thomas Fouques, nostre amé vallet, que il delivre tantost aux genz de nostre amé et féal chevalier Charles de Grimauls de l'artillerie et des armeures, tant et tellez comme il voudront penre pour faire porter par terre en Bretaigne, nous te mandons que tantost tu preignes du charroy, tant et tel comme mestier sera, pour porter les dites armeures et artillerie, lesquelles fay sanz delay porter là où les gens du dit Charles portans ces lettres te diront, et delivre deniers pour despens de ceux qui les conduiront, tant comme mestier sera, et pour les autres chozes qui seront à ce neccessaires, non contrestant deffence ou ordenance contraires. Et tout ce que tu auras delivré pour la dite cauze, nouz voulons estre alloué en ton compte et rabatu de ta recepte par noz genz des comptes, sanz aucun contredit. Donné à Roial Lieu delès Compiengne, le premier jour de septembre, l'an de grace M CCC quarante et deulx, souz nostre seel du seccret.

Copie faite à Rouen le 3 septembre 1342.

160.

Armes délivrées à Jacquemin l'Arbalêtrier, artilleur du château de Rouen. — 1 janvier 1342, v. s.

Sachent tous que je Jaquemin l'Arbalestrier, artilleur du chastel de Rouan, congnois avoir eu et receu de Thomas Fouques, garde du clos des galées, armeures et artilleries du roy nostre sire, quatre arbalestes de cor à tour où il faut un arbrier, quinze arbalestes de cor à deus piés où il faut m arbriers, et une arbalestes de cor bastarde où il faut un arbrier, ès quelles arbalestes il faut reparacion, desquelles arbalestes je me tien à bien paié. Donné à Rouan, sous mon seel, le premier jour de janvier l'an mil CCC XLII.

161.

Ordre de payer à l'évêque de Lisieux la dime du produit des forêts de Rouvray et de la Londe. — 4 janvier 1342, v. s.

Ph. par la grace de Dieu roys de France, au baillif de Rouen, ou à son lieutenant, salut. A la supplicacion de nostre amé et feal l'evesque de Lisiex, disant que, ja soit ce que la disme de tous les proffiz et emolumens qui viennent ou pueent venir des forez de Rouvray et de la Londe, tant en ventes de boys comme en pasnages et en toutes autres choses, quelles que elles soient, li appartiegne et doie appartenir de droit heritage et de la fondation de la dite eglise, et tous jours aient eu il et ses predecesseurs evesques chascun an la dite disme, si comme les deniers des dites ventes et autres revenues des dites forez nous en ont esté renduz par toy et par tes predecesseurs baillis, jusques à ores que les maistres de nos forez ou aucuns d'eulz ont fait vendre ès dites forez de nostre commandement à deniers comptans, et non pas par vente ordinaire, pour les garnisons des hostiex de nous et de nostre très chière compaigne la royne, environ sept cens livres de boys à tournois, dont le dit evesque n'a riens eu de sa dite disme, si comme il dit; nous t'avons autrefois mandé que, se il t'apparoit estre ainsi, tu des dites sept cens livres de boys à tournoys, ou environ, ou de tele quantité comme il t'apperroit avoir esté vendue ès dites forez pour la dite cause, dont la dite disme ne lui auroit esté paiée, tu li paiasses ainsi comme tu et tes predecesseurs li paiez et aviez accoustumé de paier des ventes ordinaires et autres choses vendues ès dites forés, selonc ce que plus à plain estoit et est contenu en nos autres lettres sur ce faittes. Si te mandons derrechief que, se ainsi ne l'as fait, tu sanz delay le faces, en accomplissant nos dites autres lettres de point en point, selonc leur teneur, et aussi leur fai par ceste maniere des boys qui, de nostre commandement, t'apparront souffisamment avoir esté délivré ès dites forez à Colin Helyes, ou autres, pour nous et pour nos besoignes, et dont le dit evesque n'a eu ou receu la disme, comme dit est. De ce faire soies si diligens que par ton deffaut il ne l'en conviegne retourner plaintif à nous. Donné à Paris, le IIIe jour de janvier, l'an de grace mil ccc quarante et deux, sous nostre seel nouvel. Par les genz des comptes : J. DE CONA.

162.

Commission donnée à Guillaume de Trie pour assister à l'Echiquier de Rouen. — 7 avril 1342, v. s.

Jehan, ainsné filz du roi de France, duc de Normandie, conte d'Anjou et du Maine, à nostre amé et féal clerc et conseillier mestre Guillaume de Trie, salut et dilection. Nous vous mandons et commettons que, toutes autres choses arrière mises, vous aillez à Roen pour la delivrance des causes de l'eschequier qui commensera le dimanche après Quazimodo prochainement venant. Et gardés que en ce n'ait point de deffaut par vous. Donné à Paris, le viie jour d'avril l'an de grace mil ccc xlii. Par le duc, du commandement du roi, à vostre relacion : FRANC.

163.

Ordre de faire une enquête sur l'âge de Guillaume Bertran. 11 mai 1343.

Les genz des comptes nostre sire le roy à Paris, au ballif de Caen ou à son lieutenant, salut. Comme la terre et seignorie du Molay Bacon, et de leur appartenances, de nostre amé Guillaume Bertran, escuier, à cause de demoiselle Jehanne, sa femme, aient esté tenuz en la main de monseigneur le duc de Norm[endie], et le dit Guillaume nous ait presenté lettres par les queles le dit monseigneur le duc li a de grace donné un an d'aage, en le reputant pour aagié, et mandé que sa dicte terre li soit delivre ou cas qu'il ne li faudroit que un an d'aage, et pour ce que par les dictes lettres ne autrement ne nous a appert de l'aage du devant dit Guillaume, et que nous en voulons estre certefiez à plain avant que delivrance li soit faite de sa dicte terre et seignorie, nous vous mandons et commettons que diligenment et tost enquerez et sachez la certenité de son dit aage, et ce que trouvé en arez envoiez nous senz demeure, feablement, souz vostre seel. Donné à Paris, le xie jour de may, l'an M CCC XLIII.

164.

Indemnité donnée par le roi à Adam Charles, son sergent au Château-Cornet. — 28 juillet 1343.

Ph. par la grace de Dieu roy de France, au bailli de Costentin ou à son lieutenant, salut. Comme Adam Charles, nostre sergent ou chastel de Cornet[1], en venant devers toi pour querir et avoir vivres et garnisons pour le dit chastel, eust par fortune perdu en la mer toutes ses armeures, par ce que la nef où il estoit pery et enfondra, si comme il dit, savoir te faisons que au dit Adam nous avons donné et donnons ceste fois, de

---

[1] Dans l'île de Guernesey.

grace especial, trente livres de bois à tournois en recompensation de sa dite perte. Si te mandons que par un des marchanz de bois de la forest de Briz tu faces baillier et delivrer au dit Adam ycelles trente livres de bois, et les rabat au dit marchant, lesqueles trente livres nous voulons estre allouées en tes comptes par noz amez et féaux genz de noz comptes à Paris. Donné à Villiers au Loge, le xxviii jour de juillet, l'an de grace mil ccc quarante trois, souz nostre petit seel. Par le roy : P. D'AUNOY.

165.

Fragment d'un compte de la baillie de Cotentin.
Saint-Michel 1343.

Parties de commune despense en la ballie de Costantin, à compter au terme de la Saint Michiel ccc XLIII.

Parties de plait d'eglise.

Premièrement par le balli, nient.

Item par le viconte de Coustances, nient.

Item par le viconte de Karentan, nient.

Item par le viconte de Valongnes. — Pour procez fait par Thomas Jobelin, procureur du duc nostre seigneur en la court d'eglise à Valongnes, pour empeschier la delivrance Guillot Joires, clerc, detenu en la prison de l'evesque de Coustances [pour c]ause de la mort Robert Broquet, occis et muldri par le dit Joires et ses complices, si comme l'en disoit, [viii l. x s. viii d.]. — Pour autres menus procez fais par le dit

Thommas en deffendant la juridicion du dit seigneur le [duc, pour le vicont]e de Valongnes et les sergenz, contre le clerc de l'office du dit official et plusieurs autres personnes, xxx s. x d.

Somme : x l. xviii d.

Somme de plet d'eglise par les diz vicontes : x l. xviii d. fiebles, valent vi l. xi d.

Parties de messages envoiez par le balli.

Premièrement pour une commission du dit balli envoiée de Rouen à Valongnes, à Karenten, à Coustances et à Avrenches aus vicontes des diz lieux, les lettres du roy nostre sire dedens encorporées, faisans mencion que plusieurs chevaliers et escuiers de la dite baillie nommez ès dites lettres fussent pris et envoiez en Chastellet à Paris, jouxte la teneur des dites lettres, envoiés par Perrin Eude le xiiie jour de may, xxxv s.[1].

Pour lettres envoiés de Rouen, où le dit balli estoit pour l'eschequier qui lors seoit, aus diz vicontes, faisans mencion que l'imposicion acordée de nouvel au roy nostre sire sur le vin et sur le seil fust levée jouxte l'instruccion seellée des seaux maistre G. Pinchon, conseiller du roy nostre sire, de Guillebert Pooline et de Nicolas Helies, sergens d'armes du dit seigneur, pour estre convertie pour faire une armée en la mer[2], envoiés par Thomassin le Renouvel le viie jour du dit

---

[1] Cet article, comme plusieurs de ceux qui suivent, paraît se rapporter aux menées de Godefroi de Harcourt, dont j'ai parlé dans *Hist. du château de Saint-Sauveur*, p. 52 et suiv.

[2] Sur la flotte que Philippe VI fit équiper en 1342, voyez plus bas, II. 188.

mois, ovec lettres adrechans aus diz vicontes faisans mencion du tour des assises de la dite baillie, L s.

Pour lettres envoiés aus vicontes de Danfront et d'Avrenches faisans mencion de l'imposicion, [et] pour faire crier les dites assises à Danfront par Estiennot Di-je-voir, xx s.

Pour envoier parfaire une [informa]cion secrète du commandement du roy nostre sire sur certaines choses touchans monseigneur Godeffroy de Harecourt [sur certains male]fices, par Rogier Baudoin, par VIII jours, en la dite baillie et ailleurs, laquelle fut delivrée en parlement, [pour le dit Rogier B]audoin, son cheval et varlet, par jour xx s., valent VIII l.

Pour envoier querre plusieurs sergens [pour faire as]sembler la dite informacion ès lieux où elle fut faite, par IIII messages, pour chascun v s., [valent xx s.]

Pour envoier la dite informacion en parlement par Baudoin Secouret, LX s.

Pour lettres envoiés [à tou]s les vicontes faisans mencion que, se aucuns gentils hommes tenoient aucunes des fermes du duc nostre seigneur [en le]urs vicontez, que il leur ostassent et les baillassent de nouvel bail par cri et par enchères, par le dit Secouret, [x]VIII s.

Pour envoier à Paris lettres de response des lettres de nos seigneurs des comptes apportées par Adam Charles touchans le chastel Cornet[1], envoiés par Adam de Routichan le XXIX° jour de juing, alant, revenant

---

[1] En l'île de Guernesey. Voyez plus haut, p. 286.

et atendant la response, pour li et son cheval, pour tout vi l.

Pour lettres envoiés à Danfront et as autres vicontes de la baillie pour faire crier les assises, par P. Vauroy, xx s.

Pour lettres de monseigneur le mareschal et du dit balli touchans certaines besoingnes secrètes envoiés au roy notre sire à Villiers ou Loige, par Adam de Routichan, alant, venant et demourant par xvi jours, par jour xii s. valent ix l. xii s.

. . . . [1]

Pour lettres envoiés à Richart Carbonnel, escuier, fais[ans mencion].. . . . . besoingnes touchans le seigneur en la presence de monseigneur Mathieu Champion. . . . . . .

Pour lettres envoiés à tous les vicontes. . . . . faisans mencion que il baillassent à ferme par cris et par enchères ch . . . . et marchandises traites et menées hors du royaume . . . .

. . . . plusieurs lettres patentes du roy nostre sire. . . . . .que il voulsissent acorder . . . . monnoie et pour avoir leurs. . . . . [2].

---

[1] La fin du rouleau est déchirée. Le lambeau qui subsiste n'offre que des fragments insignifiants; d'où j'ai cru cependant devoir tirer les mots qu'on va lire.

[2] Cet article semble faire allusion à la convocation d'une assemblée d'états.

166.

Fragments d'un compte de la vicomté de Bayeux.
Saint-Michel 1343. (?)

Item parties de commune despense en la viconté de Baiex.

Messages envoiez et loez . . . . . Item pour porter de Baiex en Costentin au bailli d'icel lieu, par pluseurs foiz, lettres pour cause des choses touchantes mons. Godeffroy de Harecourt et ses aliez [1], LXVI s. — Somme : VII l. XI s.

Parties de despens faiz en la court de l'iglise. — Pour copier par pluseurs foiz pluseurs lettres, admonnicions et procès de la dite court de l'iglise touchantes le roy et le duc nos seigneurs, pour tout XLVIII s. IX d. — Summa per se.

Parties de justice faite. — Pour les despens et salléres de maistre Michiel la Vaque et de son compaignon, c'est assavoir pour venir de Caen à Baieux et demourer illec II jours, tant en venant, demourant que retournant, pour pendre au gibet de Baieux Jehan de Troiz Mons, pour ses demerites, pour tout XXXVII s. — .... Item pour les despens et salaires des diz maistres pendours, c'est assavoir pour venir de Caen à Baiex pour ardre et métre à mort Ascelot Juliane, pour ses demerites, pour tout L s. Et pour le genest dont elle fut arsse, VIII s. — Item pour les despens et salaires

---

[1] C'est la mention des affaires de Godefroi de Harcourt qui m'a déterminé à rapporter ce fragment de compte au même terme que la pièce précédente, c'est-à-dire à la Saint-Michel 1343.

des diz maistres pour venir ensement de Caen à Baiex, pour pendre Thomas Hardi de Septvans, pour porter et raporter l'eschielle au gibet à ceu neccessaire, pour tout XL s. — ..... Summa: XIIII l. VIII s.

Parties de querre et prendre larrons et autres malfattours.... — Somme : x l. III s.

167.

Fragment d'un compte des œuvres de la vicomté de Rouen[1].
Saint-Michel 1343 ?

[Œuvres de carpenterie].

Pour IIII jours de Guillaume le Barbier, XVI s.
.... Pour II jours de Jehan du Mesnil, VIII s ....
Pour III jours de Jehan Cardon, XV s. Pour III jours de Pierres de Peronne, XII s..... Pour VI jours de Pierre de Gonnesse, XXX s. Pour VI jours de Colin Painvert, XXX s. Pour VI jours de Vincent de Ysneauville, XXX s. Pour I jour de Gieffroy le Picart, V s. Pour la paine de Raoul Godeffroy et d'un clerc qui li mist en escript les parties des oeuvres des lices devant dites et par petitez parties par pluseurs fois, LX s.

Somme : IX^{xx} XII l. IX s. féble monnoie, dont il chiet XL l., que sire Pierres des Essars fist baillier lors au mestre carpentier pour baillier as ouvriers, demeure VII^{xx} XII l. IX s. fébles, valent forte XXX l. IX s. IX d.

---

[1] Ce compte m'a paru de peu de temps antérieur à celui dont je donne plus loin (n. 173) des fragments, et qui est du terme de Pâques 1344. Par ce motif, j'ai rapporté celui-ci à la Saint-Michel 1343.

Œuvres de machonnerie et de plastrerie faites illec.

Premièrement, pour pluseurs ouvriers qui abatirent et fouirent entour les dites lices et au mur de la meson Marie Filleul les parties qui ensievent. Premièrement pour iii jours de Jehan Phallemon, ix s. Pour iii jours de Vincent Jourdain, ix s. . . . . Pour i jour de Colin de Saint Lo, iii s. Pour i jour de Perrot de Saint Gervés, iii s. . . . . Pour ii jours de Guillot le Preneur d'aigles, vi s. . . . .

Pour vi boisseaux de plastre, vi s.

Pour reffaire le mur et replatrer en pluseurs lieux eu manoir Marie Filleul, pour ce que les gens l'avoient abatu et despecié pour voir les joustes[1], et reffaire le dit mur, en l'endroit où la porte fu faite, viii l.

Somme : xviii l. iiii s. fiéble monnoie, valent forte monnoie LXXII s. ix d. ob.

---

[1] Il y eut à Rouen en 1343 une grande fête pour célébrer, selon toute apparence, la chevalerie du duc de Normandie, qui était alors âgé de vingt-quatre ans. Il en sera encore question dans le compte publié plus loin sous le n. 173. C'est sans doute à cette fête que fait allusion une pièce ainsi annoncée sur un catalogue de libraire : « Quittance « de Richard de Creusy (lisez: Creuly), chevalier, Galeran de Meul-« lanc, écuyer, et Jehanne Paienel, dame de Courseulle, veuve de « Raoul de Meullenc, chevalier, au bailly de Caen, de la somme de « 100 livres, pour recompensation de son palefroy, lorsqu'il fut nommé « nouveau chevalier à la fête de la chevalerie du duc de Normandie. « Mardi après Pâques 1345. » (*Catalogue des Archives du Collége héraldique*, 2ᵉ partie, p. 56, n. 524.) — Suivant le P. Anselme (I, 105), le duc Jean fut fait chevalier le jour de Saint-Michel 1332.

168.

Prise en fief, du duc de Normandie, de parties d'îles en Seine.
4 octobre 1343.

A tous ceus qui ces lettres verront, le ballif de Rouen, salut.... Fu present Robert le Brumen, escuier, qui.... confessa qu'il avoit pris en fieu et en perpetuel heritage à tous jours, du duc nostre sire, c'est assavoir douze acres de bas d'isle en Saine assis devant le Val de la Haye, en deus pièches, dont la première siet en lonc de l'isle de Lonc Bouel, contenant quatre acres, et l'autre pièche apellée le Bas de la Nef, contenant huit acres, tant aterris comme à aterrir, c'est assavoir pour quatre livres et quatre soulz de rente rendans chascun an ad deus eschequiers..... Ce fu fet l'an de grace mil ccc et quarante et trois, le samedi après la Saint Michiel eu mont de Gargen.

169.

Sommes à réclamer du roi de Navarre à raison de la châtellenie de Saint-James-de-Beuvron. — 2 novembre 1343.

Memoire de recouvrer sus monseigneur de Navarre [1], pour recompensacion indeuement faite à lui de la chastellerie de Saint Jame de Bevron, que le roy li avoit baillée en assiéte pour vi^{c}iiii^{xx} xix l. xii s. vii d. t. de rente, et le dit roy de Navarre la bailla à madame la

---

[1] Philippe III d'Evreux, roi de Navarre, mort le 16 septembre 1343.

reyne Jehanne[1] pour noz dames ses filles, mais pour certaine cause la dite chastellerie est retournée par devers le roy, et pour ce en a esté faite recompensacion à ma dite dame, et aussi en a fait le roy recompensacion à monseigneur le roy de Navarre, quar de tant li a esté amenrie et apeticiée la summe de l'assiéte de xii^m. etc. premièrement faite à lui, et ainsi en a le roy fait deux foiz recompensacion, et il ne la deust avoir fait que une, pour ce vi^{c}iiii^{xx}xix l. xii s. vii d. t. de rente à recouvrer de Pasques CCC xxxiii en ça que la dite recompensacion fu faite à ma dite dame. Tercia pars dicte summe est ii^{c}xxxiii l. iiii s. ii d. t.; valent ix^{xx}vi l. xi s. iiii d. p.

[2] Pro rege et regina Navarre. — Reddenda est cum litteris thesauri de termino Omnium Sanctorum seu finito ad ii diem Novembris CCC XLIII° in ordinario super dictos regem et reginam.

170.

Eperviers et émouchets pris dans la forêt d'Andaine et donnés par le duc à Geoffroy de Beaumont. — 30 novembre 1343.

Gieffroy de Beaumont, chevalier et chambellan du roy nostre sire, au receveur de Danfront en Passais, ou à son lieutenant, salut. Savoir vous faisons que nous, du commandement de monseigneur le duc de Norman-

---

[1] Jeanne de France, fille du roi Louis X, femme de Philippe, roi de Navarre, morte en 1349.

[2] Ce qui suit est écrit au dos de la pièce.

die, avons receu, par la main de Huet Picart, garde de la forest d'Andaine, trois esperviers et six mouchez, lesquelz le dit seigneur nous avoit donnez. Si veillez paier au dit Huet tout ce que les diz esperviers et mouchés auront cousté et qu'il auront despandu depuis qu'i furent trovez ès ayres. Et ce ne lessiez par nulle manière, en la manière qu'il est acoustumé à faire. Donné soubz nostre seel, le darrenier jour de novembre, l'an mil ccc quarante et trois.

171.

18 décembre 1343.

Mandement du duc de Normandie, au sujet d'une pension que le roi Louis X avait donnée à deux religieuses de Saint-Mathieu-lez-Rouen, Agnès de Saint-Marcel et Sedile de Saint-Marcel, à prendre sur la vicomté de Rouen, et dont la part attribuée à Agnès fut reportée sur la tête de Marguerite de Ravegny, nièce de la dite Agnès. — « Donné au bois de Vincennes, le xviii° jour de decembre, l'an de grace mil ccc quarante et trois. Par monseigneur le duc, du commandement le roy, presenz le confesseur et l'aumosnier : LORRIZ. »

Copie du 13 mars 1343, v. s.

172.

9 mars 1343, v. s..

Le duc de Normandie mande au vicomte de Rouen de faire délivrer dans la forêt de Rouvray la valeur de 10 l. t. de bois qu'il avait donnée aux maitre et frères de l'hopital de la rue Saint-Ouen à Rouen. « Donné à Saint-Christofle en Halate, le ixe jour de mars, l'an de grace mil ccc quarante et trois. Par le duc, du commandement du roy, à la relacion du souz aumosnier : MARIE [1].

173.

Parties de oeuvres faites en la baillie de Rouen comptées au terme de Pasques l'an mil CCC XL IIII. — Pâques 1344.

La viconté de Rouen.

Oeuvres de charpenterie et de couverture faites eu chastel de Rouen.

Premièrement pour vi aez de quoy l'en empecoula pluseurs trestres et fourmes, xviii s. monnoie ixe, valent vi s. fors.

Pour le portage de[s] dis aes, vi d. monnoie ixe, valent ii d.

Pour cent et demi de broques à rasteliers mises en

---

[1] A la date du 23 mars 1343 v. s., quittance donnée par Aubin le Prevost, prêtre et maitre de l'hôpital de la rue Saint-Ouen de Rouen, au vicomte de Rouen, de la somme de dix livres tournois aumônée par Mg^r le duc sur les marchands de la forêt de Rouvray.

pluseurs lieus ès rasteliers des estables du dit chastel, III s. monnoie IXe, valent XII d. fors.

Pour VI jours de Gieffroy Helluis, qui appareilla pluseurs trestes et fourmes et mist les dites brocques ès dis rasteliers et fist pluseurs autres choses, XVIII s. monnoie IXe, valent VI s. fors.

Pour VI jours de Jehan le Faut, qui ouvra avec le dit Gieffroy, XV s. monnoie IXe, valent V s. fors.

Pour I huis de Gennes mis eu chelier au viconte, lequel huis a VIII piés et demi de lonc et quatre piés et demi de lé, et y aura VII coulombes et XII traversains, et sera de quesne bon et sec, pour feire le dit huis, pour merrien et paine d'ouvriers, baillié en tache à Richart le Page, pour ce L s. fors.

Pour une sole de XXX piés de lonc et IIII coulombes et un rastelier tout neuf de XXX piés de lonc mis en l'estable au viconte, pour merrien et paine d'ouvriers, XXV s. fors.

Pour III...... mises en icelle estable, III s. fors.

Pour meitre I sollel eu solier de la chambre dessus la porte devant, par Gieffroy Helluis, IIII s. fors.

Pour .... reilles, I post et I lien eu palis d'entour les fossés hors la porte du dit chastel, de autelle fournesture comme les autres, XX..... fors.

Pour rappareillier de couverture la meson où demeure Thomas le Convers emprès la cohue, pour clou, voleille et toutes paines d'ouvriers, XX s. fors.

Pour le nestiage du chastel à cest terme, XX s.

Pour la lumière du chastel à cest terme, XL s.

Pour un clerc qui escript et doubla ces oeuvres et pluseurs autres en la dite viconté et fist pluseurs escroes à mestre Raoul Godefroy, charpentier du duc nostre seigneur, à cest terme, xx s.

Pour non compté de ce au terme de Pasques XLIII, xxx s. fiébles, valent vi s. fors.

Pour non compté de ce au terme de la Saint Michiel ensievant, xxx s. monnoie ix*e*, valent x s. fors.

Pour viii perches qui furent mises ès estables as grans chevaux, viii s.

Item pour portage, iiii d.

Item pour une coulombe mise en icelle estable, ii s.

Item pour deuz jours d'un ouvrier qui mist la dite coulombe et les perches, iiii s.

Somme : xii l. xv s. ii d.

Oeuvres de machonnerie et de plastrerie faites illec.

Pour une fenestre en la despense au viconte, laquelle fu faite pour ce que l'en ne veoit goute, pour abatre le mur, pour seeller pluseurs gons en la meson où demeure le portier, pour feire un planchié en la chambre du bailli, pour reffeire une huisserie qui estoit en la dite despense en l'endroit où l'en a fait la ditte veue, pour paine et plastre, par Andrieu Bernier, iiii l. xii s. monnoie fiéble, valent xviii s. iiii d. ob. fors.

Pour les visitacions faites ès basses chambres de la gueole du dit chastel par mestre Quicques, xv s. monnoie féble, valent iii s.

Pour oster pluseurs sauchuis de la queminée de la

chambre au viconte et d'entour le chastel, xii s. fiébles, valent ii s. v d.

Item pour non compté au terme de la Saint Michiel derrenièrement passé de pluseurs oeuvres de machonnerie et plastrerie faites eu dit chastel encontre la venue de nostre seigneur le duc et de nos seigneurs de la chambre des comptes, pour refaire en pluseurs lieus le planchié de la grant salle, le planchié de la chambre des comptes, pour plastrer et ressoler la chambre où les charpentiers meitent leurs oustis, pour refourmer le degré du celier dont l'en dessent au dess[ous] de la chapelle et le degré par où l'en monte en la chambre le roy, en la chambre madame la royne, et pour renformer les solliers de la chambre du tresor et pluseurs autres choses renfourmer eu dit tresor, et pour refaire le planchié de la cohue, et pour pluseurs huisseries estouper par le dit chastel, pour faire toutes ces choses bien et deument, asquelles faire Guillaume de la Quemune a mis xviii jours, pour chascun jour v s., valent iiii l. x. s. fiébles, valent xviii s. fors.

Pour ii plastriers qui aidièrent au dit Guillaume par les xviii jours dessus dis, à l'un ii s. vi d., et à l'autre ii s., valent pour euls deux iiii s. vi d. le jour, valent pour les dis xviii jours iiii l. xii d. fébles, valent xvi s. ii d. ob fors.

Pour ii autres varlés qui aidièrent, etc.

Pour le plastre qui entra ès dites oeuvres faire, xli mine et demie de plastre, iiii s. vi d. la mine, valent ix l. vi s. ix d. fébles, qui valent xxxvii s. iiii d. fors.

Pour curer les chambres des fossés et la chambre de

la cohue, par Guillot l'Englois et son compagnon, XLII s. fébles, valent VIII s. v d. fors.

Pour non compté etc.

Pour machonnerie faite dessous l'eschiele devant la cohue, pour pierre, caux, sablon et paine d'ouvriers, par Guillaume Yon et Raoul Lartoys, xxx s. monnoie IXe, valent x s. fors.

Pour reféré le planchié dessus la porte du dit chastel, et pour faire une encastre et un contre cueur en la dite chambre, pour ce que l'autre estoit despecié etc.

Pour fére une paroy en la despense du viconte, une huisserie entre la salle et la dite despense, refféré unes aumaires qui estoient despecies; pour refaire un pommeau de plastre en la dite despense par devers l'escriptoire au clers du viconte; pour plastrer en la salle en pluseurs lieux, pour ce que le plancié se depièce tous jours, pour ce que le planchié est fet sur la bauque, et seeler deux abatvens l'un sur l'uisserie de la meson à la gueite, et l'autre sur l'uisserie du celier par devers la cuisine; pour estouper pluseurs pertuis sur la chambre fosse au portier, pour refféré en pluseurs lieus le pignon de la chambre as debteurs; pour ce faire bien et deument etc.

Pour renfourmer le mur dehors les fossés par devers Bouvereul, depuis la porte jusques au jarding à l'artilleur; pour rasseoir pluseurs gons de pluseurs fenestres eu compteur du viconte etc.

Pour clorre une wide pièce par devant et par derrière, assis emprès la fontaine du chastel de Rouen etc.

Pour un clerc qui escript et doubla les dites oeuvres, [et fist pluseurs escroes] pour mestre Tierry de Bauteux, mestre machonnerie[1] pour le duc nostre seigneur eu bailliage de Rouen, x s.

Pour taillier et treiller les vignes d'entour les fossés du dit chastel de Rouen etc.

Pour nates achetées paur nater les siéges etc.[2].

Somme : XXII l. XIX s. v d.

Oeuvres de plon et de couverture faites par grant neccessité eu clos des gallies.

. . . Pour mettre XII estaes ès trois halles d'emprès la porte pour ce que les pos et les parnes sunt pourris, et se l'en n'y mettoit amendement briefment il pourroient bien chaer, pour ce faire, par Robert le Fauqueur, xx s.

Item autres oeuvres faites par Thomas Fouques. A Ysembart Hogueel, pour certaines oeuvres de plom et d'estaim faites par li ès goutières des dites halles, lesquelles oeuvres furent tesmoigniées par mestre Raoul Godeffroy, juré des oeuvres de la baillie de Rouen, estre bien faites, par lettre du dit Ysembart, donnée sous le seel de la viconté de Rouen le diemenche avant Noel CCCXLIII, IIII l. XVI s. v d. t.

. . . Somme : XXI l. XIII s. II d.

Oeuvres de machonnerie et de plastrerie, de charpenterie et de fer faites ès halles du viel marchié.

---

[1] Ainsi porte le rouleau. Il faut peut-être : « mestre machon. »

[2] La portion du rouleau qui contient la fin du chapitre relatif à la maçonnerie est mutilé.

Pour appareillier xxx des estaus as bouchiers, pour ce que les aiez du coutel sont usés, et meitra l'en en chascun des estaus dessus dis une des aeiz des estaus as boulengiers, et l'en feira les estaus as boulenguiers des meilleurs pièces que partiront des estaus as bouchiers, etc.

Pour meitre xxviii coulombes ès fenestres de la dite halle, pour que les joueurs de bonde montent sur la couverture des dites halles et la rompent et despiecent pour aler querre leurs pelotes par les dites fenestres, et pour paine et merrien, xxviii s.

Pour iii quarterons de grant clou à quevilleite à clouer les dites coulombes, vii s. vi d.

. . . Somme : vii l. v s. vi d.

Oeuvres de charpenterie et de fer faites ès moulins de Cailli.

Pour widier les terres au devant du planchié d'une part et d'autre, v piés en parfont, pour asseoir un railleis au devant du planchié, et passé vii piés oultre les costés, quer les terres estoient si fausses que il ne poveient durer, etc.

Pour appareillier la roe du petit moulin, affin que il peust mouldre tant que l'autre fust appareillié, et meitre x aulves noeuves, et meitre coniaux, gantilles et tout ce qui y failloit pour mouldre, et trouver bosc, et paine, par Jehan Ogier, xxx s. seconde monnoie, valent x s. fors.

Somme : L s.

Oeuvres de charpenterie faites ès lices qui furent faites devant la prieurté du Pré lès Rouen pour les jouxtes de la feste du duc nostre seigneur[1] et merrien acheté pour icelles faire.

Pour viii^{xx}xiiii pièces de merrien qui furent prises de Robert Caun, xxxviii l. etc.

Pour la despense des varlés qui apportèrent seilles et jalles pour arouser le champ où monseigneur le duc jouxta, xii s.

Pour ceus qui arèrent le camp où monseigneur le duc jousta, vii s. vi d.

Pour xvi aulnes de tele de quoy la porte fu faite, et pour coustre la ensemble, LXIII s.

Pour abatre les lices et meitre le merrien tout en un mont, par Jehan Paste, xxxv s.

Pour pluseurs journées de pluseurs ouvriers, desquelles les noms ensuivent, qui ont charpenté et dolé le merrien devant dit et fet les dites lices, les parties qui ensuivent. Premièrement pour vi jours de Gautier Racine, xxx s. — Pour iiii journéez de Guillaume Vatier, xvi s. — Pour iii jours de Robert de Guerres, xv s. — Pour ii jours de Robert Varin, vii s. — Pour v journées de ii hommes qui scièrent le merrien dessus dit, qui failloit à scier, par les dites v journées, L s. — Etc.

Oeuvres de fer faites eu dit chastel de Rouen.

Pour une sereure de fust mise en la tour où l'en met l'avoine, ii s. monnoie ixe, valent viii d. fors.

Pour une clef mise en l'uis du degré de la dite tour, xii d. monnoie ixe, valent viii d. fors.

---

[1] Sur cette fête, voyez plus haut, n. 167.

Pour une sereure en la basse salle au bailli, III s. monnoie IXe, valent XII d. fors.

Pour rasseer une sereure en la grant cuisine, VI d. monnoie IXe, valent II d. fors.

Pour une sereure et I clavel rassis chies le portier, XII d.

Pour II claveaux et III clés mis en la despense de la grant salle, VIII s. monnoie IXe, valent II s. VIII d. fors.

Pour rasseer une sereure en une chambre du tresor, VI d. monnoie IXe, valent II d. fors.

Pour II crampons de fer mis en la chambre où gist meſtre Guillaume du Bois, VI d. monnoie IXe, valent II d. fors.

Pour .... en l'uis de la chambre où gist sire Pierre des Essars ....

.... La chambre où gist messire Vincent Buffet ...

Pour III clefs à locquet mises en l'uis par où l'en va en la grosse tour.....

Pour appareillier la sereure de la grant tour.....

Pour II tiraus qui sont en la salle aus souspechonneux, qui poisent VII peséez et demie. ..

Somme : VII l. VII s. X d.

OEuvres de charpenterie et de fer et de plastrerie faites en la gueole du dit chastel.

Premièrement pour redrecier la cheminée de la chambre as soupechonneux qui estoit cheue, et rassembler l'artref et les corbeaux et mettre un sommier tout neuf pour souspendre la dite cheminée, et mettre ıı solleaux en la chambre as souspechonneux, pour paine et merrien, xxıı s.

Pour une fenestre qui fu mise en la dite geole par où l'en livre le pain as prisonniers, pour paine, merrien et penture, xx d.

Pour reffaire le tuiau de la queminée de la salle aus souspechonneux qui est cheue depuis l'artref jusques au feste de la dite salle, et est faite de plastre gachié par truelées, et le contrecueur du que...... semblable, et pour reffaire le pavement de la dite salle que la queminée avoit depecié; pour seeler rativaux ou mur au dessous de la couverture qui queuvre le degré; pour haguier et resseeler le plastre par tout où mestier en estoit, et pour reffère en la salle as debteurs une encastre autel comme celui qui est en la dite salle emprès la dalle de plom, et pour plastrer en la dite sale où l'en a mis un solivel, pour ce que le feu avoit ars l'autre, pour l'encastre qui estoit depecié, pour ces choses fère bien et deument doit avoir Jehan Vassal, pour toutes paines d'ouvrers et fournestures, ıııı' l. xıı d.

Somme : cvıı s. ıııı d.

OEuvres de machonnerie, de plastrerie, de fer et de couverture faites par grant necessité en la rue de l'Osmosne.

Pour[1] appareillier xxv meisons en la dite rue, desquelles y fu compté au terme de la Saint Michiel derrenièrement passé xx l. féble monnoie, et durent estre

---

[1] Ici on lit en interligne ces mots : « Reddidit ad Sanctum Michaelem ccc xliıı, de nimis capto hic, ıııı libras. »

appareilliées du merrien des lices qui furent à Rouen faites quant monseigneur le duc jouxta, ovec ıı meisons qui ont esté faites noeuves en icelle rue, et qui eust vendu le merrien tout des dites lices, il n'eust esté vendu que vıı l. forte monnoie; et qui eust acheté le merrien à rapparer les xxv mesons dessus dites et le merrien à faire les ıı noeuves, il eust couté xııı l. et plus; et furent les xxv mesons bailliées à rappareillier et les deux à faire noeuves, pour paine de charpenterie, par rabés, à Raoul de Grouchemont pour vıı l., desquelles repparacions il fu compté au terme de la Saint Michiel derrenièrement passé, comme dessus est dist, xx l. féble monnoie, qui valent ıııı l. fors; et puis fu delessiée la tache pour la mutacion de la monnoie, et fu rebailliée à rabés par vıı l. t. fors; ainsi doit l'en compter à cest terme pour les repparacions dessus dites, por poi compté de ce, lx s. fors.

Pour faire ès mesons dessus dites xxvı huis et xxvı fenestres si bons et si suffisans comme il appartient, et trouver bosc, clou et toutes paines d'ouvriers, baillié en tache par rabés à Jehan Durant pour vı l. x s. fors.

Pour rappareillier par grant necessité en la dite rue xxv mesons tout en la manère que les autres ont esté appareillies, quer elles sont toutes fondues, et seront les fillières et les chevrons levés au bout de haut, et y aura coulans, pour ce que il sont si plates que il pluet par tout, pourroit bien couster chascune meson pour paine et merrien xııı s., valent les maisons xvıı l.

Pour couvrier chascune meson, later et trouver toutes estoffes, xvı s., valent les xxv mesons xx l.

Pour charier le dit merrien des dites liches jusques en la dite rue, à Jehan d'Aulage, xxxv s. fors.

Pour xxv pesées de fer mises en gons et en vertevelles pour pendre les huis et fenestres dessus dites, par Jehan de l'Aitre, lxxv s.

Pour ii^c de grant clou de quoy les coulombes des mesons de la dite rue furent cousues, et les toniaux qui y furent mis, acheté à Laurent Fournel, chascun cent iii s. vi d., valent vii s.

Pour soller xxiiii mesons en la dite rue de bonne pierre, et doit l'en meitre en oeuvre la bonne pierre que l'en trouvera sur le lieu; et pour faire à chascune meson un sueil de la dite pierre, si que il ne se puist meffère à nul temps; pour plastrer les dites mesons par tout là où mestier en est; pour ces choses bien et deuement feire, et doit avoir Guillaume de la Quemune pour chascune meson vii s. pour toute paine et fournesture, à rabés acoustumé, valent viii l. viii s.

Pour soller la meson où demeure mestre Mahieu le Bourrel et l'autre semblable emprès icelle. . . . .

Somme : lxxii l. xviii s. vi d.

OEuvres de charpenterie, de fer et de couverture faites eu chastel de Moulineaux.

Pour emploier xiii milliers d'escende sur les alées du bout de la salle par devers Saine, dont la charpenterie fu comptée au terme de la Saint Michiel derrenierement passé, pour couvrir les dites alées de la dite escende et trouver escende, clou et paine d'ouvriers, baillié en tache par rabés à Robert le Balenchier, chascun millier pour xx s, valent xiii l.

Pour demi millier de late à later les dites alées et trouver late, canlates et toute manière de clou ad ce feire, xxx s.

Pour viii huis noeufs mis eu dit chastel, c'est assa-voir ii en la tourelle d'emprès la porte, un en la chambre du celier et une trappe toute noeuve de manteaux et de carreure, un huis en l'estable, deux en la chambre au chastelain, un en la chambre de la porte, et un en la chambre eu prestre, et feire v fenestres noeuves eu dit chastel, et appareillier tous les huis et les fenestrez d'icelli qui sont toutes despecies et despenduez, et qui ne les refferoit, il seroient tous degastés, pour faire ceste besongne en la manère que dit est, et laucheter tous les huis vieux et noeufs, et seront de quesne bon et sec, et trouver bosc, clou et toute paine, baillié en tache par rabés à Ricart le Page pour xi l.

Pour xxiiii pesées de fer mises en gons et en vertevelles et tourouls et touroullières pour pendre les diz huis, baillié en tache, par Jehan de l'Aitre, chascune pesée iii s., valent iiii l. x s.

Pour iic de clou à clouer les pentures des dis huis et fenestres, à Laurens Fournel, vi s.

Somme : xxxvii l. vi s.

174.

22 mai 1344.

Le duc de Normandie donne à Pierre Paumier, épicier et valet de chambre du roi, une rente viagère assignée « sur le courretaige des draps de la ville de Baiex... Donné au Vivier en Brie, le xxii⁰ jour de may, l'an de grace mil CCC XLIII. Par monseigneur le duc, de la volenté le roy, present monseigneur G. de Beaumont : LORRIZ. »

Copie du 28 juin 1344.

175.

3 juin 1344.

Le duc de Normandie mande au vicomte de Falaise de faire payer sur les ventes des bois « de Basoches ou de Quenivet, » une somme de 20 l. t. qu'il avait donnée à Raoul le Faverel. « Donné à Jouy l'abbaye en Brye, le iii⁰ jour de juing, l'an de grace mil trois cens quarante et quatre. Par le duc, de la voulenté du roy, à la relacion de l'aumonnier : ROUGEMONT. »

176.

juillet 1344.

Le roi confirme une sentence prononcée en l'assise de Caen, le lundi après la Saint-Martin d'été (5 juillet) 1344, par laquelle Jehan Pepin, écuyer, fils de feu Thomas Pepin, fut remis en possession du moulin Fossart, sur la rivière d'Elle, moulin dont feu Roger Bacon, chevalier, s'était injustement emparé, et que Guillaume Bacon, fils de Roger, n'avait pas voulu rendre. Dans la sentence figurent Richart de Bitot, vicomte de Bayeux, Guillaume Jupin, procureur général du roi et du duc au bailliage de Caen, Jehan du Moustier, avocat et conseiller du roi et du duc au dit bailliage, Gui de Besanchon, bailli de Caen, Geffroy de Ruppalay, Guillaume Porte, Roger de la Mote, Patrice Garin et Raoul Auserey, conseillers du roi et du duc.

Copie du 28 juillet 1344.

177.

Exploits de la forêt de Saint Sauveur le Vicomte, à compter au terme de la Saint Michel 1344.

Plés tenus par Guillaume Peldor pour Jehan de Brene, chastellain de Saint Sauveur et garde de la terre en main de roy[1], l'an dessus dit le vendredi avant Rouvesonz[2].

Sur le verdier.

Jehan Daillet, pour 1 blançon[3] de quesne et 1 blançon de fauc, montant viron II quarétées, VIII s. — Rogier Mulot, pour 1 coupel de fauc, montant III sommez à cheval, XVIII d. — Regnouf Boscher, pour 1 blançon de querne sec versey, de III faiz, II s. — Guillaume Vil-

---

[1] A cause de la forfaiture de Godefroi de Harcourt.

[2] 7 mai 1344.

[3] Ici et plus loin, le rôle porte *bl*, avec un signe d'abréviation. J'ai lu « blançon, » ce qui peut être une altération de « plançon, ou « planchon. » Voyez du Cange, aux mots *Planco* ou *Planconus*, t. V. p. 287 et 289.

lecoc, pour 1 blançon de fauc vert, de 11 faiz, xviii d. —
Colin le Mareschal, 11 avoirs, xii d. — Colin Vasselin,
pour 1 blançon de querne et 1 blançon de fauc, de demie
quaretée, v s. — Somme : xix s.

Sur Saudret.

Jehan Richier, pour branches de fauc vert, de 11 faiz,
xviii d. — Thommas Hamelin, 11 avers, xii d. — Jehan
le Roux, 1 avoir, vi d. — Colin le Blont, 1 avoir, vi d.
— Thomas Morin, 1 avoir, vi d. — Jehan le Blont, 1
avoir, vi d. — Jehan Yon, pour 1 fais, xii d. — Jehan
Morin, 1 avoir, vi d. — Agnaiz la Chamberière, pour
herbe, vi d. — Guillaume le Maignien, Guillaume Nichole, Guillaume Burgan, les Pognies, Richart Choque, pour herbe, vi d. (chacun). — Somme : ix s.

Sur Raoul le Vesié.

Jehan Henri, collier[1], vi d. — Jehan Hamelin, collier, vi d. — Guillot Coustans, collier, xii d. — Lanchon, collier, et Richart Saissot, collier, en la haye
d'Auvreville, xii d. — La fille qui fut Guillaume Ade,
collière, vi d — Jehan Belley, alias le Foley, collier,
vi d. — Jehan Morin, pour branches de quesne et de
faut, iii s. — Perrin Camin, collier, vi d. — Jehan
Yon, pour 11 colliers, xii d. — Mathieu du Prey, pour
11 avers, xii d. — Guillaume Coustans, pour 11 avers, xii
d. — Jehan Belley, pour iiii avers, ii s. — La fille qui
fut Perrin de la Hague, collier, vi d. — Rogier le Defferey, pour boys vert pris en la haye d'Auvreville, xii d.
— Jehan l'Envergié, collier, vi d. — Jehan Colart, col-

---

[1] Ce mot doit désigner l'usager qui portait lui-même le bois qu'il
avait droit de prendre dans la forêt.

lier, vi d. — Perrin Seele, de Taillepié, collier, vi d.
— Symon Maridort, viron iii quaretées de coupeaux
de fau, viii s. — Symon de Sae, collier, vi d. — Guillaume Martin, pour viii avers, item pour v avers, vi s.
vi d. — Colin Seelle, ii avers, xii d. — Colin Hamon,
i avers, xii d. — Guillaume Ygar, i aver, vi d. — Colin Cronney, i aver, vi d. — Mahaut des Faus, i aver,
vi d. — Symon Seelle, ii avers, xii d. — Aubin du
Quesney, ii avers, xii d. — Regnart, collier, vi d. —
Perrin le Noir, ii avers, xii d. — La deguerpie Raul
Hervis, i aver, vi d. — Guillaume l'Ami, l'esney, i aver,
vi d. — Somme : xxxix s. vi d.

Sur Raul le Nouvel.

Marguet de la Barre, collier, vi d. — Mahaut des
Faus, collier, vi d. — Regnouf Boscher, collier, vi d.
— Colin du Douit, pour x escos de quesne sès et ii de
fauc, vi s. — Perrin de Rosey, collier, vi d. — Michiel le Rosey, collier, vi d. — Guillaume le Rouyer,
ii avers, xii d. — Jehan Hervys, ii chevaux, xii d. —
La deguerpie Colin Daillet, i aver, vi d. — Le filz au
Mosnier, collier, vi d. — La Pinche, collière, vi d. —
Jehan de Launey, qui n'est pas coustumier, ii avers, ii
s. — Colin le Prevost, ii avers, xii d. — Raul Lenguedé, pour i somme de boys, xii d. — Guillaume Oppinel, ii avers, xii d. — Mehaut Surel, collier, vi d. —
Somme : xvii s. vi d.

Sur Jehan Bernart.

Guillaume Martin, l'ainsné, pour ii avers, xii d. —
Beauvallet, collier, vi d. — Symon Seelle, i aver, vi d.
— Somme : ii s.

Raul Mulot, pour espinez couper eu fossey du petit parc, trouvey par Estennot le Lyon, portier, xii d.

Sur Antoyne Malragart, vallet Peldor.

Colin Vasselin, ii avers, xii d. — Guillaume le Roux, ii avers, xii d.

Par le chastellein et Peldor.

Jehan Daillet, iiii avers, ii s. — Richart Mulot, ii avers, xii d. — Raul Mulot, ii avers, xii d. — Le Regnaut, i aver, vi d. — La deguerpie Villecoc, i aver, vi d. — Perrin de Lastelle, i aver, vi d. — Guillaume Belley, i aver, vi d. — Saudret, i aver, vi d. — Jehan Hamelin et Villecoq, iii avers qui lour furent bailliez en garde, xviii d. — Somme : xi s.

Par Peldor, du temps du chastellain de Chierebourc.

Jehanne Villecoc, iii avers, xviii d. — Richart Mulot, i aver, vi d. — Raul Mulot, iii avers, xviii d. — Guyart Cauvin, i aver, vi d. — Rogier Mulot, iii avers, xviii d. — Somme : v s. vi d.

Par les forestiers.

Mathié du Pré fist amende au chastellein de Cherebourc de xxxvi quesnes et de plusours faus qu'il avoit plantés en son mesnage, lesquelz il avoit achatés de Jehan le Mestre, filz Robin, par le pris de uns vieulz estiveaux; et à cen fut present le dit Jehan, qui confessa que il les avoit vendus et esrachiez en la place à l'abbey, entre Noel et la Chandelour, et pour cen il demoura en prison, et emprès cen Mathie Hue le plega envers le dit chastellein, et furent faites les dites amendes le ve jour de may l'an xliii : xxv s. — Somme : xxv s.

Deffautes.

Richart Hamelin, vers don Thomas le Pelerin, prestre, et recorda Raul le Vesyé qu'il l'avoit adjourné.....

178.

Don fait par le duc de Normandie à Jean Boudart, son pannetier. — 2 octobre 1344.

Guillaume Balbet, tresorier le roy nostre sire à Paris, au baillif ou au viconte de Gisors, ou à leurs lieus tenans, salut. Nous vous mandons que la somme de cent et quinze livres tournois qui vous apperra estre deuee à Jehan Boudart, panetier de monseigneur le duc de Normendie, pour cause du don à lui fait par le dit monseigneur le duc en cest present voyage d'Agennois, vous li payez et delivrez, ou a son certain mandement, tantost et sanz delay.... Donné à Limoges, le IIe jour de octobre, l'an de grace mil trois cens quarante et quatre.

179.

25 octobre 1344.

Le roi assigne sur la recette de Gisors les gages que prenait jusqu'alors sur la chambre aux deniers de la reine[1] Etienne de Noyon, varlet des sommiers de

---

[1] Jeanne de Bourgogne.

l'échansonnerie de la reine. — « Donné à Saint Christofle en Haleté, le xxv⁰ jour d'octobre, l'an de grace mil ccc quarante quatre. »

Copie du 25 mai 1356.

180.

Assignation du douaire de Jeanne de Moustiers, veuve de Jean Tesson, chevalier, décapité pour crime de haute trahison. — 8 janvier 1344, v. s.

A touz ceus qui ces lettres verront ou orront, Blesc de Laon, clerc, garde du seel de la viconté de Caen en main de roy, salut. Sachiez que nous avons veu et diligenment regardé le tiers lot des heritages qui furent feu Jehan Tesson, jadiz chevalier, sire de la Roche Tesson, baillié à noble dame madame Jehanne des Moustiers, jadiz fame du dit chevalier, par lequel lot sont annexées les lettres du baillif de Costentin et du lieutenant du baillif de Pontourson, contenant cette forme :

C'est la tierce des trois parties des heritages qui furent feu Johan Tesson, jadis chevalier et sire de la Roche Tesson, bailliées par homme pourveu et sage le baillif de Costentin, Joscelin du Pertus, et mis en la main de noble dame madame Jehanne des Moustiers jadis femme du dit chevalier ; pour fère les dites parties et avoir des diz heritages partie de son douaire, adjugé et delivré par le roy nostre sire à la dite dame, par les patentes lettres d'icelli seigneur adrechanz au dit bailli et au visconte de Coustances, lesquelles choses appairent plus pleinement par la forme des dites lettres et de un memorial annexé parmi la copie de un vidimus d'icelles, desqueles lettres et memorial les tenours ensuient, et premièrement la teneur des dites lettres :

Ph. par la grace de Dieu roys de France, à touz ceulz qui ces presentes lettres verrunt, salut. Nous faisons savoir que, comme Jehenne des Moustiers, fame jadis de feu Jehan Tesson, chevalier, jadis seigneur de la Roche Tesson, nous ait monstré en complaignant que, ja soit ce que par la coustume de Normendie, dès dont que le mariage fut fait et consommé entre son dit mari et elle, droit fut acquis à elle d'avoir pour son douaire la tierce partie de toute la terre que son dit mari avoit et posseoit eu temps que il espousa, et que ensement fame mariée de droit escript ne devoit perdre son douaire pour le meffait de son mari, fust de leze majesté roial ou autre, et aussi que par la dite coustume de Normendie, où estoit assise la dite terre dudit feu son mari, ne le privoit pas; nienmains noz genz pour la cause de ce que la terre du dit feu son mari nous a esté et est confisquiée par la mort d'icelui feu son mari[1], ont saisi en nostre main toute la terre entièrement du dit feu son mari, et en ce faisant ont occupé le dit douaire de la dite complaignante, que elle ne peut avoir joy ne avoir en assignacion aucune, si comme elle dit; si nous a supplié humblement que,

[1] Jean Taisson fut décapité à Paris le 3 avril 1344. Voyez *Histoire de Saint-Sauveur*, p. 55

comme elle n'ait de quoy elle puisse soustenir et garder l'estat de elle et de douz petiz effanz dont elle est demourée chargée, fors tant seulement, deus 'cenz livres tornois de rente, que de nostre grace sur ce lui avons données à sa vie, ne n'ait ensement habitation à demourer pour elle et ses diz effanz; nous voulsissons, de nostre grace, sur ce avoir compassion et misericorde de elle, et delivrer lui son dit douaire, ou faire lui tielle grace comme il nous pleroit; laquelle supplicacion de la dite complaignante par nous recheue, nous sur icelle avons eu deliberacion avec noz amez et feaulz conseilliers de nostre parlement, par lesquiex nous avons fait voier le droit escript et ensement le registre de la dite coustume fessanz en ces cas, et par iceulz avon trouvé que[1], la dite complaignante, tant de droit que de coustume escripte, considéré ensement le cas pourquoy son dit mari mourut, ne deit par la confiscation d'icelui perdre son dit douaire; pourquoy, nouz, de certaine science, lui desclerons et ajujons par ces présentes son douaire dessus dit, et mandons et commetons au ballif de Costentin et au visconte de Coustances et à checun de eulz que, ces lettres veuees, il se transportent, ou l'un de eulz, par touz les lieuz où la terre du dit feu son mari estoit et est assise, et sanz delay facent assignacion et plaine delivrance à la dite complaignante de son douaire dessus dit, en toute et par toute la terre d'icelui feu son mari, non obstant ce qu'elle nous soit confisquée par la mort d'icelui,

---

[1] Au lieu de : « que, » la copie porte : « de. »

comme dit est, et quelquonques ussages à ce contraires, et ensement quelconques dons ou assignacions que nous aions faiz à autres personnes, soit à vie ou autrement, de la dite terre du dit feu son mari, mesmement que nostre entente ne fut onques ne ne soit de empescher ou donner le droit d'autri, lequeles choses dessus dites nous avons otriées à la dite complaignante de grace especial, pourveu toutes vays que, en feisant à la dite complaignante la dite assignacion ou assiste de son dit douaire, les diz douz cenz livres de rente que nous lui avons données à sa vie, comme dit est, soient emploiés en la dite assignacion ou assite, et soient rabatuees à la dite complaignante de ce que il lui deivra appartenir pour son dit douaire. En teimoing de ce, nous avons fait mestre nostre seel en ces presentes lettres. Donné à Paris, le VIIIe jour de janvier, l'an de grace mil CCC XLIIII.

Item la teneur du dit memorial ensuit :

L'an de grace mil CCCXLIII, le dimenche jour des Brandons[1], à Valongnes, devant nous bailli de Costentin se representa madame Jehanne des Moustiers, jadis fame de monseignor Jehan Tesson, jadis seignor de la Roche Tesson, et nous presenta un vidimus seelé du seel de Castelet, euquel estoient encorporées les lettres du roy nostre sire, par la copie duquel vidimus cest memorial est annexée, et nous requist que nous li baillissons son douaire en la manère que mandé nous estoit par les dites lettres du roy, et que nous lui

---

[1] 13 février 1345, n. s.

meissons au delivre, en tielle manère que elle en peust joir et avoir tiel profiet comme raison seroit, et nous à sa requeste, oy et veu les dites lettres, pour fère sur ce que raison seroit et pour aler avant à acomplir le contenu de icelle, meismes et baillames en la main de la dite dame, en tant comme fère le povons, pour en fére les loz, selon la coustume du pais, touz les heritages de quoy le dit sire de la Roche estoit seisi au temps que il espousa la dite dame, ou que il avoit adcuis au trespassement, desquelles, par la teneur des dites lettres et selon la coustume du pais, elle peut et doit avoir douaire, pour apporter les diz loz en la prochaine assise de Coustances, ou soy representer pour fére ou aler avant comme raison sera, par lie ou par autre. Donné comme dessus.

Item les choses en ceste partie comprises ensuivent :
— Qui ara ceste tierce partie ara et tendra tout le fieu de Heinneville entièrement ovec toutes les choses à icelui fieu appartenant, et tout ce que le feu seignor avoit et tenoit à heritage en la viconté de Valongnes, à quelque cause que ce fust. Item le fieu de la Coulombe entièrement, excepté le manoir ou chastel dit de la Roche Tesson, qui est mist en la partie première de cil qui ara le fieu de Percey, avec servise de bordage tant soulement, à cause du dit fieu de la Coulombe deu, et les autres servises deuz à cause du dit fieu de la Coulombe au dit manoir ou chastel demourreront à cil qui ara le dit fieu de la Coulombe. Item cil qui ara ceste partie ara et perchevra toutes les rentes, dretures et revenuees que le dit feu seignor prennoit et perce-

voit en la parroche du Chiffrene par raison du dit fieu de la Coulombe, et aura deus livres de cire de rente deuees sus les emolumenz de la foire de Saint Clement en la parroche de Villedieu de Chauchevrol. Item cil qui aura ceste partie aura et prendra sus Martel de Basqueville sexante et oict livres tornois de rente que le dit Martel devoit au dit feu seignor de la Roche, par raison du mariage de sa mère. Item cil qui aura ceste partie aura le droit des presentations des ygleses o cure de Verniz et Sainte Oenne et la provende de Tirepé sans cure. A tenir et poursseir toutes les choses dessus dites en semblable et telle manère comme le dit feu seignor de la Roche les posseoit et tenoit en son vivant, tant en manoirs quelçonques estant ès diz fiex et à iceuls appartenans, et avec toutes les noblesces apartenant ès diz fiex, toutez rentes et revenuees d'iceuls, touz les demaines à iceuls appartenant, tant en boys, prez, terres gangnables, moulins, estans, viveis, juridicions et seignories de toutes autres choses ès diz fiex appartenans, sans rien escepter, fors seulement le dit chatel ou manoir de la Roche, qui en est escepté, avec le dit servise de bordage, en la manère que si desus est dit et devisé. Et paiera cil qui aura ceste partie et rendra checun an de rente au prior de la Couperie, pour la rente ordenée et donée ansiennement à cause du servise de Dieu par lui feit en la chapelle du dit manoir ou chastel de la Roche, quinze quartiers de forment de rente à la mesure de Villedieu et as termes acoustumez.

Et ce que nous avons veu nous tesmoignons à touz

par ces patentes lettres seellées du seel de la viconté de Caen, souz lequel seel nous aprouvons estre vraie toute l'escripture contenue ès trois premieres lignes de ceste lettre, qui ne sont pas de la lettre ne de la main de celi qui escript le demourant, més l'avons escript jusques à cest mot *Jehan Tesson*. Ce fut fait l'an de grace mil ccc et cinquante, le diemenche après la Saint-Vincent[1].

181.

23 janvier 1344, v. s.

Le duc de Normandie, en considération des services que feu Hervé de Léon, chevalier, avait rendus dans les guerres de Bretagne, renonce, en faveur du fils mineur du dit Hervé, aux droits qu'il pouvait avoir sur les fiefs normands de ce dernier. — « Donné à Fromont près de Corbueil, le xxiiie jour de janvier, l'an de grace m ccc quarante et quatre. »

Copie du 28 novembre 1348.

182.

Mandement du Roi en faveur de Jean de Surrain, fermier d'une imposition de quatre deniers pour livre sur les draps de bourre vendus à Thorigny. — 1 février 1344, v. s.

Philippe, par la grace de Dieu, roys de France, au baillif de Caen et au viconte de Baiex, où à leurs lieux

---

[1] 23 janvier 1351.

tenans, salut. A nous s'est complains Jehan de Surrain, fermier de l'imposicion de quatre deniers pour livre des draps de bourre et de la bourre et pluseurs autres marchandises vendues en la ville et banlieue de Thorigny, que, comme pour les pertes et dommages que il avoit euz et soustenuz en ce et pour que le lundi après la Saint Thomas apostre devant Noel l'an quarante et trois[1], assez tost après ce que derrenièrement il out pris la dite ferme, le sire de la dite ville de Thorigny, ou ses gens pour li, de son auctorité, droit ou volenté, fist ardre la bourre et les draps de bourre de la dite ville et banlieue qui baillies li estoient par especial, vous, par vertu de noz autres lettres passées par la chambre de noz comptes à Paris, informacion par vous ou l'un de vous faite sur ce, eussiez rabatu et deduit au dit complaignant deus cens et soixante livres tournois de la somme à quoy il tenoit la dite ferme et li baillié quittance sur ce; nientmoins, pour ce que en la dite informacion et lettres de quittance estoit escript, par vice ou deffaut, que les dis draps et bourre furent ars le lundi après la Saint Mathieu apostre, et il y devoit avoir le lundi après la dite feste de saint Thomas apostre, noz amez et feaulz gens de noz comptes qui furent à Rouen à l'eschequier de la Saint Michiel derrenièrement passée ne voulurent la dite somme allouer en voz comptes, en disant, pour cause du dit vice ou deffaut, que il apperoit par voz dites informacion et lettres les diz draps et bourre avoir esté ars avant que le dit complaignant eust derrenièrement

---

[1] 22 décembre 1343.

pris la dite ferme, et pour ce vous faites contraindre le dit complaignant à nous paier la dite somme en son grant préjudice et domage, si comme il dit, requerant que sur ce li veulliens pourveoir de remède gracieux et convenable; pourquoy, nous, oye sa requeste, et qui ne voulons pas par un tel vice ou deffaut le dit complaignant estre si grandement domagié, vous mandons et commettons, se mestier est, et à chascun de vous, que se sommièrement et de plain, veues les lettres du bail de la dite ferme, et appelez et examinez derrechief les tesmoings qui furent examinez à la dite informacion faire, et autres qui à ce seront à appeler, il vous appert estre ainsi, et que les diz draps et bourre fussent ars depuis que le dit complaignant out derrenièrement pris la dite ferme, comme dit est, vous la dite somme de deux cens et soixante livres déduisiés et rabatez au dit complaignant sanz delay de la somme en quoy il estoit tenuz à nous pour cause de la dite ferme, en la manière que rabatue et deduite li aviés par vertu de noz dites lettres, comme dit est, et ycelli ne faites contraindre d'ores en avant en corps ne en biens pour cause de la dite somme en aucune manière; mais se aucune chose estoit pour ce prise, saisie ou arrestée du suen, si li rendez et mettez au delivre sanz delay. Et nous mandons par ces presentes à noz dites gens des comptes à Paris que la dite somme eulz allouent en vos comptes et rabatent de vostre recepte sanz difficulté, ou cas dessus dit, car ainsi le voulons et avons ottroyé au dit complaignant, de grace especial, se mestier est. Donné au bois de Vincennes, le premier jour de fevrier, l'an de grace mil CCC XLIIII. Par le roy, à la relacion de mess. Berenger de Montaut et Hervy le Coch : J. DE MENS.

183.

Don fait par le roi aux habitants de Marolles, pour réparer leur église.
14 février 1344, v. s.

Philippe, par la grace de Dieu, rois de France, au receveur de Byaumont le Roger, ou à son lieu tenant, salut. Nous avons donné et donnons ceste fois de grace especial, pour Dieu et en aumosne, as habitans de la parroisse de Maarolles, cinquante livréez de boys pour convertir en la reparacion de leur eglise, laquele a esté arse par cas d'aventure..... Donné à Espiers, le XIIIe jour [de fevrier l'an de grace mil CCC quarante et qua]tre [1], souz nostre seel nouvel.

184.

Fragment d'un rôle de travaux faits au château et à la geôle de Caen.
Pâques 1345.

..... Pour repaindre de nouvel la chapelle à la royne de pluseurs bonnes et diverses coulours, et pour repaindre illec à yeulle de bonnes et fines coulours en

---

[1] J'ai restitué la date en me servant d'une note des gens des comptes qui est au dos de la pièce et qui est datée de Paris, le 23 février 1344, v. s.

la manère que il estoit avant, c'est l'autel de la dite chapelle avec l'image, et la chapelle d'icelui autel, en tasche et par rabais, par P. le Painteur, LXVI s.

Pour pluseurs vinages paiez pour pluseurs tasches allouées en ces presentes oeuvres, XX s.

Somme : LXI l. VII s. II d.

Item oeuvres de la forteresche du dit chastel de Caen du dit terme de Pasques CCCXLV.

Pour VI journées de Colin de Cheuz, couvreour, pour couvrir la moitié d'un crepon en la grosse tour et fester les allées du haut des combles de la dite tour, et pour rappareiller pluseurs pertuis sur la salle et sur la despense où le chastellain demeure, et pour recouvrir dem[ie] l'elle des chambres aesiées de dessus les garites, XX d. par jour, valent X s.

Pour VI journées de Jehan Boit l'eaue, couvreour, pour ouvrer illec, II s. par jour, valent XII s.

Pour VI journées de Colin de Breteville, vallet, qui illec servi, XII d. par jour, valent VI s.

Pour deux sextiers de caux mis et emploiez en la dite besoigne, achetez de Jehan Boit l'eaue, XII s.

Pour II sextiers de sablon mis et emploiez illec, achetez de Jaquemars, pour tout, XX d.

Pour millier et demi de pierre d'adoise mis et emploiez illec, achetez de Jehan Boit l'eaue, pour tout, XXII s. VI s.

Pour un cent de clou à late mis et emploié illec, acheté de Th. le Gringnetel, III s.

Pour V^c de clou à late mis et emploiez illec, acheté de G. Belin, II s.

Pour iii^m de queville mis et emploiez illec, achetez de Henri Garin, xii d.

Pour porter les dites matères à la dite besoigne par les porteur, v s.

Pour lambroissier la chambre où le chastellain gist, en tasche et par rabais, par Robert Erembourc, pour paine, xxx s.

Pour xii tonneaux wiz pour faire le dit lambruiz achetez de Jehan le Prevost, le tonneau v s. valent lx s.

Pour iii m de clou à late et ii m de clou à cantier achetez de Guillaume Belin, pour tout, xxiii s. vi d.

Pour porter les diz tonneaux par les porteurs, pour clorre les deux pars de la cheminée de desus les guerniers d'aez de Faloise, et faire un caeril pour le lit au chastellain, et pour estouper un pertuiz au dessous de la fenestre du guernier, et garnir au fest dis diz garniers, pour v journées de Guillaume de la Mare et de Raoul Roussel, carpentiers, pour ce faire, pour chascun xx d. par jour, valent xvi s. viii s.

Pour une douzaine d'aes de Faloise mis et emploiez illec et ailleurs, là où il failloient, achetez de Thomas le Gringnetel, xii s.

Pour non compté au terme de la Saint Michiel derrenièrement passée, pour xii couples de fer et vi serreures, avec les tournois, pour les mues as oiseaux de la dite forteresche, achetez de Jehan Rivoiz, pour tout, viii s.

Pour taillier les vignes et lier icelles et redrechier les preaux de la dite forteresche, pour bois à ce faire et pour paine, en tasche, par Robin Cousin, xxiiii s.

Pour 1ᶜ de clou sourrestaine à boche pour coustre les limandes et la chambranne de la porte de la sale à la royne, xii s.

Pour une clenque à tournet et un anel o sa fournesture à la dite porte, v s.

Pour un loquet à deux clez mis en l'uis de la cuisine au chastellain, iii s.

Pour iii paneaux de plastre, chascun de iii piez de ley et de x piez de haut, faiz entre les chambres aesiées de desus les garites, et pour faire un panel de plastre entre deux chambres près de la neuve machonnerie au desus du sommier qui porte les garites, et pour un panel de plastre au dessouz de la noe par où l'en monte à aler en la tour, et pour une cheminée en la chambre de la garde robe au chastellain, pour faire toutes ces choses en tasche, par Raoul Piquen, et pour trouver plastre et pierre à ce, pour tout, LV s.

Pour faire de machonnerie deux sieux de pierre de taille et haucher un costé de parpain de ii piez en la sale à la royne et ès chambres jouxte icelle sale souz les garites, et faire un astre en la dite sale, pour toutes ces choses faire et trouver tout, excepté caux et sablon, par J. d'Auge, XL s.

Pour iii mines de caux à ce faire achetées de Jehan Boit l'eaue, ix s. Item pour ii mines de sablon achetées de G. Buffeline, xviii d. et pour portage, xx d.

Somme : xviii l. xix s. vi d.

Somme toute des oeuvres de la dite forteresche ; pour les diz deux termes, iiiiˣˣ l. vi s. viii d.

OEuvres pour la jeolle illec.

Pour vııı journées de Colin Piet, couvreour, pour pourgeter et mettre à mortier la maison dessus la prison aus fames, et pour faire pluseurs reparacions en la dite geolle, par tout où mestier estoit, par jour xx d., valent xııı s. ıııı d

Pour xıııı journées de J. Boileaue, mestre couvreour, pour couvrir illec, ıı s. par jour, valent xxvııı s.

Pour xıı journées de Michiel Milet, vallet, pour servir illec, xıı d. par jour, valent xıı s.

Pour ıııı sextiers de caulx mis et emploiez illec, achetez de Jehan Boilleau, le sextier vı d. valent xxıııı s.

Pour ıııı sextiers de sablon mis et emploiez illec, achatez de G. Buffeline, le sextier xıı d., valent ıııı s.

Pour porter les dites matères par les porteurs, ıı s.

Pour v journées de Robert Roussel, carpentier, pour faire un huis en la dite jeolle et pour faite les postifs par pluseurs fois et rasseer et redrechier pluseurs serreures, ıı s. par jour, valent x s.

Pour faire de machonnerie eu dessouz de la grant prison as debtours, c'est assavoir un costey desselier de xxxv piez de long et de vııı piez de haut sur terre, ovec ııı travers alans d'une des parties d'iceli coté jusques à l'autre par devers le gardin, et pour faire illec ıııı huisseries de taille et ııı petites fenestres pour estre entre les diz travers, pour donner tant soulement lumère as prisonniers de crime qui ilec seront mis, et faire et asseer ès diz costé et travers tous les corbeaux ou ordon[ances] d'assiéte du roilleis à ce appartenant, avec l'orden[ance] des chambres aesiées, et pour paver illec de pavement de xxxv piez de lonc et de xxx de ley.

Item pour faire en la haute prison as debteurs sur icelle le tuel d'une chambre aesic descendant illec jusques au bas eu gardin, et pour faire illec une husserie de taille vousseer ovec III fenestres voulsées et enlinternées, et paver la dite prison de xxxv piez de long et de xxx piez de ley, et faire illec une dale pour geter les eaues, tout aloué en tasche et par rabez à Gillet de la Broque et G. Pelotin, pour tout trouver, excepté caux et sablon, pour ce par les dessus dis, XLII l.

Pour III muis de caux mis et emploiez en la dite besongne, achatez de J. Boilleau, le muy LXXII s., valent x l xvI s.

Pour III muy de sablon mis et emploiez illec, achatez de G. Buffeline, le muy XII s., valent xxxvI s.

Pour portage de xxxv s.[1]

Pour faire de carpenterie illec III souliveaux de xxxv piez de long alans sur les dis costé, et corbeaux pour soubstenir les roilleiz et planquies de la dite prison as debtours, et pour faire et asseer illec xxxvI roix de xv piez de lonc, avec les huis et fenestres divisées ès dites prisons, et le planquié dessus icels roils, tout pour paine aloué en tasce et par rabez à Henri de Mallon, pour ce, par iceluy, xIII l.

Pour xxxvI tonneaux viex mis et emploiez illec à faire le dit planquié, achatez de G. Helyes, le tonnel vII s., valent xII l. xII s.

Pour II^m de clou renforchié et II^m de clou à can-

---

[1] Ainsi porte le rôle. Il doit y avoir une erreur.

tier mis et emploié illec, achaté de G. Belin, pour tout, XLVIII s.

Pour portage des dis tonneaux, VII s.

Pour faire de forgeure en la dite geolle XII paire de fers tous neufs et faire les pasturons d'autres XII fers et pour I^c de clou à cloer les diz fers, aloué en tasce à mestre Adam le Fèvre, pour tout faire et trouver, pour ce, par icelui, LXX s.

Pour faire à l'ambre du puis de la dite geolle une cancle de fer, et II cappez, pour ce par le dit Adam, v s.

Pour curer, netteer et porter hors de la dite geolle toutes ordures qui estoient ès prisons et ailleurs en la dite jaolle, par Ernouf le Picart, pour tout, XXX s.

Somme : IIII^{xx}XIII l. XII s. IIII d.

185.

Mémoire de frais faits par le lieutenant du vicomte de Bayeux pour conduire des prisonniers à Caen. — 24-26 septembre 1345.

Despanse faite par Richart de la Cousture, lieutenant du vicomte de Baiex, Colin de Montegny et Richart de Baubigny, l'an mil CCC XLV, le samedi avant la Saint Michiel en septembre[1], du commandement de noble homme et puissant mons. Robert Bertran, sire de Briquebec, ouquel jour les dessus diz alèrent de Baiex gesir à Berneec, en lour compagnie trois valés et deux chevalx pour aporter Pierres le Desrubey, moine, et Richart le Carpentier, de Nullye

---

[1] 24 septembre 1345.

à Caen, prisonniers pour le souspechon d'estre espies.

Icelle nuyt les dessus diz despendirent pour eulz, pour chinq chevalx et trois valés, xii s. iiii d.

Item le dymenche ensuiant, les dessus diz ovecques les diz prisonniers, en retournant de Nullye à Berneec, despendirent à lour dyner ix s. vi d.

Item la nuyt à Baiex, où y jurent les dessus diz, despendirent xvi s. viii d.

Item le lundi ensuiant, les dessus diz despendirent en allant de Baiex à Caen xi s. iii d.

Item la nuyt à Caen les dessus diz despendirent pour culz, pour leur chevalx et lour valés, xii s. vi d.

Item pour le louage de ii chevalx qui aportèrent les diz prisonniers, ii s. vi d. par jour de chescun cheval, pour iiii jours valent xx s.

Item pour les despenz des diz Colin et d'Aubigny pour aler de Caen à Couvainz par devers le dit sire de Briquebec pour dire la response, et de Couvainz à Baex, pour ii jours, pour ce, xx s.

Somme: iiii l. xvii s. iii d.

186.

13 novembre 1345.

Le duc mande au bailli de Caen de payer une somme de 100 l. t. qu'il avait donnée à son clerc, Gervaise le Danoys, « pour consideracion des bons et aggreables services que nostre dit clerc nous a faiz en nos presentes guerres de Gascoigne, où il a esté continuelment en nostre service.... Donné à Chastel Eraut, le xiiie jour de novembre, l'an de grace mil ccc quarante et cinq. »

Dans une confirmation du roi, du 7 avril 1347.

187.

Don fait par le roi à Pierre Crespin, en récompense de ses services maritimes. — 26 janvier 1345, n. s.

Philippe, par la grace de Dieu, roys de France, au bailli de Rouen et à touz noz autres justiciers, ou à leurs lieux tenans, salut. Comme, en recompensacion des bons et aggréables services que Pierre Crespin, de Leure, marinier, nous a fais en noz guerrez, tant en mer comme en terre, et especialment en la derraine armée de la mer, en laquelle il fu pris et navré en moult de lieux en son corps, nous, de grace especial, li avons donné et ottroié, par la teneur de ces lettres, suz les biens meubles recelez à nous acquis par la forfaiture de Jehan l'Oisseliet, dit de Saint Pierre, lequel est banni de nostre royaume, la somme de cent livres, se il valent deux cenz livres ou plus; et au cas que il ne voudroient la somme de deux cenz livres, la moitié de l'estimacion ou value d'iceulz au dessouz des dites deux cenz livres; et se il valent plus des dites deux cenz livres, nous ne voulons qu'il prengne que les dites cent livres..... Donné à Poissy, le xxvie jour de janvier, l'an de grace mil ccc quarante cinq, souz le seel de nostre seeret. Par le roy en ses requestes... .

188.

Compte relatif au paiement des nefs prises pour le roi en 1342[1].
1342-1346.

Despense et mise de la recepte dessus dite aus personnes des villes et en la manère qui ensuit.

La ville de Leure.

Pour deniers bailliez à Auberée deguerpie Jehan Hueline, par les mains de Robin Vieneus, son procureur, pour sa nef appellée la nef Saint Jame, proisiée ovecques les appareuls à vii c l. t. flébe monnoie, par lettre de quittance du dit procureur donnée le mardi avant la Saint Pierre aus liens l'an mil ccc xlii, ii c xxx iii l. vi s. — Pour deniers à luy bailliez semblablement par le dit Robert pour la dite cause, par lettre d'icelluy donnée le viii e jour d'avril l'an dessus dit, lx l. t. — Pour deniers à luy bailliez semblablement par le dit Robert pour la dite cause, par la lettre d'icelluy donnée le diemenche après la Saint Nicolas en may ccc xliii, xlviii l. t. — Pour deniers à luy bailliez pour ce par Johan Gaistre, son mary, par lettre d'iceluy donnée le x e jour de may ccc xlvi, xlii l. t. fors avaluez à flébe monnoie, i d. t. fort pour v d. t. flèbes, valent ii c x l. t. — Pour deniers à luy bailliez pour ce,

---

[1] Un compte que nous avons publié plus haut, n. 159, renferme une allusion à la flotte que Philippe IV fit équiper en 1342.

par le dit son mary, par lettre donnée le mᵉ jour de jung, l'an dessus dit, xvi l. t. fors avaluez à flèbes, comme dessus, iiiˣˣ l. t. — Pour deniers à luy bailliez pour la dite cause par son dit mary, par lettre donnée le xiiᵉ jour de juillet l'an dessus dit, vi l. t. fors, avaluez, comme dessus, xxx l. t. — Somme: viᶜ LXI l. vi s. viii d. — Sic debentur ci xxxviii l. xiii s. iiii d.

Pour deniers bailliez à Guillaume de Tourneville, de Leure, par Colin Gabart, son procureur, pour la nef Saint Anton d'illec, prisée ovecques les apparauls à viᶜ l. t.....[1].

Pour deniers bailliez à Johan Ertaut, de la dite ville, pour la nef Saint Eloy de Leure, proisiée à m l. t. ovecques les apparauls....

Pour deniers bailliez à Johan Poissent et à Robert Nordest, pour leur nef appellée la Jehannéte de Leure, proisiée à viᶜ l. t.....

Pour deniers bailliez à Gautier Carcouse, pour sa nef appellée la Ricarde de Leure, proisiée à viᶜ L l. t.....

Pour deniers bailliez à Johan Haquet, pour la nef Saint Mahieu de Leure, proisiée viiiᶜ l. t.....

Pour deniers bailliez à Johan du Bosc de Rouan, pour son tiers de la nef Saint Jorge, et pour autres nefs que il a en la dite proisiée, la dite nef Saint George proisiée à xiiᶜ l. t..... — Pour deniers bailliez à Ysabel, fame de feu Raoul Pestel, par Colin Cauvel,

---

[1] Je supprime le détail des paiements faits à chaque propriétaire de nef; on peut s'en faire une idée d'après l'état des sommes payées à Auberée, veuve de Jehan Hueline.

son procureur, sur son tiers de la dite nef Saint George, prisée comme dessus.... — Pour deniers bailliez à Guilleméte, fame de feu Guillaume Hardi, mort en la dite armée, sur son tiers de la dite nef Saint George......

Pour deniers bailliez à Guillaume Brumen l'ainsné, par Guillaume Brumen, son filz et son procureur, pour sa nef appellée la nef Nostre Dame, prisée à vi^c l. t.....

189.

Travaux faits au manoir de la Robertière.
Paques 1346.

Oeuvres de maçonnerie et de charpenterie faites en manoir de la Roberdière[1] pour la venue monseigneur d'Alenchon en. . . . . ,
[à compter] au terme de Pasques M CCC XLVI.

. . . .[2]

Pour xii sextiers de plastre achetés à Vernon, et pour le salaire de iiii vetures, chascune à iiii chevaux, [qui] d'ilec les menèrent au dit manoir, iii l. t.

. . . .

Autres journées pour torchier de terre ès chanbres et ès estables du dit manoir......

Mescier Estoit, Guillet Guinete, Estienne Josce,

---

[1] La Robertière, sur la rive droite de l'Eure, un peu au-dessus du clocher de Saint-Georges-sur-Eure, Eure, arr. Evreux, cant. Nonancourt.

[2] Le commencement de ce rouleau a été fort endommagé par les rats et par l'humidité.

Vinçot Raison, Jehan le Charon, Jehan Bouvet et son varlet, chascum xv d. t. par jour, pour II jours, xv s.

Pour le salaire de la voiture Heudeauz de Cité, VII s. VI d. par jour, pour III jours, XXII s. VI d.

Item autres journées faites en la sepmaine ensuivant pour terrer et torcher comme dessus est dit.

Jehannot Bonrient et son varlet pour terrer en la chanbre là où le souz chastelain met son vin, II s. VI d. par jour, pour III jours, VII s. VI d.

Blaisot Chartain et son varlet, pour renfourmer les murs des estables et refaire lez astres et..... des fours, XXXII d. ob. t. par jour, pour VI jours, XVI s. III d.

Raol de Belosanne et son filz, pour ce meisme faire, II s. VI d. par jour, pour VI jours, xv s.

Durant de Rouvray, pour faire un arc de pur plastre par dedens la cheminée de la cuisine, et faire autres oevrez de plastre en la chambre où gist monseigneur d'Alençon, II s. VI d. par jour, pour V jours, XII s. VI d.

Pour le salaire de Colin le Petit, qui servi le dit Durant à faire partie dez euvres dessus dites, x d. par jour, pour IIII jours, III s. IIII d.

Pour le salaire de Perrin le Maire, Jehan Treutebien et Perrot le Bercher, qui raemplirent de terre une fosse de la chambre aus secretaires.

Pour gons et vertevéles de fer mis par Jehan Morel ès huis de l'alée de la chambre aus effans monseigneur d'Alençon, II s. VI d.

Pour une corde de til toute nueve mise au puiz du dit chastel, xxx s.

Pour la façon de deuz grans seaulz au puis et pour merrien dont il ont esté fais par Jehan Morel.....

Pour la façon d'un paliz de bois cloué de chevilles fait devant la cuisine, affin que l'en ne veist ap[rès] la viande des effans qui mengeoient char, xx s.

Pour faire de bois et de torcheis un tuiau double des cheminées du prael où gisent lez effans, de xxviii piés de haut au dessus de la maçonnerie, pour late, pour clou et pour paine, baillé en tache à Pierrin Jaquet et Micaut de Beu, pour tout, xlv s.

Pour terrer les diz tuyaus pour la terre et eaue apporter snr le lieu, viii s. vi d.

Pour les voitures de Vinçot Guernier et Jehannot Raier et Garin de Champoison, qui amenèrent de la forêt au dit manoir, laquelle fu mise sur le tirasse là où le prael a esté fait, et les motes qui mises furent par dessus, chascun vii s. vi d. par jour, pour ii jours, xlv s.

Pour les despens Jehan Morel de Saint George, establi par Colin Creste, commissaire du bailli de Gisors à veoir faire les dites euvres et paier les ouvriers chascun jour si comme il l'avoient gaagnié, en la [façon] des choses dessus dites, ii s. vi d. par jour, pour xi jours, xxvii s. vi d.

Pour le salaire de Colin Amelot, envoié par le dit Colin de Bretueil à la Roberdière porter iiii l. t. [au] dit Jehan Morel la première sepmaine de karesme, ii s. vi d.

Autres euvres faites au pont estant sus la rivière d'Eure, par où en passe à aller au dit lieu de la Roberdière la première sepmaine de karesme, avant les grosses eauez qui depuis le rompirent et menèrent aval.

Journées des ouvriers qui firent claies de verges et d'autres bois à mettre sur les entretoises.

Vinçot Raison, xiii d. par jour, pour iii jours, iii s. iii d.

Guillot Laubert, xiii d. par jour pour xix jours, xx s. vii d.

Robin Houssaie, xiii d. par jour, pour ii jours, xxvi d.

Jehannet le Roy, pour semblable, xxvi d.

Vinçot Roussel, pour semblable, xxvi d.

Tevenot Bourete, xiii d. par jour, pour iii jours, iii s. iii d.

Estienne Joscet, pour semblable, iii s. iii d.

Guillot Quinète, pour ii jours, xxvi d.

Autres journées de charpentiers qui en la forêt coupèrent le bois, dolèrent et mistrent en euvre, dont les entretoises furent assises sus les pieulz, fichiés dedens l'eaue, et aussi les pieulz aguisés et fichiés, quevillés et rendus tous prés.

Estienne Joscet, Guillot Quinète, chascun xv d. par jour, pour ii jours, v s.

Jehannin de Lainville, pour ii jours, ii s. vi d.

Vinçot Reson, pour iii jours, ii s. ix d.

Jehannin des Fossés, Michelet Goceaume, chascun xv d. par jour, pour iii jours, vii s. vi d.

Charay à amener le bois dont furent faites les choses dessus dites.

Pour la voiture de Raol Oger à III chevaulz, pour un jour, VI s. III d.

Pour la voiture Robin de Claville à III chevauz, pour un jour, VI s. III d.

Pour la voiture de Jehan Billart, à IIII chevauz, qui porta et mist hors du dit manoir les fiens, challons et autres ordures en la venue de monseigneur d'Alençon, VI s. III d. par jour, pour IIII jours, XXV s.

Autres journées de charpentiers faites et emploiées eu dit pont depuis les grosses eaues [qui] emportèrent et menèrent aval les cloies et autres ouvraigues qui dessus sont devisés, en la seconde sepmaine de karesme.

Michaut de Beu, III s. I d. ob. par jour, pour V jours, XV s. VII d. ob.

Oudeaux de Mereville, pour semblablement, XV s. VII d. ob.

Guillot Mestre Jehan, pour une journée, III s. I d. ob.

Thomas Mestre Jehan, XXV d. par jour, pour III jours, VIII s. IIII d.

Colin Mestre Jehan, XXV d. par jour, pour II jours, III s. III d.

Guillemin Happelet, XXV d. par jour, pour V jours, X s. V. d.

Et Vincent le Charpentier, XXV d. par jour, pour III jours, VI [s. III d.]

Colin le Charpentier, pour semblable, VI s. III d.

Pour les despens du dit Jehan Morel commis à veoir faire et paier les dites euvrez comme dit est, II s. VI d. [par jour], pour XI jours, XXVII s. VI d

Pour les despens du dit Colin Creste et son clerc fais en alant de Bertueil à la Roberdière pour veoir et visiter par pluzieurs fois lez dites euvres et porter de l'argent au dit Jehan pour les paier, vii s. vi d. par jour, pour vi jours, xlv s.

Pour plurieurs mesages par luy envoiés au dit Jehan Morel, son deputé pour paier lez ditez euvres, vii s. vi d.

Autres journées de charpentiers faites au dit pont et au dit manoir en la tierche sepmaine de karesme.

Pierre Jaquet, iii s. i d. ob. par jour, pour iii jours, ix s. iii, d. ob.

Yvon le Bis, xx d. par jour tant au dit pont comme au manoir, avec le dit Jacquet, pour v jours, [viii s. iii d.]

Michaut de Beu, iii s. i d. ob. par jour, pour iiii jours, xii s. vi d.

Oudiaux de Mereville, pour semblable, xii s. vi d.

Colin du Boc, xxv d. par jour, pour iiii jours, viii s. v d.

Jehan Happel, xx d. par jour, pour iiii jours, vi s. viii d.

Vincot de la Crois, xxv d. par jour, pour v jours, x s. v d.

Jehan Hois, pour senblable, x s. v d.

Guillot du Bos Huon, xx d. par jour, pour v jours, viii s. iiii d.

Philipot Pestel, xxv d. par jour, pour iiii jours, viii s. iiii d.

Jehannet le Charpentier et son frère, tant au pont comme pour avoir redrechié les estaux de la cuisine....

chascun xxv d. par jour, pour iiii jours, vallent xvi s. viii d.

Pour le louage de la voiture Oudiaux de Cité, à iii chevaux, qui amena partie du bois afféré le dit pont, pour un jour, vii s. vi d.

Pour bois afféré le dit pont et les autres euvres du dit manoir, excepté certaine quantité dez aes desquiex ont esté fais huis et fenestres et dont l'en prist cy dess[us] xxv s., néant; quar il a esté pris ès bois de Crot, [de] la volenté madame la contesse de Dreux,[1] pour consideracion de monseigneur d'Alençon.

Pour l'escriture de cest compte et pour le doubler par ii fois, xv s.

Pour vi^m d'escenle achetée par le viconte de Bertueil en la forest du lieu, de Guiot Planchéte et Robin l'Arbalestier, et pour [les porter] d'illec juques à la Robardière, xx s. pour millier, vi L.

Pour la paine de Philipot le Hucher qui les mist en oevre, iii s. vi d. pour millier, xxi s.

Pour xv^m de clou à ce faire, xx d. pour millier, valent xxv s.

Somme : lii l. iiii s. ix d.

---

[1] Probablement Isabelle de Melun, veuve de Pierre, comte de Dreux, mort en 1345.

190.

4 mai 1346.

Le duc de Normandie donne à son amé Gilles Normant, valet de chambre du connétable de France,[1] une somme de 50 l. t. à prendre sur l'un des marchands de bois des défens de Beauveoir en Lyons. Il lui avait précédemment donné un office de sergenterie, dont il ne put jouir, « au Nuefchastel de Lincourt... Donné en noz tentes devant Aguillon,[2] le iiiie jour de may, l'an de grace mil ccc quarante six, sous le seel de nostre secret. Par mons. le duc : G. DUBOIS. »

191.

12 mai 1346.

Mandement du roi au bailli de Rouen, pour payer une somme due à Guillaume Tirel[3].

---

[1] Raoul II de Brienne, comte d'Eu.
[2] Aiguillon, Lot-et-Garonne, arr. Agen, cant. Port-Sainte-Marie.
[3] Du 19 septembre 1346. — Quittance de 228 liv. 4 d. et maille parisis par led. Tirel « queus du Roy nostre sire en sa cuisine de bouche » à sire Jehan de Saint-Quentin, bailli de Rouen.

192.

Mandement du roi pour le paiement des gages de Thomas Ogier, son chirurgien. — 25 mai 1346.

Philippe, par la grace de Dieu roys de France, au bailli et au vicomte de Rouen, ou à leurs lieux tenans, salut. Nous vous mandons, et à chascun de vous si comme à lui appartenra, que tout ce qui vous apperra estre deu à nostre amé surgien, maistre Thomas Ogier, pour cause de ses gaiges, du terme de l'eschequier de Pasques derrenièrement passé, vous lui paiez, ou à son certain commandement, tantost et sanz delai, en retenant par devers vous lettres de quittance de ce que paié li aurez..... Donné à Brunay, le xxve jour de may, l'an de grace mil ccc quarante et six. Par le roy : R. DE MOLINS.

193.

Le duc autorise les religieux de Saint-Pierre-sur-Dive à vendre, sans payer le droit de tiers et danger, 500 livrées de bois. — 20 juillet-1346.

L'abbé et le couvent de Saint-Pierre sus Dyve nous ont signifié que il ont esté par l'espace de lonc temps moult grandement grevez et dommagiez à cause des guerres de notre tres chier seigneur et père, et si n'ont riens eu, depuis que les guerres commencèrent, de trois priourez que il ont en Engleterre, desquelles priourez il souloient avoir grant partie de leur soustenance, et avec ce sont moult endebtez, tant pour ce que Jehan l'Englois de Caen, maistre des garnisons de l'armée de la mer pour nostre dit seigneur, a pris grant quantité de leurs blez, desquels il ne pevent estre paiez; comme pour ce que il leur convient refaire la tour de leur eglise, qui est cheue en partie, et pour avoir leur soustenance; si nous ont supplié que, afin qu'il ne soient contrains par povreté à delessier le dit lieu et à faire le service nostre seigneur, il nous plaise à euls ottroier de grace especial qu'il puissent vendre cinq cens livrées de leurs bois à une fois, que il ont ou bailliage de Caen, qui, selonc les privileges de leur fondacion, ne doivent tiers ne dangier, si comme il dient, combien que nostre procureur die le contraire et qu'il soient en procès sur ce-encontre lui par devant le baillif de Caen..... Donné au bois de Vincennes, le xx° jour de juillet, l'an de grace mil ccc quarante et sis.

Copie du... octobre 1346.

194.

Le roi autorise les habitants de Neufchâtel à prélever sur l'imposition des 4 deniers pour livre une somme de 200 liv. p. applicable à la réfection des fortications de leur ville. — 4 octobre 1346.

Phelippe, par la grace de Dieu roys de France, au bailli de Caux, ou à son lieutenant, salut. Comme nous, considérans les grans frais, mises et despens que noz amez les bourgois et habitans de la ville du Neufchastel ont ja pieça fais et font de jour en jour et entendent à faire ou temps à venir pour renforcer la dite ville de bonne muraille, guarites, arbalestères, barbacanes, portes, fossez et autres choses necessaires à l'enforcement de la dite ville, pour resister à noz anemis efforciement et garder notre honneur et de la couronne de France, et aussi pour eulz garder et leurs biens et de toute la chastellerie et ressort, se mestiers estoit, lesquelles forteresces son moult deceues, lonc temps a, par le deffaut de noz officiers qui pour le temps ont esté, ne ne les pourroient refaire se nous ne leur faisions sur ce aucune aide, aus dis habitans avons donné et octroyé, donnons et octroyons par ces presentes, de grace especial, deux cens livres parisis à prendre et recevoir par leur main de et sur n'oz fermiers de l'imposicion de quatre deniers pour livre de la dite ville, en rabat et amenuisement de ce que il nous doivent de temps passé, ou qu'i nous devront du temps à venir à cause de la dite imposicion ; nous te mandons que les dites deux cenz livres parisis tu faces paier aus dis habitans ou à leur certain commandement par noz dis fermiers..... Donné au Moncel lez [Pont Sainte Maxence], le IIIIe jour d'octobre, l'an de grace mil CCC XLVI, sous nostre seel de secret.

Copie du 9 octobre 1346.

195.

Gages alloués au vicomte du Pont-de-l'Arche pour ses bons services.
11 décembre 1346.

Philippe, par la grace de Dieu roy de France, à nos amez et feaulx gens de noz comptes à Paris, salut et dilection. Pour ce que nostre amé Jehan du Boys, viconte du Pont de l'Arche, a eu et soustenu moult de griefs et frays en noz guerrez en temps que nos anemis furent devant nostre dite ville du Pont de l'Arche, depuis, et encore esconvient qu'il soustiengne de jour en jour pour garder nostre chastel de la dite ville, nous, eu consideracion as choses dessus dites, voullons de grace especial que il praigne ses gages de sa viconté de ceste anée derrenière passée, non obstant l'ordenance que nous faismes que nos gens et officiers qui prenoient gages au dessus de trois souls parisis ne prendroient aucuns gages sur nous durant la dite anée passée. Si vous mandons que les dis gages vous aloués as comptes du bailli de Roan sans aucun dificulté et rabatés de sa recepte. Donné à Malbuisson lez Pontoise, le xi° jour de decembre, l'an de grace mil CCC XLVI, soubs nostre scel du secret. Par le roy, à la relacion de mess. S. Baudry et R. d'Anneville : P. CAISNET.

196.

La duchesse de Normandie reconnait que Pierre de Lonce lui a prêté cent écus d'or. — 20 janvier 1346, v. s.

Sachent tuit que nous Bonne, duchesse de Normendie, avons eu et receu en pur et loial prest, par la main de maistre Bertaut Jobelin, lieutenant du bailli de Coustantin, de Pierre de Lonce, cent escus d'or, pour certaines choses à nous neccessaires, la quelle somme nous promettons rendre et paier au dit Pierre quant nous en serons requise. Et en signe de vérité, nous avons fait metre nostre seel en ceste lettre. Escript au boys de Vincennes, le xxᵉ jour de janvier, l'an mil CCC XLVI.

197.

La duchesse de Normandie reconnaît que Jeanne, veuve de Jean de Loucey, lui a prêté soixante florins à l'écu. — 20 janvier 1346, v. s.

Sachent tuit que nous Bonne, duchesse de Normendie, avons eu et receu en prest et loial, par les mains de Thomas Pinchon, viconte d'Avrenches, et de maistre Bertaut Jobelin, lieutenant du bailli de Costantin, de Jouenne, fame de feu Jehan de Loucey, la somme et nombre de soixante flourins à l'escu, pour certaines choses à nous neccessaires, etc. (Comme dans la pièce précédente.)

198.

Le duc de Normandie prescrit au receveur de l'imposition assise sur le baillage de Rouen de remettre au maire de Rouen une somme de trois cents liv. tourn. applicable aux fortifications de la ville. — 14 avril 1347.

Jehan, ainsné filz du roy etc. à nostre amé Robert de Quevilly, receveur des deniers de l'imposicion ottroiée par nous à estre levée ou bailliage de Rouan, ou à son lieutenant, salut. Nous vous mandons, que des deniers que vous avez receuz ou recevrez de la dite imposicion, vous bailliez par devers noz amez le maire et pers de nostre ville de Rouan, ou à leur commandement, la somme de iii^c l. t. pour convertir et emploier ès fortereces de nostre dite ville... Donné au Pré de lez Rouan, le xiiiie jour d'avril l'an de grace mil ccc xlvii après Pasques. Par monseigneur le duc, vous present : G. DV BOIS.

199.

Le duc de Normandie donne aux religieux Augustins de Bayeux vingt livrées de bois dans la forêt de Bur-le-Roi, pour la réfection de leur église. — 27 avril 1347.

Jehan, ainsné filz du roy etc. Aus maistres de noz forés, salut. Nous vous mandons et à chascun de vous que vint livrées de bois, lesquelles nous avons données et donnons ceste fois, de grace especial et en aumosne, aus frères de Saint Augustin du couvent de Baiex, pour convertir en la reffeccion du nouvel edifice de leur eglise et pour leur ardoir, vous leur delivrez ou faites delivrer, ou à leur certain commandement, en nostre forest du Bur le Roy, ou lieu moins domageux pour nous et plus profitable pour euls.... Donné à Mondidier, le xxviie jour d'avril l'an de grace mil ccc quarante et sept, souz le seel de nostre secret. Par le roy : HARIE.

200.

Mandement adressé par Ph. le Depensier, capitaine de Carentan, au bailli de Caen, pour qu'il ait à payer la somme due à Adam de Cachie et à Jean de Clichamps. — 22 mai 1347.

Philippe le Despenchier,[1] chevalier le roy nostre sire, capitaine et gardien de la ville et chastel de Carenten et commissaire du dit seignour sur le fait de ceste presente armée pour les garnisons d'icelle, au bailli de Caen ou au receveour du dit bailliage, salut. Nous vous mandons que, tost et sanz aucun delay, à vous ou à cescun de vous, l'un non attendant l'autre, vous faichiés paier Adam de Cachie, Jehan de Clichamps, des choses ou de la somme d'argent dont mencion est faite ès escroes ou cedules parmie lesquielles ces lettres sont annexées, en tel manère que il ne tourgent plus devers

[1] Philippe le Dépensier est connu pour avoir envoyé de Carentan à Paris deux chevaliers normands, Nicolas de Grouchy et Rolland de Verdun, qui eurent la tête tranchée au mois de décembre 1346. *Grandes chroniques*, édit. de M. Paulin Paris, V, 466.

et que par l'un de vous n'y ait deffaut. Donné à Carenten, le mardi après Penthecouste, sous notre seel, l'an mil ccc quarante et sept.

201.

Le roi mande aux baillis de Rouen et de Caen de faire contribuer tous les gens ayant terre et revenus, sans exception, deux impositions établies pour subvenir aux frais de la défense du pays. — 25 août 1347.

Philippe,[1] par la grace de Deu roy de France, aus baillis de Rouen et de Caen, ou à leurs lieus tenans, salut. Nous avons entendu que, ès diz balliages et ès resors, où est capitaine de par nous nostre amé et féal Godefroy de Harecourt, chevalier, sire de Saint Sauvour le Viconte, a pluseurs personnes, et souz pluseurs seigneuries et jurisdicions, qui refussent et contredient à contribuer à paier ce qui est ordené pour la garde et deffension deu paiz, et par ce le paiz pouroit estre em peril, et s'en pouroit partir le capitaine et ceulz qui sont ordenez à la dicte garde et deffense; pour quoy nous avons ordené et ordenons que touz ceulz qui ont terres et revenuez ès diz balliages et resors, de quelque estat et condission que il soient, et souz quelconque jurisdicion ou seigneurie qu'il demeurent, sans nul excepter, paieront et contribueront à la dicte garde et

---

[1] Cette lettre se trouve déjà dans *Histoire du château de Saint-Sauveur*, preuves, p. 144.

deffense, selon l'ordenance sur ce faite. Si vous mandons etc. Donné au Moncel les Pons Sainte Maxance, le xxv jour d'auost, l'an de grace M CCC XLVII, souz le seel de nostre secret. Par le roy : D'AUNAY.

Copie du temps.

202.

Les trésoriers du roi enjoignent au receveur de Gisors d'envoyer à Amiens l'argent provenant des fouages. — 3 septembre 1347.

De par les abbez de Saint Denis,[1] de Mermoustier.[2] et les tresoriers. Receveur de Gisors, pour la grant neccessité que le roy nostre sire a maintenant d'argent, à laquelle vous et touz les autres, qui estes et devez estre bons et loyaus au dit segneur, devez secourir, nous vous mandons et enjognons estroittement que, tantost et sans delay, ces lettres veues, vous envoiez à Amiens avecques Guillaume Paulo, porteur de ces lettres, aus cous et perils du dit segneur, touz les deniers que vous avez receus des foages. Et gardez que en ce n'ait deffaut, comment qu'il soit, si cher comme vous doubtez encourir l'indignacion du dit segneur. Escript à Paris, le IIIe jour de septembre, l'an mil CCC XLVII.

[1] Gilles Rigaud, depuis cardinal.

[2] Simon le Maye, qui monta en 1352 sur le siége épiscopal de Dol. — L'auteur des *Grandes chroniques*, sous l'année 1346 (édit. de M. Paulin Paris, V, 465), rapporte que « environ la feste Saint Martin d'yver, l'abbé de Soint-Denis, l'abbé de Noiremoustier (lisez Maremoustier) et l'abbé de Corbic furent establis trésoriers du roy de France. »

203.

Compte du fouage du bailliage de Rouen.
Saint-Michel 1347.

Parties du foaige de toute la baillie de Rouan, qui eschiet de III ans en III ans, escheu en ceste année, et se comptera à la Saint Michiel ccc quarante et sept.

La viconté de Rouan

La sergenterie de Rouan.

De la perroisse du Bosc Guillaume, par Pierre de la Capelle [et] Toutain Coulos, XI l. II s.

De la perroisse Saint Godart de Rouan, par Raoul Saoul et Guillaume Fae, XXX l. XII s.

De la perroisse Saint Gervays, par Thomas des Fresnes et Guillaume le Blont, XXXV l. VII s.

De la perroisse Saint Sever, par Johan de la Hale et Johan Boistvin, XIIII l. VI s.

De la perroisse Saint Gille, par Guillaume le Brumen et Johan du Moustier, LXV s.

De la perroisse Saint Hillair, par Guerart le Prestre et Thomas le Carpentier, VI l. V s.

De la perroisse de Carville, par Johan le Monnier et Rogier le Bas, III l. IX s.

De la perroisse de Lonc Paien, neant; quar en ceste sergenterie n'a nulle ville de cest non.

Saint Aignen[1] et le Tronquay, III l. XVIII s. — Saint Elloy hors les Portes, XV s. — Saint André hors les

---

[1] A partir d'ici, je me borne à donner le nom de la paroisse et le chiffre payé pour le fouage.

Portes, xlii s. — Saint Pol, cvi s. — Bloville, iiii l. vi s.
— Le Mont as Malades, iiii l. vi s. — Saint Patrix,
lxxix s. — Saint Martin du bout du Pont, lviii s. —
Le Mesnil Enart, xiii s. — Saint Vivien, iiii^{xx} xviii l. —
Saint Nigaise, lx l. v s. — Saint Maclou, xxvii l. vii s.
— Somme : iii^c xx l. xii d.

La sergenterie de Saint Victor.

Saint Victor, xv l. v s. — Saint Fresnoy, lxxiii s.
— Saint Maclou, viii l. iii s — Vassonville, cxix s. —
Saint Supplis, xlii s. — Vuanerville, cxi s. — La
Houssaye, vi l. xiiii s. — Le Boscasse, iiii l. xi s. —
Saint Joyre sous le Val Martin, xxxix s. — Esleites,
lxi s. — Monville, x l. ix s. — Hauppeville, cvi s. —
Saint Morice, iiii l. — Le Bosc Guerart, iiii l. xiii s. —
Clère, vi l. iiii s. — Guengay, xxxi s. — Ourmesnil,
lv s. — Luilli, xliii s. — Hestampuis, liii s. —
Bien aes, lxviii s. — Le Bosc Hoart, xii l. xviii s. —
Gregneuseville, cvii s. — Cotevrart, xii l. viii s. — Le
Bosc-Berengier, lxxvi s. — Beuseville, lxix s. —
Beaumont le Harenc, xl s. — Gouville, lxviii s. —
Anceaumeville, vi l. iiii s. — Le Tot, lxviii s.[1]

204.

1 octobre 1347.

Les trésoriers du roi à Paris mandent « aus collecteur du disieme pour le roy nostre sire ou dioccèse de

---

[1] La suite du rôle manque.

Rouan, » de payer 500 l. p. à « monseigneur de Montmoranci,[1] chevalier. » Le mandement fut expédié sous les sceaux de Engerran du Petit Celier et de Bernart Fremaut.

205.

Le duc Jean donne à Guillemin du Galle l'office du geôlage de Caudebec. — 12 octobre 1347.

Jehan, ainsné filz etc. Nous, de grace especial, et pour consideracion des bons services que Guillemin du Galle a faiz à nostre dit Seigneur et père en ses guerres, par mer et par terre, en la compaignie de nostre amé et féal chevalier Floton de Revel, admirail de la mer, à ycellui Guillemin avons donné et octroié, donnons et octroions par ces presentes l'office du geolage de Caudebec.... Donné au Moncel lez Pont Sainte Maixance, le xiie jour d'octobre, l'an de grace mil ccc quarante et sept. Par monseigneur le duc, de la volenté du roy, à vostre relacion : HARIE.

206.

Le duc Jean donne à Jean Le Mercier, de Gisors, l'office de gouverneur de son hôtel. — 28 octobre 1347.

Jehan, ainsné fils etc. Sachent tuit que nous, considerans le bon rapport qui nous a esté faiz par

---

[1] Charles de Montmorency.

pluseurs de nos gens et autres, ausquiels nous adjoustons foy plaine, de la loyaulté, souffisance et diligence de nostre amé Jehan le Mercier, de Gisors, esperans que loyaulmant et diligamment fera ceu que nous li cometterons à nostre honneur et proffit et de noz subgiés, ycelluy Jehan le Mercier avons fait, ordoné et establi, fasons, ordenons et establissons par ces presentes mestre de noz garnissons pour la gouvernance de nostre hostel et de nostre très chere compagne la duchesse ¹ .... Donné à Moinneville, le xxvııı^e jour d'octobre, l'an de grace mil ccc xl et sept.

Dans un acte du 28 juin 1349.

207.

Ordonnance du Conseil ducal sur le subside octroyé au duc Jean.
26 janvier 1347, v. s.

Ordenances et declaracions faites par le conseil de monseigneur le duc et pluseurs autres sages estans à Roan le xxvı^e jour de janvier l'an de grace mil ccc quarante et sept, sur les doutes de cest present subside octroyé à monseigneur le duc ou pays de Normendie, ensuiant.

Premièrement pour les gens d'eglize nobles et autres qui ne vouloient baillier le leur vaillant, il est dit et ordené que, leur deffaut, l'en enqnerra le plus secretement et le plus amiablement que l'en pourra;

---

¹ Bonne de Luxembourg.

tant sur le vaillant de leur heritage que de leur meubles, et a l'en ordené pluseurs lettres closes pour envoier à pluseurs nobles des bailliages, et ne se tendra l'en pas au pris de disièmes, mès à ce que les benefices valent communs anz.

Item pour ceulz qui ont baillié ou voudroient baillier leur vaillant mains souffisant que il n'appartient à faire, il est dit et ordené que les commissaires, principalement des lieus et des persones qui leur seront connus, regarderont les cedules qui leur seront baillies, et se il leur appert evidanment qu'il aient mains souffisanment baillié leur vaillant, sceu la verité sur ce le plus secretement et le plus amiablement que il pourront, estimeront leur vaillant au plus près que il pourront en leur conscience, et semblablement feront les commissaires des vicontés, et pour veoir et corrigier les cedules appeleront avec eulx les vicontes et les sergens des lieux et autres qui en ce se cognoistront.

Item pour ceulx qui ne seront pas subgiez à monseigneur le duc sans moyen, comme sont madame la royne Johanne, madame de Navarre, monseigneur le duc d'Orliens, madame d'Alenchon, madame de Valoys et monseigneur le conte de Savoye [1] et pluseurs autres, il est dit et ordené que l'en pourchassera par devers eulx lettre, afin que il se consente que leurs

---

[1] Jeanne d'Evreux, veuve de Charles-le-Bel. — Jeanne de France, veuve de Philippe, roi de Navarre. — Philippe, duc d'Orléans, fils du roi Philippe de Valois. — Marie d'Espagne, veuve de Charles de Valois, comte d'Alençon. — Mahaud de Châtillon, veuve de Charles, comte de Valois. — Amédée VI, comte de Savoie.

tenans et recéans paient de cest present subside aussi comme les tenans de monseigneur le duc, et les lettres eues d'eulx seront envoiées par devers les principalx commissaires en chascun bailliage où les dites lettres s'adreceront, c'est à savoir les lettres de madame la royne Johanne se adreceront aus commissaires du bailliage de Costentin ; item les lettres de madame de Navarre se adreceront aus commissaires dez bailliage de tous les v bailliages de Normendie, car elle a en tous iceulx terre ; item les lettres de monseigueur le duc d'Orliens sont eues, et les quelles ont été baillies au bailli de Costentin, pour baillier aus commissaires du dit bailliage ; item les lettres de madame d'Alençon se adreceront aus commissaires du bailliage de Caen, et partout là où elle a terre en la dite duchie ; item les lettres de madame de Valoys se adreceront aux commissaires du bailliage de Caux, et si envoiera mons. le chancellier [1] lettres par devers madame de Valoys, que le roy li envoie ; item les lettres de monseigneur le conte de Savoye se adreceront aus commissaires du bailliage de Caux ; et les lettres de pluseurs autres, se aucunes en y a, se adreceront là où il appartendra.

Item se tous meubles des nobles des gens d'église et autres, tant courans en marcheandises comme autres, seront compris eu dit subside : il est dit et ordené que l'en prisera de tous tant heritages comme meubles ; més des nobles et des gens d'eglise, pour ce que il ont

---

[1] Sans doute Fremin de Coquerel, chancelier du roi.

grans rentes, l'en sen passera plus legerement des meubles, et pourra l'en prisier ensemble tant en meubles comme en heritages.

Item se les meubles et heritages seront prisiées ou bailliage ou celi demeure à qui il sont, ou se il seront prisies en chascun bailliage où il sicent, ou se les heritages seront prisies chascun ou lieu où il sont, et les meubles où la persone demeure, ou il seront prisies par les lieux : il est dit et ordené que les meubles seront prisiés où la persone demeure, quer il ensuient la persone; et quant aulx heritages l'en extimera ou lieu où le chief a sa résidence toutes les rentes des prelas, des barons et des chapitres, des colliéges, des abbés, des abbeyes et des prieurés conventuaulx et de tous hospitaliers quelconques, tant d'ostiels Dieu comme d'autres, qui doivent estre estimés par les principalx esleus et des autres persones qui sont commis aus commiss[ions] des vicontés et ailleurs deputez; les heritages seront prisies en chascun bailliage où ils sont assis.

Item se les debtes doivent estre rabatues en la prisiee des meubles : il est dit et ordené que ce soit en la discrecion des commissaires, selonc ce qu'il trouveront les debtes estre bonnes et vraies; quer se il treuvent meubles apparans, et il ne leur appert des debtes, il ne devront pas rabatre les debtes au dit d'icelui qui se diroit estre obligiés.

Item de la value de la monnoie, respondu que il n'en est encores riens ordené à present.

Item des terres qui sont en la garde monseigneur le

duc, qui aucunes foys sont baillies pour mains que elles ne vallent à juste estimacion, comment elles seront prisiées. Responce : elles seront prisiées par juste pris, et non pas selonc le pris de la ferme.

Item des clers qui n'ont point de temporel et ont meubles, comment il seront contrains : l'en requerra leur prelat qu'il les contraigne ; se mestiers est, l'en les contraindra bien par autre voye.

Item des nobles et autres qui ont heritages et rentes, et n'ont point ou poi de meubles, comment il seront contrains. Responce : l'en prenra la terre, et sera juré se mestiers est, ou prennra les fruiz jusques à tant que la somme soit levée.

Item comment seront prisiés les meubles et les heritages dont aucuns sont ja prisies, se aucuns en sont à prisier. Response : la presie de l'eritage ne se muera des meubles ; il sera en la discrecion des commissaires.

Item des prisonniers qui n'ont encore poié leur raenchon, comme leur vaillant sera prisié. Response : tout sera prisié, més on en fera mencion en l'escript, afin de y pourveoir, si comme l'en verra que bon sera.

Item se baillis, vicontes, chastellains, sergens, prevostez, sen[eschaus] et leur lieus tenans et advocas, et autres manères de gens, quiex et de quel estat ou condicion que il soient, sans nul excepter, seront contrains à contribuer au dit subside, par semblabe condicion comme les autres gens de Normendie : il est dit et ordené que il paieront par semblabe condicion.

Item se tous marcheans estranges, de quelle condicion que il soient, qui tiennent feu et lieu pour cause de leur marcheandises eu pais de Normendie, contribueront au dit subside : il est dit et ordené que il poieront selonc le vaillant de leur marcheandises que il auront ou dit pais de Normendie, et de tout ce que il y auront d'autre part.

Item se rentes à vie, gaiges, douaires, pencions, engagemens et toutes autres choses de telle condicion paieront autant et par semblabe condicion comme rentes et heritages : il est dit et ordené quil paieront aussi comme les dites rentes et heritages.

Item l'ordenance et manère ensuit comme il a esté ordené par le conseil des gens de monseigneur le duc et pluseurs autres sages, doivent les salaires des commissaires, receveurs et autres officiers ordenés et establis en Normendie sur le fait de cest present subside octroié à monseigneur le duc seront poiés, et quiex nombres de salaires.

Premièrement . . . . [1].

208.

19 mars 1347, v. s.

Mandement du duc au bailli de Caux pour faire payer une somme de 8 l. t. qu'il avait donnée « à

[1] La fin du rouleau manque.

Pierres Amourestez, dit Foubert, en recompensacion des bons et agréables services qu'il nous a fais en noz guerres, et aussi en la reparracion des euvrez de noz armeurez, ou clos de noz galléez à Rouen, à prendre sus les amendes des explés de nostre forest du Tret... Donné à Saint Philebert sus Rille, le xixe jour de mars, l'an de grace mil ccc quarante et sept. Par monseigneur le duc en son conseil, ouquel vous estiez : DE VERNON. »

209.

Travaux faits au châtel de Cherbourg.
Pâques 1348.

Parties d'euvres faites et mises ou chastel de Cherebourc par Jehan Vuibet, dit Macénot, maistre des euvres du dit chastel, depuis le terme de la Saint Michiel ccc xlvii, et comptées au terme de Pasques l'an mil ccc xlviii.

Premièrement pour..... les goutères par Guillaùme l'Orfevre, de son esteim, xx s.

Item pour xiii milliers de pierre à couvrir, le millier vii s., rendu et amené eu dit chastel, valent iiii l. xi s.

Item pour....... de carbon de fournel fait en la haie de Saumarez par les carboniers que le chastelain fist venir de son pays....... valent lxxv s.

Item pour carpenteries faites eu dit chastel, c'est assavoir pour faire la bretesque derrère la tour Rauville et la tour du Fenil, et faire la bretesque carrée, et faire une closture de coulombeiz chiés Johan du Rey, à une chambre, pour les couvertures, et faire une chambre en la maison Johan Conart, une fenestre, reparacion d'auges et de rasteliers ès establieez de dessous Jehan le Maignen, et doleir latez et faire chanslate, pour...... en tous les greniers haut et bas, appareillier une fenestre en la chambre de haut dessus Jehan Martin, et appareiller IIII huches du danjon pour la chastelaine et I tronc, pour redrechier et requevronner le degrey d'après la maison Mauhommet qui estoit chaet ; pour métre pendans ès aes des carneaux et faire en de touz neufs, et faire une huche pour la chastelaine toute neuve, et une arche pour Robin le Seneschal, escuier du chastelain; pour clorre d'aes entour le puis du baille, et faire reparacion ès tour de bas de quevillez et d'aes; pour restreindre et requeviller les aes des biccesquez et le planquier de haut ou danjon; pour faire l'alée de la bretesque d'entre la tour au Prestre et la bretesque de dessus le degrey Mauhommet, et faire la colombe de la porte de la greive, et une goutère en la maison Jehan le Maignen, et faire une peille pour le four du danjon, et fenestres en la meson là où le mestre des euvrez demouroit, et adouber les fenestrez de la meson là où mons. du Gal demoure, et estrecher et reffaire la bretesque de la tour Grenot; pour mètre II quevrons à la meson Jehan Conart; pour adouber la porte de dessus Paris et mètre y une sareure en estrange boiz. Es quelles euvrez et plusours autres menues euvres faires les carpentiers qui ensievent ont esté, c'est assavoir : Guillot Rose, XLV jours, II s. VI d. par jour, valent C XII s. VI d. — Jehan Ferey, LXX jours, II s. pour jour, valent VII l. — Johan Quesnel, LXX jours, II s. pour jour, valent VII l. — Guillot le Pouchin, LXX jours, II s. pour jour, valent VII l. — Jehan le Landez, IIII^{xx} et II jours au devant du jour Saint Vincent que la monnoie canga [1], II s. pour jour, valent VIII l. IIII s. — Jehan Murdrac, LXX jours, XX d. pour jour, valent CXVI s. VIII d. — Guillot Buherey, XXVIII jours, XX d. pour jour, valent XLVI s. VIII d. — Michiel le Jeune, LXX jours, XVIII d. pour jour, valent CV s.

Item forgeures faites eu dit chastel, c'est assavoir XXXIIII quevillez grandes de fer pour coustre les treifs de la bretesque d'entre le gait Hauville et la tour du Fenil, et tout le clou grant et petit qui est en la dite bretesque, tant en limandez que autres coustures, et IIII quevilles grandes pour coustre les treifs de l'aleie de la bretesque d'entre la tour Longis et la grand bretesque de dessus le Fenil, et tout le clou grant et petit qui est en la dite alée, tant en limandes que en cousture, et IIII quevillez pour coustre les treifs de l'alée de la bretesque d'entre la tour au Prestre et la tour Grenot, et le clou qui est à présent et la dite alée, et demi cent de clou grant et petit pour le degrey d'après la maison Mauhomet, et II gons, II penturez pour la meson Jehan du Prey; pour I quarteron de clou pour coustre coulombez d'une chambre chiés Jehan du

---

[1] Voyez les ordonnances du 6 janvier 1348, n. s., publiées dans le *Recueil des ordonnances*, t. II, p. 270 et 278.

Prey; pour c et demi de clou à coustre le paleteis du celier Jehan du Prey, et demi cent de clou pour les estables au chastelain, ɪ chandelier à palete pour les dites estables, une cleif, vɪ croques en la chambre ès escuiers, desquielx Jehan du Prey, peur pendre lour hernois; pour ɪ carteron de clou à une chambre chiés Jehan Conart, ɪɪ gonz, ɪɪ penturez, une clenque pour l'uis du buschier de la garnison, ɪɪ lunetez, une clenque pour le prael de devant la meson Jehan du Prey, ɪ quarteron de clou pour mètre ès guerniers de dessus Saint Michiel à faire les establies, ɪɪᶜ de clou à coustre tonneaux chanslatez et à faire les aleurs; pour une cleif à la chapelle Saint Michiel, ɪ quarteron de clou à faire reparacions en la chambre au chastellain et aillours; pour vɪ croquez à pendre les torches au chastellain, une bende et un moieillon pour le charun (?) du danjon ; pour une clef du petit guernier de dessus la chambre au chastellain, une clef à la despense du danjon ; pour achater une hachete et une coingnie à bosc pour la cuisine, et acherer une coingnie, à Bernart Chopillart, du commandement de mons. du Gal, ɪɪɪɪ bouclez à chengle pour le dit mons. Thomas du Gal, ɪɪ cros à pendre ses coffrez à sommier et un quarteron de viretons pour le dit mons. du Gal, et vɪ fers à une (sic); une cleif et un estrief à une arbalestre de cor pour le dit mons. Thomas, ɪɪ fers à esseul à la caréte madame du Gal, demi c de clou pour la dite carète, ɪɪ brides pour le dit mons. du Gal, une cleif à une des arbalestrez de la garnison, une estrille pour le chastellain, un tourail à la porte de dessus Paris, ɪɪ

grans clous pour la dite porte, une cleif pour la porte
de devant le march[ié], xvi gons et crampons pour tenir
le garrot de la tour au Prestre, et xvi gons et crampons pour le garrot de la tour au Sauvage, et vii plates
pices de fer grandes pour les dis garros, iiii grandes
ouches, iiii plastrees pour les dis garros, pour lier et
restreindre iii seaulx pour les puis, et faire ii grandes
quevillez de viron iii piez de lonc pour l'engin que
l'en appelle Baiex, une have ponr la garnison, et un
fer à truble, et une lime baillie ès carbonners du commandement du chastellain, acheter un martel et un
chisel à Guieffroy de Martinvast du commandement
de mons. du Gal, lieutenant du chastellain, un loquet pour la chambre des loges, un gon, une pen-
teure pour l'uis de la meson Girot Courvassal, v^c de
clou pour reparacion des bretesquez du danjon et de
bas et des carneaux, xxiiii gros clous pour le pont
Jehan Martin, et xxvi clou pour fére les establiez
Guieffroy de Martinvast, machon, pour enduire les
murs des fossés, renover une sie pour les seours de
boiz du commandement mons. du Gal, acherer un
grant martel de la garnison, et faire une houe et ii
cleifs pour les coffres de la garnison, iiii bendes à lier
les charneaux de la tour Grenot; pour xxiiii grans
clous à coustre les tonneaux et les chanslatez du puis
du baille, une penture pour l'uis du moustier, c et
demi de clou que grant que petit pour faire reparacions de tours et en la tremie du danjon, xii grosses
quevilles et iiii quevilles agues pour les bretesques;
esquelles euvrez faire Richart de Limoges et Colin le

Gay ont esté, c'est assavoir le dit Richart par III^{xx} et II jours, II s. VI d. pour jour, valent en somme X l. V s.; item le dit Colin le Gai, III^{xx} II jours, XVIII d. pour jour, valent VI l. III s.

Item ouvrages fais de couverture de pierre, c'est assavoir descovrir et recovrir sous les bretesquez d'entre la maison Jehan Conart et le gait Rouville, et pour aidier ès carpentiers à lever le mesrien haut, et couvrir V couples de quevrons en la tour du gait Rouville et heuser par dessous d'un costé et d'autre, et couvrir la bretesque qui a été aloingnie endroit la maison Jehan le Maignen, et...... er les fentes de dessus la maison Johan le Maignein et la Johan du Prey, et couvrir dessous la bretesque qui est aloingniee entre la maison Richart Mauhommet et la tour au Prestre, et couvrir et adouber sur les bous des wuilz (?) de la dite tour, et adouber et couvrir pertuis qui estoient sur le moustier d'un costé et d'autre, et couvrir et descouvrir le degrei d'après la maison Mauhommet, et appareillier le heusers d'une luquerne qui est chiés Pierre de Vivers, et couvrir sur II quevrons neufs de la maison Jehan Conart, et couvrir sur IIII couplez de quevrons qui sunt sur un huis de la tour du Fenil, et heuser d'une part et d'autre; pour couvrir eu danjon sur la tour Saint Michiel et entre les alées de la dite tour et la tour devers la maison Bernart Chopillart devers la meir, et adouber et recouvrir les II grosses du danjon devers la ville et les alées de dessus la cuisine du danjon, et estouper un pertuis sous une fenestre couleiche chiés Bernart Chopillart; pour adouber et recouvrir la couverture du puis du baille tout entour, et recouvrir et adouber la couverture de la maison là où mons. Thomas demouroit par devers la maison Raoul de Laval; esquelles euvres Jehan Chopillart et Jehan du Perron ont esté, c'est assavoir le dit Chopillart IIII^{xx} et x jours, xviii d. pour jour, valent vii l. iii s.; item Jehan du Perron pour IIII^{xx} et ii jours, xviii d. pour jour, valent vi l. iii s.

Item machonneries faites par Guieffroy de Martinvast, c'est assavoir pour machonner et solleir les solez et les posteaux des estroitez bretesquez et appareillier les greniers où l'en met les blés de la garnison; esquelles euvrez et plusours autres menues euvres, et pourgeter une fente qui estoit ès murs là où la maison Jehan Martin pent devers la Bonde, le dit Guieffroy a esté xlv jours, [xviii] d. par jour, valent lxvii s. vi d.

. . . .[1]

210.

Mandement du duc Jean au profit de Ricard de la Porte, chanoine de N.-D. de la Ronde. — 9 mai 1348.

Jehan, aisné filz du roy etc. au receveur general du present subside ou bailliage de Rouen, salut. Nous te mandons que à Ricart de la Porte, chanoine de l'e-

---

[1] La fin du rôle manque.

glise Nostre Dame la Ronde, commissaire député en la viconté de Rouen sur le dit fait, ou à son certain mandement pour li, tu, de l'emolument du dit subside, baille et delivre ou fay baillier et delivrer trente livres tournois en rabat de ce qui li peut estre deu pour cause de ses gages pour le temps qu'il a vaquié en la dite besoigne.... Donné à Rouen, le ixe jour de may l'an de grace mil ccc quarante et huit.

Par le conseil monseigneur le duc estant à Rouen, ouquel vous estiez : SYMON.

211.

Quittance donnée par Vincent du Valricher, maire de Rouen, à Pierre Auseré, trésorier de Normandie, d'une somme allouée à la ville, sur le subside. — 31 mai 1348.

Sachent tous presens et à venir que nous Vincent du Valrichier, maire de Roan, et les receveeurs de la dite ville cognoissons avoir eu et receu de honnorable homme et sage sire Pierre Auseré, thresorier de Normendie, par la main de Robert de Quevilli, receveeur general de par le duc nostre sire en la baillie de Roan sur le fait de l'imposicion ou subside octroié au dit segneur pour ses guerres, onze cenz livres tournois, en rabatant de gregneur somme que le dit segneur avoit octroiés à la dite ville pour cause des forteresces de la dite ville, de la quele somme d'argent nous maire et receveeurs dessus dis nous tenons à bien paiés et en quittons le dit segneur les dis sire Pierre et Robert et tous autres à qui quittance en peut et doit appartenir.

En tesmong de cen, nous maire dessus dit, tant pour nous et en tant comme monte as dis receveeurs et à leur requeste, en avons mis à ces lettres le seel de la dite mairie, le samedi après l'Ascencion nostre Seigneur l'an de grace mil CCC XLVIII [1].

212.

29 juillet 1348.

Le duc mande au receveur de Caux qu'il a rendu à Yde de Roony, comtesse de Dreux et dame d'Arènes [2], les 2000 livrées de terre qui lui avaient été assignées à Cany, Canie et en la prévôté d'Arques, et que le duc avait fait mettre en sa main. « Donné au bois de Vincennes, le XXIXe jour de juillet, l'an de grace mil CCC quarante et huit. Par monseigneur le duc, en son conseil: G. DU BOIS. »

213.

Parties des messages envoyés par Guillaume Richier, bailli de Gisors, à compter au terme de Saint-Michel l'an mil CCC XLVIII.

Pour lettres envoiéez au bailli d'Evreux, ès quelles estoient encorporées celles du roy nostre sire conte-

---

[1] 23 mai 1348, quittance de 120 liv. tournois par le même. — 23 juin 1348, quittance de 200 liv. tourn. par le même. — 5 juillet 1348, quittance de 120 liv. tourn. par le même. — 30 août 1348, quittance de 27 liv. et 2 sous tourn. par le même.

[2] Ide, veuve de Jean III, comte de Dreux, mort en 1331. Les auteurs de l'*Art de vérifier les dates* prétendent que cette dame se remaria en 1332 à Guillaume de Trie, maréchal de France.

nant que, comme il eust eu trêves par entre le dit seigneur et le roy d'Engleterre et ses aliez jusques à lendemain de la quinzaine de la feste Saint-Jehan Baptiste[1], lesquellês le dit seigneur n'entendoit à prolonguier en quelque manère, chascun se tenist prest et appareillié en armes et en chevals, selon son estat, à estre au dit terme, ou plus tost se mandé leur estoit, là où le dit seigneur leur feroit savoir, par cri ou autrement, par Gillot l'Abbé, IIII s.

Pour icelles lettres envoiées au sergent des ressors de la dite baillie, par Johennin Cousin, VI s.

Pour ce mesmes, au vicomte de Gisors, par le Chavetier, II s.

Pour ycelles, au bailli de Maante, par Alain l'Escrivain, V s.

Pour autres lettres envoiées au vicomte de Gisors, pour faire crier le tour des assises de la dite baillie qui furent après l'eschequier de Pasques derrenièrement passé, par Estienne l'Oublier, III s.

Pour ce meisme, au sergent des ressors de la baillie, V s.

Pour autres lettres du roy nostre sire envoiées au bailli de Maante, contenant que le dit seigneur, pour le bien commun et proffit de son royaume, avoit du tout osté le cours aus parisis doubles, que il avoit nagaires ordenés à estre pris chascun pour un tournois, et de toutes autres monnoies noires, tant de son coing comme d'autres, exepté celles de deux tournois et des

---

[1] Ces trèves avaient été conclues le 28 septembre 1347. Rymer, III, I, 136.

petis tournois et parisis que il faisoit faire lors[1], par Jehannin Cousin, v s.

Pour ycelles lettres envoyées au bailli d'Evreux, par Gillot l'Abbé, iiii s.

Pour ce meisme, au viconte de Gisors, par Alain l'Escrivain, ii s.

Pour semblables lettres envoiées au sergent des ressors, v s.

Pour autres lettres de monseigneur le duc envoiées au viconte de Gisors, contenant que l'en feist crier que tous nobles et non nobles, de quelconques estat et condicion qu'il fussent, se tenissent prest et apparellié en armes et en chevalx pour estre à la quinzaine du mois de jullet passé là où le dit seigneur leur feroit savoir, pour contrester aus anemis du royaume, par Gillot l'Abbé, iii s.

Pour autres lettres de reverent père en Dieu monseigneur l'arcevesque de Rouen, lieutenant du roy et du duc nos seigneurs ès partiez de Normendie, envoiées au viconte de Gisors, contenant que, comme il eust ordené une journée au Pont Audemer à la quinzaine du mois de jullet aus prelas, barons et bonnez villes de Normendie, pour avoir conseil et deliberacion pour la deffense du dit pais, par Gillot l'Abbé, Alain l'Escrivain, Jehennin Cousin et Freminet, x s.

Pour autres lettres de monseigneur le duc envoiées au viconte de Gisors faisans mencion que l'en feist crier generalment que tous prelas, gens d'eglise, nobles

---

[1] Ordonnance du 3 juin 1348, publiée dans le *Recueil des Ordonnances*, II, 288.

et autres, qui estoient tenus à faire services au dit seigneur en temps de guerre, alassent tantost faire les dis services avec le dit monseigneur l'arcevesque ès parties de Normendie, par Freminet, iii s.

Pour autres lettres du dit seigneur envoiéez au dit viconte, contenant que, comme le dit seigneur eust fait sa semonse à Amiens au premier jour du mois de septembre, il l'avoit proroguié jusques au xve jour du dit mois, par Estienne l'Oubleier, iii s.

Pour autres lettres du roy nostre sire envoiéez au bailli de Maante, faisant mencion que le dit seigneur avoit ordené par son grant conseil que aucunes monnoiez d'or n'aroient cours fors les florins d'or à l'escu pour xvi s. p., ne autres monnoiez blanches ne noires, excepté lez doubles de ii tournois et les petis tournois et parisis que il fait faire à present[1], par Freminet, v s.

Pour yce envoié à Robert Bende, lieutenant du bailli à Evreux, par le Chavecier, iiii s.

Pour ce meisme au viconte de Gisors, par Jehan Cousin, ii s.

Pour semblable au sergent des ressors, par Gilles l'Abbé, vi s.

Pour autres lettrez de monseigneur le duc envoiées au viconte de Gisors, contenant que il feist savoir à tous les receveurs deputez ou dit bailliage sur le fait du subside et imposicion derrenièrement octroiés au dit seigneur en Normendie, que il fussent au prou-

---

[1] Ordonnance du 27 août 1348, dont le texte est dans le *Recueil des Ordonnances*, II, 290.

chain eschequier de Rouen, tous appareilliés et avisés de rendre bon compte de ce que il en ont levé et receu, par Freminet, III s.

Pour autres lettres du dit seigneur envoiéez au dit viconte, faisant mencion que l'eschequier des plaidoieries de ce terme de Saint-Michel estoient continuées pour certaine cause jusques au prouchain eschequier de Pasques, et que l'eschequier des comptes du dit terme de Saint Michel seroit à Vernon, par Johennin Cousin, III s.

Somme : IIII l. VI s.

Messages envoyez par le receveur de Gisors.

Primo pour lettres envoiéez au viconte du lieu, environ le moys d'aoust, contenant que il taxast ses amendes de cest present terme, et lui envoiast les parties au plus tost que il pourroit, par Macot Gautere, IIII s. VI d.

Pour ice, à Jehan Douvet, tenant la prevosté du lieu en la main de monseigneur le duc, à Jehan le Mercier, tenant le seel, et à Pierre de Lonchamp, tenant l'escripture, par Gilbert Valles, IIII s.

Pour lettres envoiéez à Vernon à Jehan Faroil, garde du seel des obligacions du dit lieu, et à Adam de la Maire, tenant les menuz exploiz de la prevosté, III s.

Pour autres lettres envoiées au chastelain de Lonchamp, au verdier du Nueif Marchié, au chastelain de Biauveoir et à celui de Lyons, par plusieurs foiz pour taxer et avoir leurs exploiz, x s.

Pour exercer les amendes du terme de Pasques

après le dit moys d'aoust passé, et envoier aus sergens de la viconté de Gisors à qui il appartenoit, vi s.

Pour les escroes des debtes de cest present terme des amendes d'eschequier, d'assises et de viconté extraire et envoier aus diz sergens pour explettier, xii s.

Pour lettres envoiéez au prevost de Lyons et à Jehan Poilehaste, colecteur des avoines deuez au dit lieu, pour en envoyer les parties et en venir compter, iiii s.

Pour lettres de nos seigneurs touchant les gages messire Raoul Paen, envoiéez de leur commandement au bailli de Rouan, par le Perdrieur, v s.

Somme : xlviii s. vi d.

214.

23 janvier 1348, v. s.

Le duc, en considération du seigneur de Montmorency [1], donne à Jehan de Belle manière, valet du dit seigneur, « l'office de sergenterie que souloit tenir en la forest de Lyons feu Lorenz des Chiens, à huit deniers de gaiges par jour.... Donné à Beu, le xxiiie jour de janvier, l'an de grace mil ccc quarante et huit, soubz le seel de nostre secret, en absence du grant. Par monseigneur le duc : OGIER.

Copie du 24 mars 1348, v. s.

---

[1] Charles de Montmorency.

215.

Mandement du duc Jean pour faire payer les sommes dues à Pierre des Essars. — 1ᵉʳ avril 1348, v. s.

« Comme nous soions tenuz à nostre amé et feal Pierre des Essars en pluseurs grans sommes de deniers d'or à l'escu et d'autre monnoie qu'il nous a prestées et paiées, pour nous et de nostre commandement, tant pour la feste que nous feismes à Vernon, en janvier derrenièrement passé, à la venue de nostre très chier fils le duc de Lambourc [1], comme autrement.... Donné à Senz, le premier jour d'avril, l'an de grace mil ccc quarante et huit, soubz le seel de nostre secret, en absence du grant. Par monseigneur le duc : J. D'AILLY. »

216.

Compte de la table de messieurs de l'Echiquier de Rouen.
Paques 1349.

Ce sont les mises et despens fais par nos seigneurs des comptes et nos seigneurs de l'eschequier à Rouen, au terme de Pasques l'an mil ccc quarante et nuef.

Premièrement le lundi prochain après le Saint Marc l'an dessus dit xxviiiᵉ jour d'avril. — Pour iiii chevriaux, pour viii oisons, vi poules à sain, xii pouchins, ii douzaines de pigons et pour achat de broches

---

[1] Henri de Brabant, duc de Limbourg, qui avait épousé en 1347 Jeanne, fille de Jean, duc de Normandie.

et rotiers, tout prins à Robert du Fay, cv s. — Item à Robert Bigot, pour boef et mouton, xix s. — Item au dit Robert, pour une flique et deux grans pièches de lart achetées pour pourveanche, xl s. — Item à lui, pour 1 pot de sain livré à la quisine, iii s. — Item pour ii boisseaux de sel, viii s. — Item pour portage de char et sel, viii d. — Item pour une livre de gingembre achetée à Mahieu Goupil, xiii s. — Item à luy, pour une livre de canelle, ix s. — Item à luy, pour une onche de suffren, vi s. — Item pour faichon de ix pastés de pigons, ii d. pour pièche, xviii d., fais par Thumas le pastichier. — Item à luy, pour ii douzaines de flaons et iii douzaines et demie de tarteleites, iii d. pour pièche, valent xxii s. — Item pour oublies, pour messire Symon, viii d. — Item à Symonnet Crespin, pour 1 fais d'erbe et pour le portage, xiiii d. — Item pour ii pos de vin prins à Gaillart, v s. — A Lorent Bernart, pour 1^c d'oeus, ii s. vi d. Item à luy, pour porée, xx d. Item pour [herbes au] souper, ii s. A luy, pour 1 fromage, ii s. Item pour iii^c de nois, xviii d. — Somme : xii l. iii s. viii d.

Item le mardi après le Saint Marc ensuivant, xxviiie jour d'avril. — A Robert Aumont, bouchier, pour boef et mouton, xxxviii s., acheté par Perrin. — A luy, pour achast d'un veel, xv s. — A Robin du Fay, pour ii chevriaux et xii pouchins à li achetés par Jehan Godeffroy, xxxii s. — Pour une livre de candeilles prinse par le queu messire Symon de Bussi, xiii d. — Item pour le faichon de xxx patés, xv de veel et xv de pouchins, ii d. pour pièche, v s. — Item pour 1 pot de vin prins à le maison Gaillart, II s. VI d. — Item pour II fais d'erbe à esparde, et pour le portage, II s. II d. — Item à Lorens Bernart, pour II^c de nois, xii d. Item pour I^c d'oeus, II s. VI d. — Item pour I^c de pommes, III s. VI d. — Somme : C II s. IX d.

Item le merquedi ensuivant, xxixe jour d'avril. — Pour poisson achaté par Franchois, clerc monseigneur Symon de Bussi, à Renedale, à Miquiel le Sueur, Martinette la Carbonnlère et à Gueroudet, LXX s. — A Lorent Bernart, pour I^c de pommes, III s. VI d. — Item à Perrette du Manoir, pour I fais d'erbe, xii d. Item pour portage, II d. — Au dit Lorens Bernart, pour V livres de candeilles de sieu, V s. — Item à luy, pour herbes au souper, xviii d. — Item pour II fromages achetés par le queu messire Symon de Bussi, au disner, xx d. — Item à luy, pour burre, xii d. — Item pour persui, viii d. — Item pour III fromages par li achetès, au souper, V s. — Item par luy, pour I quarteron de chucre, III s. — Item à Thumas le pastichier, pour III douzaines et demie de tarteleites, III d. pour pièche, xiii s. — Item à luy, pour III patés de troitez et III de barbiaux, II d. pour pièche, xiii d. — Item à luy au souper pour faichon d'une goiole [1] xii d. — Item pour oublies, xii d. — Somme : cx s. viii d.

Item le jeuesdi ensuivant derrain jour d'avril — Pour boef prins à Huet Malingre, bouchier, et pour demi mouton, xxv s. — Item à Robert Osmont, pour le moitié d'un veel, acheté par Perrinet, vii s. — Item

---

[1] La lecture de ce mot n'est pas certaine.

pour portage, xii d. — Item pour xii connins, iii au portier, du pris de xii s., et à Robin du Fay viii, du pris de xx s. valent xxxii s. — Item à Lorens Bernart, pour porée, ii s. — Item à luy, pour herbes et persui à menger en postages et à faire sausses, ii s. — Item pour i^c de pommes, iii s, vi d. — Item à luy, pour ii^c de nois, xii d. — Item à luy pour herbes au souper ii s.

. . . .
. . . .[1]

Autres mises faites pour nos dis seigneurs des comptes et de l'eschequier.

Achaps de vin en gros depuis que ceuls de la garnison de monseigneur le duc furent faillis et beus. — Pour une queue de vin d'Orliens achetée par Guillaume Bertin et Guillebert le Leu et par Maciot à Bauduin d'Archeu, xxii l. x s. — A Robin Poin, pour une queue de vin franchois achetée par les dessus nommés, xiii l. — A Jehennin le charetier, qui les dis vins amena au chastel, x s. — A Franchois Thorel, pour une queue de vin de Beaune et une queue de vin de Clamessy, lvii l. t. — A Jehan l'Escot, qui les dites deux queues a carchies en charètes, a conduites au chastel, descarchiez et embover en chelier x s. — A Pierre de Laillerie, pour ii queues de vin franchois à li achetées, xxxii l. — Somme : vi^{xx} vi l. x s.

Achas de grain pour faire pain pour nos dis seigneurs.

---

[1] La fin de ce compte manque. Les chapitres suivants sont écrits au dos du rouleau.

Pour un muy de blé acheté par Guillaume Bertin à Guillaume le Cras, pour nos dis seigneurs des comptes et de l'eschequier, eu commenchement de leur venue, et anchois que l'en preist de celli qui estoit en la garnison du dit chastel, xvii l. — Pour ycelli blé mesurer, ii s. — Pour apporter le dit blé des halles au chastel, vi s. — Item pour le dit blé porter au molin et aporter en ferine, vi s. — A Gautier le Boulenguier, pour ycelly cuire et appareiller, pour chascune mine ii s., valent xlviii s. [1]

Blé prins des garnisons, xxxi mine. L'en n'en compte riens en cest compte pour ce que ou compte ordinaire l'en rendera le dit blé à la value que l'autre fu vendu à Jehan Vinet de Boulongne.

Pour les xxxi minez porter du chastel au molin, xiii s.

Pour le ferine raporter du dit molin à le maison Rogier le Boulengier. x s.

Pour viii mines et iii boisseaux de blé que le dit Rogier a livrez du sien, dépuis celli prins des dites garnisons, comme di est, xxx s. le sextier, vi l. xi s. iii d.

Pour tout le blé dessus dit, amontant à lxiii mines xiii boisseaux, cuire et appareiller, ii s. pour chascune mine, valent vi l. viii s. vi d.

Presté au dit Rogier sour ce qui deu li est iiii l. Item le iiiie jour de juing iiii l. [2]

Somme : xxxi l. xv s. ix d.

---

[1] Cet article a été biffé.
[2] Article biffé.

217.

Compte des dépenses de la vicomté du Pont-de-l'Arche.
Pâques 1349.

Parties de despense fais en cour de eglise, noient.

Parties de mesages envoiez par le bailli.

A maistre Jehan, pour deniers à lui bailliez, du commandement du dit bailli, pour porter lettres à tous les vicontes du dit bailliage de Rouen, faisantes mencion du subcide de l'ainée fille monseigneur le duc [1], x s.

Au dit maistre Jehan pour deniers à lui bailliez, du commandement du dit bailli, pour porter lettres au diz vicontes faisantes mencion de lever et avancier hastivement les deniers du dit subside, x s.

A Ricart Damedieu, pour deniers à lui bailliez, du commandement du dit bailli, pour porter lettres à touz les dis vicontes, fesantes mencion que l'eschequier seroit à la quinzaine de Pasques, x s.

Somme : xxx s.

Parties de mesages envoiez par le viconte.

A Ricart Damedieu pour deniers à lui bailliez pour porter lettres à touz les sergens, faisantes mencion que l'en preist Floridas de Tonneville et ses complices, iiii s.

Au dit Ricart, pour porter lettres à touz les sergens de la dite viconté, pour crier les assises du Pont de l'Arche, iiii s. vi d.

---

[1] Jeanne, qui épousa en 1347 Henri de Brabant, duc de Limbourg.

Au dit Ricart, pour porter lettres à tous les sergens, faisantes mencion des monnoies que l'en ne preist ne ne meist fors les gros tournois que l'en fait faire à present et les doubles de II deniers[1], IIII s.

A ycellui Ricart pour porter lettres à tous les sergens, faisantes mencion des trieuves d'entre nostre seigneur le roy de France et celui d'Engleterre[2], IIII s.

A maistre Jehan, pour porter lettres à tous les sergens faisantes mencion de lever et exploitier hastivement les deniers de l'aide ou subcide de l'ainzné[e] fille monseigneur le duc, IIII s.

A Ricart Damedieu, pour porter lettres à tous les sergens de la dite viconté faisantes mencion de la monnoie, que l'en ne preist ne ne meist florins d'or à l'escu que pour XX s. p, et les gros tournois d'argent nouvelement faiz pour XV d. t., et les doubles noirs pour deux deniers et toutes autres monnoies estoient expressement deffendues et abatuez[3], IIII s.

Au dit Ricart, pour porter lettres à tous les sergens faisantes mencion que briefment l'en ceullit et explotast l'argent du subcide ou aide de l'ainznée fille monseigneur le duc, IIII s.

A ycellui Ricart, pour porter lettre à tous les ser-

---

[1] Voyez l'ordonnance du 27 décembre 1348, publiée dans le *Recueil des Ordonnances*, II, 294.

[2] La trève qui expirait à la quinzaine de la Saint-Jean-Baptiste 1348 fut prolongée d'un an. Voyez à ce sujet une lettre d'Edouard III, du 6 août 1348, dans Rymer, III, 1, 166.

[3] Voyez l'ordonnance du 23 mars 1349, n. s. publiée dans le *Recueil des Ordonnances*, II, 297.

gens faisantes mencion que l'en sceut quiex collecteurs de disieumes il avoit en chascune viconté du bailliage de Rouen, iiii s.

Au dit Ricart, pour porter lettres à tous les sergens faisantes mencion d'avancier les deniers du dit subcide, iiii s.

Au dit Ricart, pour deniers à lui bailliez pour porter lettres à tous les dis sergens, faisantes mencion que l'eschequier de Pasques seroit à la quinzaine de la dite feste, iiii s.

Au dit Ricart, pour porter lettres à tous les dis sergens faisantes mencion de haster l'argent du dit subcide, iiii s.

A maistre Jehan, pour porter lettres à tous les sergens faisantes mencion de exploitier touz les deniers qui deus sont à cest terme de Pasques darrenièrement passé, iiii s.

Somme: XLVIII s. vi d.

Parties de vivres de prisonniers.

Pour le vivre de Michiel Lion, tenu en prison pour souspeçon d'avoir emblé drappeaux en la ville de Loviers, là où il a esté depuis le jour de la Toussains jusques au premier jour de may, pour ix^{xx} i jour, ii d. par jour, valent xxx s. ii d.

Pour le vivre d'un porc amené en prison pour avoir mengié un enffant, pour vii^{xx} vi jours, ii d. par jour, xxiiii s. iiii d.

..... Somme: viii l. xv s. viii d.

Parties de justice faite et mors ensevelier et enterrer.

Pour deniers bailliés à Ricart Damedieu et à Jehan des Blés, pour enterrer un enffant mort en la prison du Pont de l'Arche, III s.

Pour deniers bailliés à Raul le Sourt et à Jehan des Blés, pour enterrer Raul du Mont, alias Personneit, qui mourut en la dite prison le jeudi après la Chandeleur, v s.

Au bourel de Loviers, pour ardre un porc qui avoit mengié un enffant, x s. — Pour les gans du dit bourrel, XII d. — Pour un varlet qui ala querre le dit bourrel à Loviers, II s. — A Jehannine la Cauchoise, pour espines de elle achetées à ardre le dit porc, II s.

Somme : XXIII s.

Parties de leus et louves pris. A cest terme, noient.

Parties d'aneaux et gresillons.

Pour ferrer et desferrer les prisonniers de la dite prison à cest terme, xx s. — Pour chevillés à aneaux et gresillons, x s. — Pour un martel à ferer les prisonniers, un ponçon et un chisel touz noeuz, VI s. — Pour quatre père d'aneaux et gresillons rapparellier, VI s. — Pour VI chevilles à braes, III s.

Somme : XLV s.

218.

Parties de messages envoyés par le vicomte de Gisors.
Pâques 1349.

C'est assavoir pour lettres envoiées à touz les sergens de la viconté de Gisors, par mandement de son maistre le bailli, à ce que il feissent crier le tour des assises du bailliage de Gisors après le terme de l'eschequier de la Saint Michiel derrenièrement passée, par Perdonnet, v s.

Pour lettres du dit viconte envoiées aus dis sergens, à ce que il feissent crier le tour des plés de la dite viconté d'après le terme du dit eschequier, par le dit Perdonnet, III s.

Pour lettres du roy nostre sire envoiées aus dis sergens, par mandement du dit bailli, à ce que il feissent crier les trèves prinses par entre le dit seigneur et le roy de Engleterre[1], portées par Jehannin le Charetier, v s.

Pour lettres de monseigneur le duc envoiées aus dis sergens, par mandement du dit bailli, à ce que il feissent lever et recevoir le subcide ou aide qui au dit seigneur estoit deu à cause du mariage de madame son ainsnée fille, par Jouen le Petit, VI s.

Pour lettres du dit viconte envoiées aus dis sergens, contenant que il preissent en la main de monseigneur le duc touz les fieuz qui tenus estoient du dit seigneur senz moien, juques à ce que il eussent paié le subcide ou aide deu au dit seigneur à cause du mariage de madame sa fille, v s.

Pour lettres closes des maistres de l'ostel monseigneur le duc, estans à Vernon, à la feste que y fist le dit seigneur, envoiées à mesire Phelipe de la Roche et à mesire l'arch[ediacre] de la Roche, afin d'avoir de leurs paons, portées par Jouen le Petit, v s.

---

[1] Voyez une des notes ajoutées à la pièce précédente.

Pour semblables lettres envoiées à Jehan de Gyverny, par le dit Jouen, II s.

Pour lettres des dis maistres semblables envoiées à monseigneur Yvon de Montigny, afin d'avoir de sa venezon et des paons, par le dit Jouen, XII d.

Pour lettres closes des dis maistres envoiées à Jehan Boudart, escuier, pennetier du dit seigneur, en son manoir au Mesnil souz Vienne, par devers la damoiselle sa fame, afin d'avoir de la venezon et des paons pour la dite feste, qui fu XX jours en janvier derrenierement passé, par Jaquet Hebert, VIII s.

Pour pluseurs mandemens et commissions envoiées aus dis sergens par pluseurs fois, et pour parchemin à ce faire, et deputer d'autres commissaires pour la necessité des garnisous du duc nostre sire estant à sa feste à Vernon, pour tout X s.

Pour autres lettres du viconte envoiées à touz les sergens de la dite viconté, environ la Chandeleur derrenierement passée, afin que il preissent en la main du duc nostre seigneur touz les fièz nobles et revenues des nobles tenanz du dit seigneur, et yceus baillassent en garde à certaines personnes juques à ce que il eussent paié l'ayde deue au dit seigneur à cause du mariage dessus dit; par Richart Boudart, VI s.

Pour lettres de monseigneur le duc envoiées aus dis sergens, par mandement du dit bailli, à ce que il feissent estre à Vernon, à l'endemain de la Chandeleur derrenièrement passée et aus jours ensuians, mesire Regnaut de Saint Martin, mesire Pierres de Villaines, mesire Jehan le Brun, mesire Jehan de Grimesnil, mesire Jehan de Boisset, mesire Jehan de Villers, sire de Pormor, et mesire Jehan de Villiers de Hanesies, chevaliers, par devant les gens du conseil du dit seigneur, pour plurieurs causes et besoignes lors assignées par devant le dit seigneur ou ses gens, portées par Guillot le Porteeur, vii s.

Pour lettres du roy nostre seigneur envoiées aus dis sergens, par mandement du dit bailli, contenant que il feissent crier que les gros tornois nouveaus que le dit seigneur faisoit fére lors avoient cours pour xv deniers tournois la pièce et non pour plus [1], portées par Perdonnet, v s.

Pour lettres de son maistre le bailli envoiées aus dis sergens, à ce que il feissent crier les assises après Noel derrenièrement passé, iii s.

Pour lettres du viconte au dis sergens envoiées, afin que il feissent crier les plés de sa dite viconté d'après Noel, ii s.

Pour lettres de monseigneur le duc envoiées aus dis sergens, par mandement du dit bailli, à ce que il feissent lever le subcide ou aide deu au dit seigneur à cause du mariage dessus dit, jouxte l'instruction envoiée de nos seigneurs des comptes, par Richard Bouffée, vi s.

Pour lettres de nos seigneurs des comptes de monseigneur le duc, envoiées aus dis sergens, à ce que il contrainsissent touz les colecteurs de chascune parroisse de leurs serjanteries, qui avoient queilli le prest

---

[1] Ordonnance du 23 mars 1349, n. s., publiée dans le *Recueil des Ordonnances*, II, 297.

derrenièrement ottroié au dit seigneur, que il baillassent par devers Jehan de Gieufoce, receveur general du dit prest, tous ceus qui avoient payé le dit prest et tous ceux qui ne l'avoient pas paié, afin que le dit receveur em peust fère son compte en manière deue, v s.

Pour lettres envoiées aus dis sergens, à ce que il venissent tauxer leurs amendes de cest present terme, III s.

Pour les escroes d'icelles amendes etrère et les envoier aus dis sergens, v s.

Pour lettres envoiées aus chastellains et verdiers de la dite vicouté, que il tauxassent leurs explés du dit terme et les envoiassent par devers le viconte, III s.

Pour les debtes de cest present terme etrère et icelles envoiées aus dis sergens pour exploiter, VI s.

Pour lettres du dit viconte envoiées à son maistre le bailli, à ce que il pourveist sur la manière d'une amonicion de l'official d'Evreux, par laquelle il contendoit avoir la restitucion de Guillaume Bourdet, que il disoit estre clerc et le dit viconte soustenoit le contraire, par Jehannin le Chavetier, II s.

Pour lettres closes du dit bailli envoiées au dit official et à mestre Jehan Roulliart, advocat du dit seigneur illec, sur la matière de la dite admonicion et touchant les cas par quoy le dit viconte n'estoit tenu de le rendre, par le dit Chavetier, III s.

Somme : CVII s.

219.

Rôle des exploits des bois des Mons de Lenque.
Pâques 1349.

Les explez des bois des Mons de Lenque [1], du terme de Pasques l'an de grace mil ccc quarante et neuf.

Richart Vauquelin, c s. — Richart Leoir, xii d. — Martin du Pont, xii d. — Rogier le Vavasseur, xii d. — Jehan Hubert, xii d. — Pierre Tellant, xii d. — Robin Houve, xii s. — Osmont Dain, ii s. — Robert le Parchonnier, ii s. — Martin Tellant, xii d. — . . . . [2] — Jehan Henri, xii d. — Jehan Laut[re], xii d. — Jehan de Rengny, xii d. — Jehan Clairice, xii d. — Denis le Clerc, xii d. — Le rectour de Montchauvet, xii d. — Somme : ix l. vii s.

220.

Lettres du duc Jean autorisant la résiliation du bail des fermiers des herbages de la forêt de Bonneville sur Touque et de la Haie du Teil. — 8 mai 1349.

Jehan, ainsné filz du roy de France, duc de Normendie et de Guienne, conte de Poitou, d'Anjou et du Maine, au viconte d'Auge ou à son lieutenant, salut. Les fermiers des herbages de la forest de Bonneville sur Touque et de la haie du Teil, consors en

---

[1] Bois situés aux environs de Vire.
[2] J'ai cru suffisant de donner les premiers et les derniers noms de ce rôle.

ceste partie, nous ont donné à entendre que, depuis qu'ils pristrent la dite ferme, il est sourvenue ou pais si très grand mortalité, pour la souffrance de Nostre Seigneur, que, pour ceste cause, l'emolument de la dite ferme est venu à si petite valeur que, s'il leur convenoit le marchié tenir, et pourveu ne leur estoit par nous de grace ou aucun remède convenable, il seroient desers et mis à povreté, si comme il dient, et pour ce nous ont supplié que nous les vuilliens recevoir à renoncier à la dite ferme, offrant à paier tout ce qu'il doivent du temps passé pour cause d'icelle ferme, si comme ils disent. Pour ce est il que nous, considerans les choses dessus dites, te mandons et commettons que, se les dis fermiers veulent renoncier à la dite ferme, reçois les à faire la dite renonciation, en faisant à nous satisfaccion entière de tout ce qu'il nous devront à cause de la dite ferme jusques au jour qu'il y renonceront, et ce fait, ne les contraing en riens pour la cause dessus dite, mais ycelle ferme fay crier par enchère et baillier au plus offrant jusques à un an, en la manière qu'il est à faire pour noz autres fermes ; car ainsy l'avons nous ordené, pour les causes dessus dites. Donné à Rouen, le viii⁰ jour de may, l'an de grace mil ccc quarante et neuf, sous le scel ordonné pour notre eschequier, en l'absence du grant. Par le conseil monseigneur le duc en l'eschequier de ses comptes à Rouen : SYMON.

221.

8 mai 1349.

Semblable lettre pour les fermiers de la prévôté du Pont l'Evesque.

222.

8 mai 1349.

Semblable lettre adressée au vicomte de Gisors pour Guillaume Bourgois et Guillaume le Celier, fermiers de la prévôté de « Nuef Marchié. »

223.

Lettres du duc Jean ordonnant le paiement des gages dus au Commandant du château de Cherbourg. — 15 mai 1349.

Jehan, ainsné filz du roi de France, duc de Normendie et de Guienne, comte de Poitou, d'Anjou et du Maine, au vicomte de Valongnes ou à son lieutenant, salut. Nous voulons et te mandons que à Jehan le Maignen, maistre et garde des garnisons de nostre chastel de Chierebourc, tu faces paiement, tantost et sauz delay, de tout ce qu'il t'apperra deuement estre li deu pour cause des gages ordinaires de son office, depuis ce que nous venismes au gouvernement de nostre dite duchée.... Donné à Roen, le xv jour de may, l'an de grace mil trois cenz quarante neuf, souz le seel ordenné pour le present eschequier, en l'absence du grant. Par le conseil monseigneur le duc : SYMON.

224.

15 mai 1349.

Le duc Jean mande au viconte de Rouen de payer 200 l. p. qu'il avait données à son bailli de Rouen, en considération des services qu'il lui avait rendus au voyage d'Aguillon [1]. Cette somme était à prendre « sur les biens des usuriers à nous eschcus ou dit bailliage. »

225.

24 mai 1349.

Mandement du duc au bailli et au vicomte de Caen, pour son tailleur et varlet de chambre Tassin du Bruille, qui avait épousé Meline du Rouvre, femme de chambre de la reine. « Donné à Saint Laurent sur Berengon, le XXIIIIe jour de may, l'an mil ccc quarante et neuf. »

Copie du temps.

---

[1] Aiguillon, Lot-et-Garonne.

226.

Ordonnance des gens des Comptes, au sujet d'un prêt fait au duc par un bourgeois de Rouen. — 27 juin [1349].

De par les genz des comptes du duc de Normendie et de Guyenne, nostre seigneur. Robert de Quevilly, nous vous mandons que vous mettez en vostre compte des imposicions LX l. t. en cinquante cheeres d'or, lesquelx sont deux à Thomas du Bosc, bourgois de Rouen, lesquiex vous avez receuz en prest de li pour monseigneur le duc. Escript à Paris, xxvii° jour de juing. [1]

227.

17 juillet 1349.

Le duc mande à Richard de Champrepus, maître et enquêteur de ses forêts, qu'il a autorisé Thomas le Hogoys à renoncer à une vente de bois qu'il avait prise en « la forêst de Bruiz, où l'en dit la Haye de Valongnes. . . . » Donné à Paris, le xvii° jour de juillet, l'an de grace mil CCC XLIX, soulz le seel ordenné pour nostre eschequier en l'absence du grant.

Copie du 29 juillet 1349.

---

[1] Thomas du Bosc donna quittance de cette somme le 22 juillet 1349.

228.

17 juillet 1349.

Pareil mandement relatif à une vente que le même Thomas avait prise « ou buisson dit Varengueron. » Copie du 29 juillet 1349.

229.

Fragment d'un compte de la vicomté de Caen, au sujet de l'aide levée pour le mariage de la duchesse de Limbourg. — Juillet 1349.

Le compte de la viconté de Caen de l'ayde du mariage de madame la duchoise de Lembourc, fille de monseigneur le duc de Normendie, cuilli et levé par Rogier Vautier, clerc de feu Robert Vymont, viconte de Caen, en l'an m ccc xlix, rendu par Robert Marchant, viconte de Caen après le dit feu Robert, exequteur dudit feu Robert Vimont, present à le rendre le dit Rogier, qui se dit avoir receu le dit ayde pour et ou nom du dit feu Robert, le dit ayde levé et parfait de lever en juillet l'an ccc xlix, et valoit marc d'argent lors vi l. viii s.

La sergenterie de la banlieue de Caen.

De la parroisse d'Autie par Guillaume Gosce, Guillaume d'Autie, Pierre du Moustier, Symon Berart et Philippe le Ber, collecteurs, cxvii s.

De Saint Germain par Henri Briant, Gieffroy Gouhier et Guillaume Gouroil, collecteurs, cii s.

De Saint Contest, par Jehan Ouan, Guillaume Marie,

Rogier Hardi, Michel Hardi et Robert de Baally, collecteurs, xix l. xi s. iiii d.

. . . . [1].

Somme : XLVII l. XVII s. IIII d.

La sergenterie d'Oystrehan. . . . Somme : CXVIII l. IX s. IX d.

La sergenterie de Bernières. . . . Somme VIII^{xx} XLI l. XVI s. VIII d.

230.

7 septembre 1349.

Extrait de la charte de « Mahaut de Saint Pol [2], contesse de Valoys et dame à ce temps de Gaillefontaines et de Saint Saen, » portant fondation de « une maison Dieu, dite l'Ospital, en nostre ville de Gaillefontaines. . . . Donné à Gaillefontaines, l'an de grace mil trois cens quarante neuf, le lundi septyesme jour de septembre, vegille de la Nativité Nostre Dame. »

Copie du 6 septembre 1403.

231.

Mandement du duc Jean à son Trésorier, prescrivant une expédition de vins aux lieux de sa résidence et l'envoi d'un peintre au château du Val de Ruel ou Vaudreuil. — 18 septembre 1349.

De par le duc de Normandie et de Guienne.

Tresorier, nous vous mandons que, véues ces lettres

---

[1] Ce fragment de rôle a été fort endommagé par l'humidité. Je me borne à en extraire l'indication des sommes levées dans chaque sergenterie.

[2] Veuve de Charles, comte de Valois.

et toutes excusacions cessans, vous faites venir et conduire par devers nous, quelque part que nous soions, ou là où Pierre du Molin, nostre barillier, vous dira, touz les vins de noz garnisons estant tant à Paris, au Vivier en Brie comme à Chantelou, et mesmement ceulz qui bonnement se pourront charier. Et ce ne lessiez en aucune manière. Et nous voulons que ce que vous paierez pour ceste cause soit alloué en voz comptes sanz contredit, non contrestant que ces presentes ne soient patentes, lesquelles ne le puent estre pour ce ce que à present aucun de noz secretaires n'est par devers nous. Donné à Vetueil le xviiie jour de septembre. Envoiez nous tantost à Lery le meilleur paintre de Paris [1], et iii ou iiii paintres, avecques li, garniz de coleurs pour ouvrer à destrampe : quar nous voulons faire paindre hastivement chambres en nostre chastel du Val de Ruel.

232.

Procès-verbal de la vente du mobilier saisi sur la dame du Chemin, brulée et justiciée pour meurtre sur la personne de son mari. — 27 septembre 1349.

Les biens meubles trouvés sur madame Perronnéle de Harecourt, deguerpie de feu mons. Thomas du Chemin, chevalier, qui pour la mort du dit chevalier

---

[1] C'est sans doute à la suite de ce mandement que le peintre Jean Costé vint travailler au château du Vaudreuil. Voyez *Hist. du Vaudreuil*, par Paul Goujon, 1re partie, p. 103 et suiv.

fu arse et justisée, lesquiex biens furent aportés oveuc la dite dame em prison et trouvés par inventoire, qui estoient pour l'aournement de son corps, par Jehan Malet, serjant, et vendus en plain marchié par le dit sergent, qui de la dite dame out la garde en la prison dusques à tant que elle fu justicée.

Premiérement un sercot à fame, lonc, fourré de grosses poppes, d'un brun mellé, et un chaperon sengle, vendus LX s.

Item un chaperon à fame, de brunéte, fourré de menu vair, vendu XXX s.

Item un vieil pelichon de conins, vendu XII s.

Item une cote à fame, de marbré vermeil, vendue XV s.

Item un demi ceint de soie, ferré de XIII boullons d'argent, vendu VIII s.

Item un chaperon sengle, de brunéte, vendu X s.

Item deux pignes d'ivoire et une gravoeure en un estuy, vendus XV s.

Item IX nouyaux d'argent, plas, esmaillés, à une beste de cerf, une autre noueleure de XIX boutons ronz d'argent sourons; item une autre noueleure à XV nouyaux à crappous; une autre noueleure à aigle; item une chaenne d'argent. Et furent ces choses pesées par Grandet, changeour juré, rabatus l'esmailleure et neeleure à demy marc, et vendus par le dit serjant LX s. Item une autre noeleure d'argent vendue par le dit serjant X s. somme : LXX s.

Item un colet d'orfrois pour un pelichon, vendu XII d.

Escript souz le scel du dit serjant, le lundi après la Saint Mahieu l'an mil ccc xlix.

Somme toute : xi l. xii d.

233.

Fragments d'un compte du subside levé dans la vicomté de Montivilliers. — Saint-Michel 1349.

[La sergenterie de Godarville.]

. . . .

De la parroce de Saint Ouen de Fescamp, cuilli et rendu par Pierre Barlet, pour xviii accres et demi de terre, pour accre vi d., valent x s. iiii d.; et pour xliiii masures, pour masure xviii d., valent lxvi s., pour tout lxxv s. iii d.

De la parroice de Saint Estienne de Fescamp, cuilli et rendu par Ricart Baudri, pour xxxi accres et une verguie de terre, pour accre vi d., valent xv s. vii d. ob.; pour lx masures, pour masure xviii d., valent iiii l. x s.; pour tout cv s. vii d. ob.[1]

Saint Beneet de Fescamp. — x acres et demie. — xl masures.

Saint Nicolas de Fescamp. — viii acres et demie. — xxxiii masures.

Barneville. — xxxi acres. — xx masures.

---

[1] Pour la suite de ce rôle, je me borne à donner, après le nom de chaque paroisse, le nombre des acres de terre et des masures d'après lequel était levé le subside.

Grainville la Louvel. — L acres. — xviii masures.

Valemont. — xiiii acres. — xlvi masures et demie.

Froberville. — vii^{xx} vii acres. — lxxi masures.

Manequiville. — xxxiii acres et une verguie. — xliii masures.

Tourville. — xix acres et demi. — xix masures.

Guireville. — ciii acres. — xlix masures.

Estrutat. — vii^{xx} iiii acres. — cxiii masures et demie.

Saint Cler. — xlix acres. — xx masures et demie.

Les Bourdeaux. — iii^c une acre et une verguie. — lxxiiii masures.

Benouville. — lxvii acres et une verguie. — xlvi masures.

Vatetot sur la Mer. — ci acre et demi. — xlvii masures.

Les Loges. — iii^c iiii^{xx} xv acres et demi et demie vergie. — iiii^{xx} une masure.

Saucheusemare. — vii^{xx} xi acres et une verguie. — iiii^{xx} masures.

Criquebeuf. — xiii acres et demie. — L masures.

Limpiville. — xxvi acres. — xix masures.

La sergenterie de Harefleu.

Gournay. — xxiiii acres et demie et une verguie. — xvii masures.

Gonfreville l'Aurichier. — vi^{xx} ix acres et demi. — lxiiii masures.

Rolleville. — iii^c xxxiii acres et demi et une verguie. — iiii^{xx} iii masures.

Nostre Dame du Bec. — cxvi acres. — xxxii masures et les ii pars d'une masure.

Saint Martin du Bec. — vi^{xx} xv. . . acres et une verguie. — . . . masures et demie.

Criquetot l'Esneval. — vi^{xx} ı acre et une verguie. — XLIIII masures.

Englesqueville. — IIII^{xx} III acres. — XXXVII masures.

Gonneville. — VII^{xx} III acres. — XL masures.

Esculetot. — CV acres. — XXVII masures.

Villainville. — IIII^{xx} XIII acres. — XI masures.

Pierrefique. — CX acres et demi. — XXI masures.

Beaurepère. — IIII^{xx} V acres et demi. — XX masures.

Vauguetot. — LXI acres. — IX masures.

Sainte Marie eu Bosc. — VIII^{xx} acres. — XXVIII masures.

Magniglise. — III^c XLIX acres. — LXIIII masures.

Le Cdudrey. — LVI acres et demy et une verguie. — XVIII masures.

Hermeville. — VIII^{xx} XII acres et demi. — XLVIII masures.

Sainte Croix de Monstiervillier. — III^c IX acres. — CXI masures.

. . . .

[La sergenterie de Saint Romain.]

. . . .

Saint Laurent de Brievedent. — II^c acres. — XXXVIII masures.

Saint Albin de Sarquiex. — vi^{xx} VIII ares. — XXVIII masures.

Beaucamp. — XX acres. — XXI masures.

Peretot. — VIII^{xx} XVII acres. — XXVIIII acres.

Tainemare. — LVII acres. — XII masures.

Angerville l'Aurichier. — iiii^c iiii^{xx} iii acres. — iiii^{xx} vi masures.

Groumesnil. — LVII acres et demi. — XVI masures.

Esmaleville. — XLVI acres. — XVI masures.

Houquetot. — VII^{xx} XII acres. — XXX masures.

Saint Johan de la Neufville. — III^c XXXIII acres et demi. — LI masure.

La sergenterie de Moustiervillier.

De la parroice Saint Salveur de Moustiervillier, cuili et rendu par Guillaume Daniel, Guillaume Helart, Adam l'Englez, Jehan Vaterin, Robert Vaterin, Macieu Autoigne, Richart Taupin, pour LXXVI accres et demie de terre, VI d. pour accre, valent XXXVIII s. III d., et pour CXIII masures, XVIII d. pour masure, valent VIII l. IX s. VI d.; pour tout, X l. VII s. VI d.

Fontenay. — III^c IIII^{xx} X acres et demie. — LVI masures.

Magnevillette. — IIII^{xx} XIII acres et demi. — LIIII masures.

Raimbertot. — III^c IIII^{xx} XII acres et demie verguie. — XXXIII masures.

Heugueville. — VIII^{xx} XIX acres. — XXVIII masures.

Buiglise. — III^c VII acres et une verguie. — XLIIII masures.

Roueulle. — C acres. — C masures.

Fontainez la Malet. — III^c XLIIII acres et demi. — LXXVI masures.

Grarville. — III^c III acres. — IX^{xx} masures.

Ingouville. — XXXII acres. — XLVIII masures.

Sanvic. — VIII^{xx} acres et demi. — LXXVII masures.

26

Bléville. — II^c IIII^{xx} acres. — C masures.

Leure. — XXIIII acres et le tiers d'une acre. — IIII^{xx} VII masures.

Le Chief de Caux. — XLVIII acres. — XLV masures.

Cauvarville. — CVII acres. — XXXVII masures.

Saint Souplis. — VIII acres. — XIII masures.

Saint Barthelemi. — VI^{xx} IIII acres. — XXVI masures.

Saint Joivin. — III^c LXXI acres. — VI^{xx} X masures.

Berneval. — XIII acres. — XXV masures.

La Poterie. — VIII^{xx} IIII acres et demi. — XLIII masures.

Le Tilleul. — IIII^{xx} XV acres. — XVII masures.

Saint Germain de Moustiervillier. — VIII^{xx} acres et demie et une verguie. — VI^{xx} XI masures.

Somme toute de la recepte du dit subside : IX^c IIII^{xx} I l. XIII s. III d. ob.

Despence faite pour le dit subside.

Pour les despens de Vinchent Trussebourt, lieutenant du viconte, et de Guillaume Haspel, clerc du dit viconte, fais à aller à Saint Romain, l'an CCC XLIX, ou mois d'avril, pour faire jurer des gens de chascune paroisse de la sergenterie du lieu pour cuillir et lever le dit subside, pour cen que le dit viconte estoit ès autres paroisses pour faire jurer le dit subside, pour III jours que il furent en cen, euls, un valet et leurs chevaux, pour jour XVI s. t., valent XLVIII s.

... Item pour unes lettres envoiez par avant as dis sergens de Godarville, par Guillaume Dobe, pour faire venir jurer le dit subside, VIII s.

... Item pour les despens du dit viconte fais à

aler à Paris, du commandement de nos seigneurs des comptes, par leurs lettres données le xxvi® jour de juing, fesantes mencion que le dit viconte y portast les deniers que il devoit, tant du terme passé que du subside, et pour compter du dit subside, et porta vi⁶ iiii^{xx} l., pour li, son clerc, leurs valés et chevaux, et pour les chevaux qui portèrent le dit argent, pour xi jours que il furent en cen alans, venans et demourans, xxx s. pour jour, oultre ses gages, valent xvi l. x s. . . .

Summa expensarum istius compoti : XLIIII l. xvii s. t.

Debet vicecomes ixe xxxvi l. xvii s. t., de quibus redduntur per compotum vicecomitatus Monasterii Villaris, de termino Sancti Michaelis CCCXLIX, ix^c vi l. vii s. vi d., et per compotum Pasche CCCL dicti vicecomitatus, xxx l. ix s. ix d. t. pro toto residuo, et quittus.

234.

Depense commune de la viconté du Pont de l'Arche, au terme de la Saint Michel 1349.

Parties de despens fais en court d'iglise. — Pour les despens du viconte à aler à Loviers, pour faire oir et examiner xxxii tesmoins qui estoient à produire contre Jehan du Montpongnant, escuier, tenu en prison en la court à l'official d'Evreux, pour souspeçon de murdre, lequel soustenoit qu'il n'estoit pas marié ne n'avoit fame espousée, et se disoit estre clerc, et le procureur de monseigneur le duc soutenoit le contraire et disoit que il ne l'estoit pas, pour II jours de lui, de ses chevauls et de son valet, xx s. par jour, valent xL s. — Pour les despens des xxxII tesmoins dessus dis par II jours, II s. vI d. par jour, IIII l. t. — Somme : vI l.

. . . .

Parties de messages envoiez par le bailli.

. . . . A Ricart de Senoville, pour porter unes lettres aux vicontes du bailliage de Rouan pour faire crier l'eschequier de ceste presente Saint Michiel et les comptes à estre à Caen, vIII s.

A Johannin Oudart, pour porter lettrez aux maistres carpentiers et machons de la baillie de Rouan, faisantes mencion qu'ils venissent au Val de Rueil pour certaines besoingnes touchant leur offices, vI s.

Somme : xxIII s.

Parties de messages envoiés par le viconte.

A Mestre Jehan, pour porter lettres à touz les sergens de la dite viconté pour crier les plez, vI s.

A Jehannin Oudart, pour porter unes lettres à Robillart le Veneur, chastellain du Val de Rueil, faisantes mencion que il vensist par devers le dit viconte au Pont de l'Arche, pour aler voier et visiter le chastel du Val de Rueil, et pour y celli garnir et mettre garnisons, selon que monseigneur le duc le manda par lettres, x s.

A ycellui Jehannin, pour porter lettres à tous les sergens de la dite viconté, faisantes mencion d'avancier et exploiter les deniers de l'aide du mariage de l'ainznée fille monseigneur le duc, iii s.

Au dit Jehannin, pour porter lettres à touz les sergens faisantes mencion pour crier l'eschequier et les comptes de ceste Saint Michiel, vi s.

Au dit Jehannin, pour porter pluseurs père de lettres closes les unes à mestre Mahieu de Pierrefons, mestre machon de monseigneur le duc, et les autres à mestre Gilles le Verrier, que il vensissent à Lery et au Val de Rueil, pour certaines choses touchantes leurs offices, x s.

A Mestre Jehan, pour porter lettres eu viconte de Roan, faisantes mencion que la juridiction fust bien gardée ou bailliage de Rouan, et que l'en preist murdriez et larrons partout là où il pourroient estre trouvés, iiii s.

A Jehannin Loppinet, pour porter lettres à touz les sergens, faisantes mencion d'avanchier et exploitier tout ce qui deu est au terme de ceste Saint Michiel, et pour porter lettres au veneurs de monseigneur le duc que il amenassent leurs chiens à Lery, vi s.

Au dit Jehannin, pour porter lettres au Pont Audemer à mestre Guillaume Millet, charpentier de monseigneur le duc, faisantes mencion que il vensist faire apparellier le manoir de Leri, cont[re] la venue de monseigneur le duc, viii s.

A Jehannin Loppinet, pour porter lettres à touz les sergens, faisantes mencion que culz fussent au Pont de l'Arche, pour venir compter au viconte de tout ce que il avoient receu de leurs amendes de plés et de forest, v s.

Au dit Jehannin, pour porter lettres à touz les sergens de la dite viconté, faisantes mencion que il fust crié et deffendu nottairement de par monseigneur le duc que nulz noblez ny autres, de quelques condicions que il fussent, n'alast ne ne partist hors du royaume de France, IIII s.

A Mestre Jehan, pour porter lettres à touz les sergens de la dicte viconté, faisantes mencion que l'assise seroit au Pont de l'Arche le merquedi après la Saint Michiel, VI s.

A Symonnet le Peletier, pour porter lettres à mestre Jehan Roullart, advocat de monseigneur le duc en la court d'Eveux, et à Robert Graffion, procureur illec du dit seigneur, que il sceussent et enquerissent secretement se le sire de Montpoignant estoit en forte prison à Evreux, et se il yssoit point hors, afin que les gens de monseigneur le duc li peussent avoir mis la main, IIII s.

A Jehan Oudart, pour porter lettres à touz les sergens de la dite viconté, faisantes mencion de crier les plés du Pont de l'Arche et du Val de Rueil, VI s.

A Mestre Jehan, pour porter unes lettres de monseigneur de Rouen à Paris, à nos seigneurs des comptes, faisantes mencion de l'aide à l'esnée fille monseigneur leu duc, XX s.

A icelui pour porter unes autres lettres à Paris à nos dis segneurs, faisantes mencion se l'en leveroit riens sur les gens de l'eglise ne sur les nobles de la dite aide, XX s.

A Jehan Oudart pour porter lettres à touz les sergens

de la dite viconté, faisantes mencion que il fust crié et deffendu de par le roy nostre sire que nul ne traist ne portast blés, grains et autres vivres hors du royaume de France, et aussi que le parlement fust crié avant la saint Gregore prochainement venant, vi s.

Somme : vi l. iv s.

Parties de vivre de prisonniers.

Pour le vivre de Perrot le Courtois, tenant prison pour souspechon de pluseurs malesfaçons à lui imposées, du premier jour de may jusques à la feste Saint Cler, qu'il rompi la dite prison, pour iiii^{xx} jours, ii d. par jour, valent xiii s. iiii d.

. . . Somme : c s. vi.

Parties de justice faite et mors enterrer.

Pour les despens et journées de maistre Mahieu Tahon, bourrel de Rouan, à venir de Rouan au Val de Ruéil, justicier Philipot Davy, Guillote Morel, Perrot Baillehache et un autre larron, lx s. t.

Pour corde pour eus lier et trainer achetée à Pierre le Cordier, vi s.

Pour une corde pour mettre genz en gehine, x s.

Pour les despens du viconte du Pont de l'Arche, de Guillotin le Pertrieur, Estienne le Favier, Guiffroy d'Artois, Robert l'Uillier et Michiel le Fèvre, pour mener de la prison du Pont de l'Arche au Pont Audemer Guiffroy de la Boissière, pour occasion de ce qu'il avoit tué messire Thomas du Quemin, pour eus, leurs chevauls et varlés, pour iii jours, lx s. par jour, valent ix l.

Pour les despens de messire Guillaume de la Heruppe, messire Pierre de Poissy, messire Nicole Thomas et de monseigneur Robert de Graveron, du jour qu'il furent au Pont de l'Arche pour jugier Guillote Morel et un compeeur de boursses, c s.

. . . . Item pour les despens du dit bourrel pour ardoir une truie au Pont de l'Arche, qui avoit estrang[l]é un effant, x s.

. . . .

Pour querir Pierres le Courtois, Michel Lion et deus autres larrons qui avoient rompu la dite prison, XL s.

Pour enterrer la damoiselle de Montpoingnant, morte en la prison du Pont de l'Arche, à Raul le Sourt et Jehan des Blés, VI s.

Somme : xx l. XII s.

Parties de lous et louves prins. — A Guerard de Heroude et Robert, son frère, pour deux leus et deux leuves petits, par euls prins ès bois d'Alisel, xxx s. — Item iceuls, pour III louves prises en la forest de Bort, la végille Saint Barnabé, xxx s. — Somme : LX s.

Parties d'aneaux et gresillons.

Pour ferrer et deferrer les prisonniers de la prison à cest terme, xx s. — Pour quevilles de fer à aneaux et à gresillons pour ferer les prisonniers dessus dis, xx s. — Pour quatre pèrez d'aniaux rapareiller et rapetichier, VI s. — Pour demie douzaine de quevilles à buyes, VI s. — Pour un martin, un ponçon et un chiser reforgier tous nœuz, VI s.

235.

Lettres du duc au bailli de Caux, au sujet de l'agression du comte de Lancastre. — 4 octobre 1349.

De par le duc de Norm[endie] et de Guienne. Baillif de Caux, Pour ce que monseigneur nous a escript que on ly a rapporté que pour certain le conte de Lancastre est entrez en mer pour venir domagier lui et nous, nous vous mandons et enjoignons estroittement, sur quanque vous vous povez meffaire envers mon dit seigneur et nous, que, tantost ces lettres veues, vous vous transportez hastivement par tous les lieux notables de vostre bailliage estans sur les frontières de Norm[endie], especialement en ceulz dont il est greigneur doubte, et avisiez les gens d'iceulz lieux de ceste chose, et autres à qui vous verrez qu'il appartendra, afin que il soient sur leur garde et que chascun se tiengne garny en droit soy. Et vous tenez si garniz par toutes les voies et manères que vous porrez miex, que par deffaut de vous dommage n'en puisse venir à monseigneur, à nous, ne à ceulz du païs. Donné en l'abbaie de Bomport, iiiie jour d'octobre [1].

---

[1] Au dos de cette lettre on lit : « Receues le vi[e] jour d'octobre à Caudebec par nous baillif, et mandemens faiz et envoiez à tous les vicontes de la baillie et au baillif de Longueville et à celui de Dieppe, c'est assavoir par..... la Gaite et par Thomas Chouart. »

236.

Lettres du duc Jean au vicomte de Rouen, lui prescrivant de payer 20 livres à Maciot Choflin. — 7 octobre 1349.

Jehan etc... au viconte de Roan, ou à son lieutenant, salut. Nous te mandons que vint livres tournois que nous avons donnees et donnons ceste foiz de grace especial à Maciot Choflin, lequel fu pris en la bataille de Caen [1], en la compaignie de nostre amé et féal chevalier le chambellanc de Tancarville, et raenconné par les ennemis, tu, sans autre commandement attendre, ly fay paier par l'un des marchanz de nostre forest de Roumarre.... Donné en l'abbaye de Bomport, le viie jour d'octobre, l'an de grace mil ccc quarante et nuef. Par monseigneur le duc, present mess. Adam de Meleun : OGIER.

237.

Mandement du duc au bailli de Caux, relativement à la défense du pays. — 10 octobre 1349.

De par le duc de Normandie et de Guienne.

Baillif de Caux, Nous avons bien veu ce que vous nous avez escript sur le fait de la garde des porz de vostre baillie. Si vous faisons savoir que nostre amé et feal chancelier et les autres genz de nostre conseil s'en vont à Caen, et y seront ce mardi prochain, et là

---

[1] En 1346, lors de l'invasion de la Normandie par les Anglais.

vous pourrez traire devers eux, pour avoir avis aveques eux sur la provision de genz d'armes et d'argent qui seront mestier pour la garde et seurté du pais, et il y feront tèle provision qu'il n'y aura point de deffaut. Et ou cas que entredeux vous veissiez qu'il feust besoing, si faites la meilleur provision que vous pourrez jusques à tant que vous aiez envoyé par devers noz dites genz, et faites faire les feus sur les porz en la manère accoustumée en temps de guerre, selon ce que vous verrez qu'il sera mestier. Et aussy vous pourrez vous traire par devers nostre amé et feal conseillier l'arcevesque de Rouen, pour avoir avis avec li, à qui nous en escrivons aussy. Si en soiez si diligent qu'il n'y ait point de deffaut et que par vostre negligence aucun peril ne puisse venir au pais. Donné à Mante, le x jour d'octobre, souz nostre contreseel, en absence de nostre seel du secret.

238.

Lettres du duc Jean, prescrivant le paiement des gages du châtelain de Pont-Audemer. — 29 octobre 1349.

Jehans etc. Pour ce que nostre chastiau du Pont-Audemer est en frontière, nous avons ottroié à Guillaume Martel, sergent d'armes de nostre seigneur et chastelain de nostre dit chastiau, que il soit paiez de ses gaiges, ceste fois tant seulement, de quatre termes passez darrenièrement. . . . Donné à Caen, le xxix jour d'octobre, l'an de grace mil ccc quarante et nuef.

Par le conseil en l'eschequier des comptes, ouquel mess. l'arcevesque de Rouen et vous estiez : MARUEIL.

239.

Lettres du duc Jean au vicomte d'Arques, touchant le ravitaillement du château d'Arques. — 3 novembre 1349.

Jehan, ainsné filz etc. au vicomte d'Arques ou à son lieutenant, salut. Nous te mandons que, du comandement et selon l'ordenance de nostre amé et féal conseiller l'arcevesque de Roen, lieu tenant en Normandie de nostre dit seigneur et père et le nostre pour le fait de la guerre, tu employes des deniers du restant de ton compte, en garnisons pour nostre chasteau d'Arques, cinq cens livres tournois. . . . Donné à Caen, le III jour de novembre, l'an de grace mil CCC quarante et neuf. Par le conseil en l'eschequier etc.

240.

Lettres du duc Jean au bailli de Caux, ordonnant l'appel aux armes des habitants et la mise en défense des villes et forteresses. — 3 novembre 1349.

Jehan etc., au bailli de Caux ou à son lieutenant, salut. Nous vous mandons et enjoignons estroitement que vous faciez crier publiquement et commander de par nous que touz nobles et non nobles soient armez à cheval et à pié, chescun selon son estat, et le mieulz qu'il pourront, et que il soient prez et apparilliez pour la deffense du pays à nostre mandement toutes foiz que mestier en sera, et visitez et faites visiter diligenment par toutes les villes, bours et pors de ton bailliage les hostelz et les personnes d'iceulz, et sachiez certainement comment chescun est et sera armez, et comment il obeiront au dit cry et commandement, et auxi faites parfaire les forteresses et clostures encommanciées à faire et ordennez, et faites ordenner les genz des villes en tèle manère qu'il soient prestz de les garder se mestier estoit. . . . Donné à Caen, le IIIe jour de novembre, l'an de grace mil ccc quarante et nuef. Par le conseil etc.

241.

Quittance donnée par Guillaume de la Garrigue, de ses gages comme réformateur au comté de Beaumont le Roger et au vicomté de Breteuil. — 8 novembre 1349.

Sachent tuit que je Guillaume de la Garrigue, clerc et promoteur du roy nostre sire, ay eu et receu de Yves de Cleder, receveur de la conté de Beaumont le Roger et de la viconté de Bretueil, deux cenz quatre vinz diz et sept livres tournois, par pluseurs parties, pour raison de mes gages taxez pas mes seigneurs des comptes du dit seigneur à xx s. t. par jour, deserviz ou fait de la refformacion des diz conté et viconté, où j'ay esté envoié et commis de par le dit seigneur et de par monseigneur le duc d'Orleans, son filz, conte de Valoys et de Beaumont et sire de Brethueil, ovecques mes seigneurs le chantre de Senliz, clerc, et monseigneur Jehan de Dinteville, chevalier, refformateurs deputez et envoiez de par noz diz seigneurs le roy et le duc ès diz conté et viconté, et aussi ponr le fait de Gervaise le Conte, c'est assavoir depuis le xxme jour de janvier feste de Saint Fabien et Saint Sebastian l'an m ccc xlviii jusques au xiime jour de novembre l'an mil ccc xlix enclos, où il a ii^c iiii^{xx} xvii jours, par lequel temps j'ai esté vaquant et entendent en la dite refformacion et ou fait dudit Gervaise. . . . Donné à Conches, le viiie jour de novembre, l'an mil ccc quarante neuf.

242.

Mandement du bailli de Cotentin au vicomte de Valognes, pour le paiement des frais de route d'un courrier chargé d'apporter de Paris des lettres de révocation de l'exemption des causes du sire de Harcourt en l'assise de Valognes. — 8 décembre 1349[1].

Adam de Dampmartin, bailli de Costentin, au viconte de Valongnes, salut. Nous vous mandons et commandons que vous bailliez à Guillaume de Goy six livrez tournois, lequel nous envoions à cheval de Valongnes à Paris, à la court du roy nostre sire, pour apporter lettres de la revocacion de l'exempcion des causes de monseigneur Godeffroy de Harecourt, de l'abbé et couvent de Saint Sauveur le Viconte et de

---

[1] Acte publié dans *Histoire du château de Saint-Sauveur*, preuves, p. 116.

leurs gens, qui ont pluseurs causes en l'assise de Valongnes contre monseigneur le duc et autrez parties, laquelle exempcion le roy nostre sire avoit rappellée, si comme maistre Yves Symon, clerc du roy et du duc nos seigneurs, le nous avoit escript, et que nous envoissons querre lettres sur ce, lesquelles monseigneur de Loon [1] lui avoit commandées, par laquelle exempcion les causes de monseigneur le duc et sa juridicion fu grandement empeschée; et nous les vous feron allouer en vos comptes. Donné à Valongnes, l'an mil ccc quarante neuf, le mardi emprès la Saint Nicolas d'yver.

243.

18 janvier 1349, v. s.

« Ph. fils du roi de France, duc d'Orliens, conte de Valois et de Beaumont le Rogier, » donne à Philippe d'Alonne, qui nourrissait son neveu Loys de France [2], une somme de cent livres tournois à prendre sur un des marchands de la forêt de Beaumont-le-Roger. — « Donné à Esgrevreul, le xviii jour de janvier, l'an de grace mil trois cens quarante et neuf. Par mons. le duc, du commandement du roy, present mes. Loys de Beaumont : VERRIÈRE [3]. »

[1] Hugues d'Arci, évêque de Laon, conseiller du roi.
[2] Louis, fils de Jean, qui fut depuis duc d'Orléans.
[3] Le duc confirma ce don par autres lettres datées de Meaux, le 18 mai 1350, en la présence du sire Guillaume de Craon.

244.

21 janvier 1349.

Mandement du duc Jean au vicomte d'Arques, pour le presser d'employer six cents livres à l'acquisition de vivres et autres garnisons nécessaires à la defense du château d'Arques [1]. « Donné à l'abbaye de Bomport, le xxie jour de janvier, l'an de grace mil ccc quarante et nuef. »

245.

Don de bois fait par le duc Jean aux Bons Enfants de Rouen.
28 janvier 1349.

Jehan etc., aus maistres de nos forés et au viconte de Rouen, salut. Savoir vous faisons que nous, de grace especial et en osmone, avons donné et otroié, donnons et otroions par ces presentes aux povres escolliers les bons enfans de la ville de Roen cent souldées de bois à prendre et à avoir une fois tant seullement sur les marcheans de nostre forest de Rommare.... Donné à Bonport, le xxviiie jour [2] l'an de grace mil ccc XLIX. Par monseigneur le duc : FOUVAUS.

Copie dans un mandement de Jehan du Bois, vicomte de Rouen, à Guillaume Osmont, du 13 mai 1350.

[1] Voyez plus haut, n. 239.
[2] Le nom du mois a été omis par le scribe.

246.

5 février 1349.

Le duc Jean mande au vicomte de Rouen de payer 20 l. t. à « Johanne, jadis fame de feu Jehan Guedon, sommeillier de noz napes... » Donné à Bonport, le v° jour de fevrier, l'an de grace mil ccc quarante et noeuf. Par monseigneur le duc : OGIER.

Copie du temps.

247.

Mandement du duc au vicomte de Rouen, lui prescrivant de donner à son trésorier une somme de 300 livres tournois pour le sacre du chancelier. — 1349.

De par le duc de Normandie et de Guienne. — Viconte de Rouen, nous te mandons que, tantost ces lettres veues, tu baillez et delivrez à Raoulet du Pin, clerc en nostre chambre aus deniers, trois cens livrez tournois des deniers de ta recepte, et ce ne laisse en aucune manere, quar nous en avons nécessité pour aidier à paier la despense de nostre hostel à la feste de nostre chancelier [1], qui doit estre sacrés à Andeli ce dimenche prochain.... Donné en l'abbaye [de Bonport le].........
ccc quarante et nuef. Par monseigneur le duc : OGIER.

[1] Pierre de la Forest, qui monta en 1349 sur le siége épiscopal de Tournay. Il y a au cabinet des titres une quittance de « Pierres de la Forest, chancellier monseigneur le duc de Normendie, » à la date du 19 décembre 1348.

248.

15 mars 1349, v. s.

Mandement du duc Jean au vicomte de Rouen, touchant une pension que le roi Louis X avait assignée à deux religieuses du couvent de Saint-Mathieu lez Rouen et au sujet de laquelle le duc avait déjà écrit une lettre que les religieuses ne pouvaient plus montrer :

« . . . . pour ce qu'elles ne pueent faire foy des originalz des dites lettres, lesquelles pour le triboul de ennemis du royaume, quant ils descendirent en Normendie et furent au dit lieu de Saint Mahieu [1], duquel lez dites religieuses s'estoient absentées, pour doubte d'yceulx ennemis, furent perdues et emblées. . . Donné à Paris, le xve jour de mars, l'an de grace mil trois cenz quarante et neuf, soubz le seel de nostre secret, le grant absent. »

Copie du temps.

249.

Quittance de x sous tournois reçus par un valet de la duchesse d'Orléans, pour la conduite d'un cheval du char de cette princesse. — 15 mars 1349, v. s.

A tous ceux qui ces lettres verront, frère Robert de Paris, garde du seel des obligations de la viconté de

---

[1] En 1346.

Beaumont, salut. Sachent tuit que, par devant Jehan Taurin, clerc, tabellion juré en la terre de Conches, fu present, si comme il nous a tesmoingé, Jehannin Petit, vallet de très noble et puissante dame madame la duchesse d'Orlienz [1], si comme il disoit, qui confessa lui avoir eu et receu de honorable homme et discrept Yves de Cleder, receveur de Beaumont et de Conches, par la main de Yvon, son neveu, dis soulz tournois, sus la despence qu'il lui convendra fére de mener l'un des chevaux du char de ma dite dame, lequel cheval estoit demouré à Conches quant elle y fu derrenièrement, desquiez dis soulz le dit Jehannin se tint a bien paé. En tesmoing de cen, nous, à la relacion du dit tabellion, avon seellé ces lettres du seel dessus dit, sauf autri droit. Ce fu fet l'an mil ccc XLIX, le lundi xv° jour de mars. **J. TAURIN.**

250.

Mandement du bailli de Cotentin au vicomte de Valognes, lui prescrivant de payer ce qui reste dû aux entrepreneurs des travaux faits à trois barges du duc, à Cherbourg. — 6 avril 1350.

Adam de Dampmartin, bailli de Costentin, au vicomte de Valongnes, à present Raven Pinchon, salut. Nous et Robert Quarré, votre predecesseur, environ la Chandeleur derrenierement passée, feismes marchié avecques Richart Hopequin et Michiel Dagnel de estanquier

---

[1] Blanche de France.

et estanchonner trois barges du duc nostre sire qui estoient et sunt eu hable de Chierebourc, pour ce que nous apercheusmes que elles estoient en peril de estre perdues et depeciées, parceque la meir de chascune marée entroit eu dit hable et ès dites barges, lesquelles par force de mer, pour ce que estanchonnéez n'estoient, hurtoient et frapoient l'une à l'autre et estoient fendues par quoi la mer y entroit, pour lesquelles choses faire a convenu avoir eu à ce grant fouison de carpentiers et autres gens, ou autrement, se remède n'i eussons mis, elles eussent esté perdues; pour lesquelles choses faire, par le dit marchié, les dis Richart et Michiel durent avoir vint et chinc livres tournois dedens la me-karesme derrenierement passée, de laquelle somme le dit Richart fist lettre au dit Robert de dis livres tournois; et pour ce que bien savon que les choses dessus dites ont esté faites, et que les dites barges sont en l'estat où il furent alouées par le dit marchié, nous vous mandons que aus dis Richart et Michiel, ou à l'un d'eulz, vous paiés quinze livres demourans de la dite somme, en retenant ces lettres avec lettre de recongnouissance de cil à qui vous ferés le paement, pour metre les en vos comptes pour cest present terme, en la manère que en teil cas est à faire. Donné à Valongnes, le mardi vi^e jour d'avril l'an mil trois cens cinquante.

251.

Mandement des gens des Comptes du duc au vicomte de Montivilliers, touchant la réception de Guillaume de la Cauche en l'office de garde de la geole de Montivilliers. — 30 avril 1350.

Les genz des comptes du duc de Normandie nostre signeur, au viconte de Monstiervillier, salut. Comme nostre dit signeur ait octroyé, par ses lettres données le VII jour de fevrier l'an CCC XL VIII, desqueles nous vous envoions copie souz le seel du Chastelet de Paris, signée au dos, à Guillaume de la Cauche, son amé barbier et varlet de chambre, que de l'office de la garde de la geole de Monstiervillier, que donée li avoit avant qu'il eust le gouvernement de sa terre, lequel office li a esté empesché puis que le dit signeur vint au gouvernement de sa dite terre par les ordenances qui pieça furent faites, que yceli Guillaume ait le dit office sa vie durant, et yceli puisse faire deservir par personne convenable en ses perilz, et de yceli use et joisse et des emolumens qui y appartiennent, en la forme et manère que il faisoit avant les dites ordenances et avant[1] le dit gouvernement, non contrestant ycelles ordenances, si comme plus à plain est contenu ès dites lettres; nous vous mandons que vous ycelles acomplissez de point en point selon leur teneur. . . . Escript à Dole, darrenier jour d'avril l'an M CCC cinquante.

[1] La pièce originale porte : « et avant que le dit g. »

252.

Lettres du duc d'Orléans aux gens de ses comptes, leur prescrivant d'allouer en dépense une somme fournie par Yves de Cléder, receveur de Beaumont le Roger et de Conches, pour les frais des Grands Jours de Beaumont. — 4 juin 1350.

Philippe, filz du roy de France, duc d'Orliens, conte de Valois et de Beaumont le Rogier, à noz amez et feaulz les genz des comptes de nostre très chier segneur et père et de nous à Paris, salut et dilection. Nous vous mandons que à nostre amé Yves de Cleder, receveur de Beaumont le Rogier et de Conches, vous allouez en ses comptes et rabatez sans difficulté de sa recepte trois cenz cinq livres huit solz quatre deniers tournois, quatre sextiers, six boisseaux de froment et vint six sextiers quatre boisseaux d'avoine, pour la mise et despense par li fais pour cause de noz grans jours, qui commancierent au dit Beaumont le lundi xxiiiie jour de may darrenièrement passé, desquelles mise et despense les parties vous seront baillées en un role scellé de nostre contre seel. Donné à Conches, le iiiie jour de juing, l'an de grace mil ccc cinquante. Par vous : J. BLANCHET.

253.

Compte des recettes de la Prevôté de Leure.
22 juillet 1350.

Le compte de la revenue de la prevosté de Leure, depuis le jour de Pasques, qui furent le xxviiie jour de mars l'an de grace mil ccc et chincquante, que rent Guillaume Hove, qui la dite prevosté a tenue à ferme et ycelle delessie au lieutenant du viconte le viᵉ jour de juing l'an dessus dit, par vertu dez ordenances du roy nostre sire, jusques au jeudi jour de feste de la Magdalene l'an dessus dit, que le dit Guillaume parti du pais pour aler au saint pardon [1].

Premièrement, le xᵉ jour de may, la nef qui fu prinse sur les Englois carchie de cuirs, pour la coustume de xxxix lés de cuirs vi viii d. pour lest, valent xiii l.

Le xiiiiᵉ jour du dit mois, la nef Saint Christofe de l'Escluse, pour la coustume de xxx tonneaux vin qui furent descarchiez à Leure, iiii deniers pour pièche, valent x s.

Le dit jour, la nef Sainte Marie du port de Portugal, Johan Vincent mestre, carchie avoir de pois, nichil, pour ce que il sont frans par les priviliegez que le roy leur a donnez.

Le dit jour, la nef Nostre Dame du port de Portugal, Nicolas Mathieu mestre, carchie avoir de pois, nichil, pour les francisez dessus dites.

Le dit jour, la nef Nostre Dame du port de Portugal, Martin Miquiel mestre, carchie vins et sel, nichil, pour ce etc.

Le xxiᵉ jour de jung, la nef Saint Johan, du port de Portugal, Simon Domiquez mestre, carchie avoir de pois, nichil etc.

---

[1] Sur le grand jubilé de 1350, voyez la Chronique de Guillaume de Nangis, éd. de Géraud, t. II, p. 220.

La nef Saint Anton, du port de Portugal, Jouan Jamez mestre, carchie avoir de pois, nichil etc.

Le xxiie jour du dit mois, la nef Sainte Marie de Lissebonne, du dit royalme de Portugal, Salvade Bourgois maistre, carchie avoir de pois, nichil, pour les franchises dessus dites.

Le jour dessus dit, la nef Saint Johan de Seville, du royalme de Castel, Digamer mestre, carchie avoir de pois et sel, pour vii[c] xxiii ballez, iiii d. la balle pour coustume, valent xi l. xvii s. viii d. Item pour iii vessellées de sel partiez d'icelle nef, xviii d. pour chascun vessel, valent iiii s. vi d. Et paièrent coustume pour ce que ceulz du royalme de Casteille ne sont pas frans.

Le dit jour, la nef Saint Anton de Gacaire, du dit royalme de Castelle, Martin Peris de Goulidan mestre, carchie sel, pour iiii vessellées de sel, xviii d. pour vessel, valent vii s. vi d.

Le dit jour, la nef Sainte Marie de Gataire, du dit royalme de Castelle, Johan Anchane Dariolle mestre, carchie sel, pour iiii vessellées de sel, xviii d. pour vessel, valent vi s.

Le dit jour, la nef Saint Anton de Gacaire, Martin de Darenne, mestre, carchie sel, pour un vesselléez de sel, xviii d. pour vessel, valent vi s.

Item pour autres menus emolumens à cause d'amendes et autres menus acquis, xxxv s.

Somme de la recepte : xxviii l. vi s. viii d.

Mises faitez sur cen par le dit Guillaume.

A Richard Bendel, pour le bosc et pour la paine de

faire un chep à Leure, LX s. paiez au dit Richart par le commandement du viconte.

Pour les gages du dit prevost et son clerc, depuis le jour de Pasques dessus dit jucques au jour de la dite Magdaléne l'an dessus dit, cent souls.

Somme de la despence : VIII l.

Ainsi demeure que doit le dit Guillaume Hove XX l VI s. VIII d.

254.

Quittance de 60 livres parisis, donnée au receveur de Gisors par le sire de Préaux. — 5 juillet 1350.

Sachent tous presens et à venir que nous Pierres sire de Preaulz, chevalier, connoissons et confessons avoir eu et receu de honnorable homme et sage Raoul Machart, visconte et receveur de Gisors, par les mains Lorens de Fresneles, son lieutenant à Andeli, soisante libvres parisis, monnoie courant à present, seur ce en quoy le dit receveur estoit tenu à nous desus dit sire de Preaulz à cause d'uue asinacion faite à nous de reverent pere en Dieu monseigneur l'arcevesque de Rouen sus le subcide de nouvel otroyé à monseigneur le duc de Normandie en la dite visconté.... Donné sous nostre seel, le quint jour de juillet, l'an de grace mil trois cens et cinquante.

255.

Extrait d'un fragment de compte relatif aux travaux du château de Falaise.

La viconté de Faloise.

Le chastel de Faloise.

.... Item pour VI^{xx} piés de doubliers de aes de quartier de Querne miz sur les halles d'emprès la Trinité. ... — Pour abatre et refaire le pont de l'entrée du dit chastel de Faloise tout neuf, de touz poins, pour ce qu'il estoit dès les posts sur le point de chaer, c'est assavoir de la valée jusques à l'escheneur devant d'icelli pont et roigner les diz II poosts et leur lieson de III piés pour cen qu'i estoient pourriz, et meitre une sole sur iceulz posts toute neuve, avecques IIII autres posts de XL piés de lonc et de plain pié de face en touz sens, et former la lieson as diz posts bien et deuement en la manère qu'il appartient à faire, et faire eu dit pont une chaere de bois toute neuve de nouvel edeffiée eu bout devers la ville, et faire sur icelli pont une maison à fest d'autel edeffice comme le viel chapistrel jusques à la maison dessus la valée ; et convient tenir sur estaes le viel pont en estat as perilz des ouvriers, afin que l'en peust aler et venir eu dit chastel, par dessus, à pié et à cheval et à chareite, pour tout cen faire bien et souffisant en la manère que dit est et trouver bois, cariage et toutes autres matières à ce necessaires, en tache et par rabaiz, par maistre Nicole

Pommeroie et Richart de la Bruière par le pris de cent livres. Etc.

256.

Requête adressée au duc de Normandie par « le prieur et le couvent de Nostre Dame du Rochier de Mortaing, le doyen et les chanoines et chapitre de l'eglise fondée de Saint Evrout et de Saint Guilaume de Mortaing et la prieure et le couvent de Nostre Dame de l'Abbeye Blanche du Neuf Bourc de Mortaing, » au sujet de leurs droits d'usage que Jehan de Sahurs, verdier de la forêt de Lande Porrie, avait suspendus en vertu d'un mandement d'Olivier Le Fèvre, maitre et enquêteur des eaux et forêts du duc de Normandie.

TABLE GÉNÉRALE.

Abelon (Richart d'), 59.
Adam (Charles), sergent à Guernesey, 286, 287.
Adeville (chapelle d'), 50.
Agénois (campagne d'), 315, 343. Voir *Gascogne, Aiguillon.*
Aide. Voir *Imposition, Subside.*
Aigles (destruction des), 21, 81, 278.
Aiguillon (voyage d'), 343, 392. — Voir *Gascogne.*
Alemant (Jehan l'), sergent d'armes du Roi, 194, 195.
Alençon (le Comte d'), 93; — (le Duc d'), 202, 254, 336, 337, 340, 342. — Voir *Charles.* — (Madame d'). — Voir *Marie.*
Alexandre (Clément), verdier à Cherbourg, 134.
Alisel (bois d'), 408.
Allemant (Pierre l'), commissaire à l'Echiquier, 25.
Alonne (Philippe d'), 415.
Alouville, 242.
Amédée VI, comte de Savoie, 357.
Amendes d'Assises et d'Echiquier, 61, 160 à 163, 191, 374, 375, 405;
— forestières, 77, 133, 243, 405;
— diverses, 47, 48, 49, 57, 77, 166.
Amfreville-sur-Iton, 164.
Amourestes (Pierre), 361, 362.
Anceaumeville, 354.
Andaine (forêt d'), 124, 133, 296.
Andelys (les), 27, 28, 203, 417, 425.
Angerville-l'Orcher, 401.
Aniselo (*Rogerus de*), *armiger*, 162.
Anglée (Mgr Regnaut de l'), conseiller du Duc, 75.

Anglesqueville-l'Esneval, *Englesqueville*, 400.
Annebault, *Onnebaut*, 278.
Aquigny (Messire Jehan de), chanoine d'Evreux, 166.
Arbalestrier (Jaquemin l'), artilleur du Roi, 283.
Arches, 243.
Arcy (Hugues d'), évêque de Laon, 415.
Argenthomo (*Sergenteria de*), 163.
Armée (convocation de l'). 264 à 267, 269, 270. — Voir *ban, arrière-ban.* — Ravitaillement de l'), 187, 188.
Armements de navires, 142, 144, 145, 146 à 154, 170, 180 à 183, 186, 189, 190, 193. 196 à 199, 205 à 209. 233 à 239, 258 à 263, 281 ; — de villes et châteaux, 154, 168, 345, 349, 412, 413, 416.
Armes de guerre, 142, 145, 146, 148 à 155, 166, 168, 170, 182, 183, 186, 189, 190, 192, 194 à 200, 205 à 210, 232, 234 à 240, 258 à 264, 281 à 283.
Arondel (Moulin d'), 63.
Arques (chatel d'), 412; — (haie d'), 136; — (prévôté d'), 370. — (vicomté et vicomte d'), 12, 13, 241, 412, 416; — (ville d'), 243.
Arrière-Ban, 268 à 270.
Artois, voir *Robert* et *Mahaud.*
Assises dans les vicomtés, 21, 76, 78, 84, 132, 160, 162, 289, 290, 310, 320, 371, 381, 385, 387, 404, 406, 415.
Auberi (Guillaume), vicomte de Beaumont et de Conches, 143.

Auge (vicomté d'), 78, 79, 92, 268, 273, 389.
Aunoy (Thomas d'), vicomte d'Orbec, 121.
Auria. — Voir *Doria.*
Auseré (Pierre), trésorier de Normandie, 369.
Ausercy (Raoul), conseiller du Duc, 311.
Auseville (messire Guillaume d'), chevalier, 134.
Ausne (le seigneur de l'), 8.
Authie (paroisse d'), 394.
Anvers (terre d'), 22.
Auvreville (haie d'), 312.
Auxerre (Pierre d'), bailli de Beaumont-le-Roger. 63.
Avangour (messire d'), réformateur en Normandie, 48.
Avranches (Pierre d'), vicomte de Domfront, 123.
Avranches, 19, 288; — (vicomté et vicomte d'), 157, 289.

Bacon (Roger), chevalier, 310; — (Guillaume), 310.
Babacz en Cotentin, 49.
Bailleul (Henri de), chevalier, sire de Mesnières, 13.
Balbet (Guillaume), trésorier du Roi, 315.
Ban, 371 à 373.
Bannières et *Etendards*, 158 224, 227, 228, 263.
Barbevaire (Pierre), génois, 210, 267.
Barges (navires de guerre appelés), 170, 234, 259, 420.
Barneville, 398.
Baron (*Guillelmus de*) *armiger*, 192.
Basoches (bois de), 4, 310; — (champs de), 4.
Batels (navires de guerre appelés), 182, 186, 190, 281.
Baudre (Nicole de), avocat du Roi en Cotentin, 20.
Baux de Breteuil (paroisse de), 244.
Bayeux, 332; — (Augustins de) 349; — (cour d'église à), 291; — (draps de), 310; — (sergenterie de la banlieue de), 161. — (Vicomté et vicomte de), 39, 157, 161, 162, 167, 245, 291, 311, 322, 331.
Beaucamp, 400.
Beaujeu (Guillaume de), évêque de Bayeux, 47, 48.

Beaumont (Gieffroy de), chevalier, 295.
Beaumont, voir *Philippe.*
Beaumont-le-Hareng, 354.
Beaumont-le-Roger, 33, 35, 37, 131, 325, 419, 422; — (bailli de), 63, 120; — (châtel de), 146, 147; — (forêt de), 36, 120, 121, 131, 415; — (vicomté et vicomte de), 33, 118, 120, 143, 156, 188, 413, 418.
Beaurepaire (paroisse de), 400.
Beauvoir-en-Lyons, 343, 374.
Bec (Notre-Dame-du), 399; — (abbé et couvent du), 77.
Behuchet (Nicolas), amiral du Roi, 182, 183, 190, 259, 264, 265.
Belle-Lande (forêt de), 256.
Belle-Manière (Jehan de), 375.
Bellengreville-Bereuguierville, 13.
Bende (Robert), lieutenant du bailli d'Evreux, 373.
Benouville (paroisse de), 399.
Berence (rivière de), 7; — (ventes de), 8.
Bernay, 131, 332.
Berneval, 402.
Berneriæ voir *Bernières.*
Bernières (sergenterie de), 191, 395.
Bertrand (Guillaume), écuyer, 285.
Bertrand (Raymont), maître des engins du Roi, 93.
Bertrand (Robert), maréchal de France, 97, 98, 194, 208, 209, 279, 280, 290, 331, 332.
Besanchon (Gui de), bailli de Caen, 311.
Besuchet, voir *Behuchet.*
Beuchet (Nicolas), trésorier du Roi, 94.
Beuvron (châtellenie de Saint Jame de), 294.
Beuzeville (paroisse de), 354.
Biennais, *Bien aes*, 354.
Bitot (Richart de), vicomte de Bayeux, 311.
Blainville (messire de), réformateur en Normandie, 48.
Bléville (paroisse de), 402.
Blondel (*Petrus*), *armiger*, 192.
Blont (Godefroi le), vicomte de Coutances, 61.
Blosseville (*Bon-Secours*), 354.
Bocasse (paroisse de), 354.
Bohon en Cotentin, 18, 20, 26.
Bois (Jehan du), vicomte de Rouen, 416.
Bois-Guillaume (Berout du), 92; — (paroisse du), 353.

Boisset (Jehan de), chevalier, 387.
Boissey, *Boisay*, 3.
Bondeville (Olivier de), chevalier, 81.
Boniau (Pierre), bailli de Rouen, 148.
Bonne de Luxembourg, duchesse de Normandie, 347, 348, 356.
Bonneville sur Touque (forêt de), 194, 389.
Bonport (abbaye de), 409, 410, 416, 417.
Bons Enfans de Rouen (les), 416; — de Saint-Victor, à Paris (les), 51.
Bordeaux Saint-Clair (les), 399.
Bort (forêt de), 11, 12, 408.
Bosc (Thomas du), 393.
Bosc-Bérenger (le), 354.
Bosc-Guérard (le), 354.
Bosc-le-Hart (le), 354.
Bosse (Oudart de la), vicomte de Neufchâtel et d'Arques, 12, 13.
Boudart (Jehan), pannetier du Duc, 315, 386.
Bouloie de Montchauvet (bois de la), 9.
Bourbel (Guillaume de), écuyer, 13.
Boutevillier (Gautier de), verdier d'Eawy, 136.
Boys (Jehan du), vicomte du Pont-de-l'Arche, 347.
Boys-Gencelin (Mgr Robert du), 35.
Brenc (Jehan de), châtelain de Saint-Sauveur le Vicomte, 311.
Breteville (Jehan de), écuyer, 160; voir *Britavilla*.
Breteuil, 24, 253, 257; — (châtel de), 13 à 18, 23, 24, 40 à 47, 202, 249 à 251, 257; — voir *Philippe*.
Breteuil (forêt de), 242, 243; — (vicomté et vicomte de), 249, 342, 413; — voir *Britolii*.
Breuil (Yvain du), chambellan du Duc, 205.
Bricquebec, 194, 331, 332.
Brienne, voir *Raoul*.
Briquessart (*sergenteria de*), 162.
Britavilla, Breteville (*sergenteria de*), 163.
Britolii (*sergenteria feodi*), 163.
Brix, *Bris*, *Bruiz* (forêt de), 287, 393.
Brotonne (forêt de), 12.
Bruccourt (Guy de), chevalier, 49.
Bruille (Tassin du), valet de chambre du Duc, 392.

Brumen (Robert le), écuyer, 294.
Brun (messire Jehan le), chevalier, 386.
Brunorum (*sergenteria*), 163.
Buffet (messire Vincent), 305.
Buiglise (paroisse de) 401.
Bur-le-Roi (forêt du), 10, 349, 350; — (manoir du), 245.
Burcy (Akariez de), écuyer, 191.
Bussy (messire Simon de), commissaire à l'Echiquier, 377, 378.

Caen, 157, 264, 265, 267, 268, 280, 291, 325, 326, 332; — (bataille de), 410; — (bailli et bailliage de), 2, 9, 47, 84, 156, 157, 160, 167, 174, 240, 264, 282, 285, 322, 332, 350, 351, 358, 392; — (châtel de), 174 à 180, 325; — (magistrats de), 310, 311; — (sergenterie de la banlieue de), 394; — (vicomté et vicomte de), 157, 160, 191, 392, 394.
Cailly (moulins de), 173, 174, 303.
Cambremer, 271.
Caniel (bois de), 240.
Cany, 241, 370.
Carentan, 288, 350, 351. — (vicomté et vicomte de), 19 à 21, 60, 158, 287.
Caronel (Jehan du), lieutenant du châtelain de Rouvray, 136.
Carville-Darnétal, 353.
Castillon (bois de), 3.
Cauche (Guillaume de la), valet de chambre du Duc, 421.
Cauchie (Guillaume de la), écuyer, 164; — (moulin de la), 173.
Caudebec, 241, 355; — (vicomté de), 240.
Cauquegny en Cotentin, 19.
Cauville, *Cauvarville*, 402.
Caux (bailli et bailliage de), 39, 134, 136, 169, 240. 267, 345, 358, 361, 370, 409, 410, 412.
Cavare (Guillaume), verdier de Montfort, 135.
Cavignie en Cotentin, 49.
Ceraseio (*sergenteria de*), 162.
Cères (Les Palis de), 4.
Champaigne (Jossiame de), chevalier, 12, 13.
Champion (Mgr Mathieu), 290.
Champrepus (Richard de), maître des Forêts, 393.
Chancelier du Duc (le), 417.
Chantercine (moulin de), 173.
Chaponval (Jehan de), vicomte de Rouen, 171.

Charles, comte de Valois, 357 ; — — de Valois, duc d'Alençon, 93, 202.
Chastel (sire Robert du), bailli de Gisors, 280,
Chastellier, *Chastelé* (Jehan du), chevalier, commissaire à l'Echiquier, 25, 38.
Chastelus (Pierre de), abbé de Cluny, 68, 69.
Chastillon (messire Benoît de), 224.
Château des Andelys, 203 ; — d'Arques, 412, 416 ; — de Beaumont-le-Roger, 146, 147 ; — de Breteuil, 13 à 18, 23, 24, 40 à 47, 202, 249 à 251, 252, 253, 257 ; — — du Bur, 245 ; — de Caen, 174 à 180, 325 à 331 ; — de Chateauneuf en Thimerais, 46 ; — de Cherbourg, 362 à 368, 391 ; — de Conches, 122, 127 à 129 ; — du Cornet en Guernesey, 286, 289 ; — du Désert, près Breteuil, 249, 257 ; — de Domfront en Passais, 124 ; — d'Esquiquernon, *Quincarnon*, 122 ; — de Falaise, 246, 247 à 249, 426 ; — de la Feuillie, 31, 204 ; — de la Fontaine-du-Houx, 31 ; — Gaillard, 203 ; — — de Gisors, 29, 203, 204 ; — de la Héronnerie, près Breteuil, 254, 256 ; — de Léry, 405 ; — — de Lyons, 30, 31 ; — de Longchamp, 32 ; — de la Lune, 146 ; — de Moulineaux, 308, 309 ; — du Neuf-Marché, 30 ; — d'Orbec, 130 ; — de Pont-Audemer, 154, 411 ; — de la Robertière, 336 à 342 ; — de Rouen, 67 à 74, 171, 297 à 302, 304 à 306 ; — de Senonches, 46 ; — du Vaudreuil, *Val de Reil*, 396, 404, 405 ; — de Verneuil, 13, 14, 45 ; — de Vernon, 26, 27, 160, 202, 203.
Chateauneuf en Thimerais, 46.
Châtillon, voir *Mahaud*.
Chef de Caux (le), 199, 402.
Chemin, *Quemin* (Thomas du), chevalier, 80, 396, 407.
Cherbourg (châtel de), 314, 362 à 368, 391 ; — (port de), 391, 420.
Chermont (Guillaume de), évêque de Lisieux, 383.
Chèse (Nicole de la), chevalier, 132.
Chevaliers, juges aux assises, 80, 81, 83, 85, 86, 131, 132, 271, 407.
Chevrier (Guy), chevalier, 94.
Chiffrêne (paroisse du), 321.
Choffin (Maciot), 410.
Chouquet (*Radulfus*), armiger, 161.

Clais, *Cloiez*, 13.
Cleder (Yves de), receveur du comté de Beaumont, 188, 419, 422.
Clerefay (Henri de), écuyer, 13.
Clères, 354.
Cloout (Guillaume de Saint-), écuyer, 161.
Cluny (abbé de), 68, 69.
Cocherel (Adam de), chambellan du Duc, 205 ; — (Raoul), vicomte d'Orbec, 121.
Combon (coutume de), 37.
Commin (Richard), écuyer, 169.
Comptes de la vicomté de Bayeux, 245, 246, 291, 292 ; — de la vicomté de Beaumont-le-Roger, 33 à 37 ; — de la vicomté de Breteuil, 249 à 257 ; — du bailliage de Caen, 264 à 268 ; de la vicomté de Caen, 394 ; du bailliage de Caux, 240 ; — de la vicomté de Conches, 33 à 37 ; — du bailliage de Cotentin, 19, 52 à 56, 287 à 290 ; — de la vicomté de Falaise, 246 à 249, 426 ; — de la prévôté de Leure, 422 à 425 ; — de la vicomté d'Orbec, 33 à 37 ; — de la vicomté du Pont-de-l'Arche, 381 à 384, 403 à 408 ; — du bailliage de Rouen, 67 à 92, 171, 268 à 278, 297 à 309 ; — de la vicomté de Rouen, 292, 293 ; — des biens de Robert d'Artois en Normandie, 120 à 133 ; — des dépenses occasionnées par les marins génois au service de France, 211 à 232 ; — des dépenses du moulin d'Arondel, 63 à 66 ; — des dépenses des navires au service de France, 334 à 336 ; — des dépenses de la table de MM. de l'Echiquier de Rouen, 376 à 380.
Conches, 126, 130, 131, 414, 419, 422.
Conches (abbé de), 126 ; — (châtel de), 122, 127 à 129 ; — (forêt de), 122, 200 ; — (vicomté de), 33, 143, 188.
Condé sur Noireau, 53.
Condeto (*Ricardus de*), armiger, 162.
Conseil tenu à Pont-Audemer pour les affaires de guerre, 372.
Conte (Gervais le), avocat du Roi à Domfront, 124, 414.
Coq (Oudart le), bailli de Rouen, 38, 67, 78.
Coques (navires de guerre appelés), 196, 198, 206, 236, 259.

Cornet (châtel du), 286, 287.
Corneville (paroisse de), 36.
Cornille (Janvier), notaire à Gênes, 224.
Costé (Jean), peintre de Paris, 396.
Cotentin (bailli et bailliage), 6, 18, 19, 39, 49 à 52, 57, 58, 132, 134, 152, 156, 157, 159, 168, 266, 268, 286, 287, 291, 316, 348, 358, 414, 419; — (Iles du), 194.
Cottévrard (paroisse de), 354.
Coudray-Vergetot (le), 400.
Coulombe, *Colombe* (fief de la), 320.
Couperie (Prieuré de la), 321.
Coupes et ventes de Bois, 2 à 12, 52, 53, 58, 142, 155, 159, 172, 393.
Cour d'Eglise, 19, 20, 74, 75, 83, 84, 122, 125, 287, 291, 388, 403, 404.
Courbe-Epine (terre de), 159, 181.
Courcy (Richart de), chevalier, 134.
Courpotain (terre de), 92, 93.
Cousture (Richart de la), lieutenant du vicomte de Bayeux, 331.
Coustures (rentes appelées), 33.
Coutances, 62, 288; — (cour d'église), 19, 20, 287; — (prieur et frères de l'Hôtel-Dieu de), 61, 62; — (vicomte et vicomté de), 19, 20, 21, 22, 61, 132, 158, 287, 317.
Couvains (paroisse de), 332.
Crasménil, *Groumesnil* (Saint-Vincent de), 401.
Cravy (Jehan), notaire de Nice, 224.
Crayer (navire de guerre appelé), 233, 234.
Crespin (Pierre), marinier du Roi, 333.
Creuleyo (sergenteria de), 192.
Cricquebœuf, 399.
Criquetot l'Esneval, 400.
Crot (bois du), 342.
Crusy (Hugues de), familier du Roi, commissaire à l'Echiquier, 24, 38.
Cueret voir *Quieret*.
Cuignères (Pierre de), chevalier, commissaire à l'Echiquier, 25.
Cuirain (Raoul), 19.
Cuves (Guillaume de), 39; — (Henri de), écuyer, 52.

Dae en Cotentin (paroisse de), 49.
Dampmartin (Adam de), bailli de Cotentin, 414, 419.

Danois (Gervaise le), clerc du Duc, 332.
Découpeur (Adam le), prévôt de Gisors, 139.
Défense du pays (mise en), 410 à 412, 416.
Dépense commune des bailliages et vicomtés. — Voir *Comptes*.
Dépensier, *Despenchier* (Philippe le), chevalier, capitaine de Carentan, 86, 350.
Désert, près Breteuil (manoir du), 249, 257.
Dieppe, 267.
Dinort (Robert), verdier de Lande-Pourrie, 53.
Dinteville (Jehan de), chevalier, 414.
Dives, 271.
Dixième pour le Roi au diocèse de Rouen, 354. — Voir *Impositions* et *Subside*.
Domfront en Passais, 53, 123, 130 à 133, 295; — (châtel de), 124; — (forêt de), 124, 133; — (prévôté de), 127, 131; — (vicomté de), 123, 157, 188, 289, 290.
Dons par le roi, le duc et autres princes, 18, 26, 37, 51, 57, 92, 93, 169, 315, 322, 325, 332, 333, 349, 355, 361, 369, 370, 375, 410, 415, 416, 417, 421, 425. — Voir *Gages d'officiers*.
Doria, *Dorie*, *Doire* (Ayton), commandant de la flotte génoise, 180, 223 à 225, 227, 228; — (Carlo), 216, 217, 224; — (Georges), 217, 220; — Léonard, 211, 214.
Douanes (droits de), 423, 424. — Voir *Impositions*.
Douvet (Jehan), prévôt de Gisors, 374.
Draperie (ordonnances sur la), 22.
Draps de Bayeux, 310; — de Montivilliers, 184, 185; — de Thorigny-sur-Vire, 322, 323.
Dreux (la comtesse de), 342 — (Ide de Rosny, comtesse de), 370.
Durfort (Guillaume de), archevêque de Rouen, 78.
Durval, *Duravel* (paroisse de), 86.
Dygouville (haie de), 9.

Eawy (forêt d'), 136, 164.
Echiquier de Normandie, 2, 21, 24, 25, 38, 48, 79, 83, 193, 264, 285, 288, 374, 381, 383, 404, 405; (table de MM. de l'), voir *Comptes*.

Elétot, *Esculétot* (paroisse d'), 400.
Elle (forêt d'), 10; — (rivière d'), 310.
Emaleville (Saint-Sauveur d'), 401.
Emmurées (les), voir *Saint-Mathieu*.
Englois (Jehan l'), maître des garnisons de l'armée de mer, 315.
Eperviers, émouchets et faucons, pris pour le Roi, 124, 133, 200 à 202, 296.
Epréville (paroisse d'), 35.
Erquery (le sire d'), chevalier, 97, 98.
Ercorchebœuf (*Radulfus de*) *armiger*, 191.
Eslettes (paroisse d'), 354.
Espesse (Mgr Robert de l'), 21.
Essarts (sire Pierre des), 305, 370.
Etaimpuis (paroisse d'), 354.
Etendards, voir *Bannières*.
Etretat, *Estrutat*, 399.
Eure (rivière d'), 338.
Evrecheyo (sergenteria de), 191.
Evreux (bailli d'), 370, 372, 373; — (cour d'église à), 75, 122, 388, 403; — (domaines du comte d'), 10; — voir *Jeanne et Philippe*.
Exploits forestiers, 103, 311, 374, 388, 389.
Exportation des grains défendue, 407.

Falaise, 272, 273; — (châtel de), 246 à 249, 426; — (châtellenie de), 131; — (vicomte et vicomté de), 157, 161, 163, 246, 310, 426.
Falesie (sergenteria), 163.
Faloise (Jehan de la), écuyer, 52.
Faroil (Jehan), garde du scel de Vernon, 374.
Faucons, voir *Eperviers*.
Fauconnier (Guillaume le), preneur de faucons du Roi, 123.
Fécamp, 398.
Férière (église de la), 131.
Ferte-Macé, *Ferté-Macieu*, 4.
Fêtes aux Andelys, 417; — à Vernon, 376, 385, 386; — voir *Joutes, Tournoi*.
Feuillie (manoir de la), 31, 204.
Fèvre (Olivier le), maître et enquêteur des forêts de Normandie, 427; — (Mgr Robert le), 85.
Fillemain (Gillet de), verdier de Conches, 122.
Flaville (Henri de), écuyer, 13.

Fontaine du Houx (manoir de la), 31.
Fontaine la Mallet, 401.
Fontenay (le), 401.
Forêt d'Andaine, 124, 295; — de Beaumont-le-Roger, 36, 120, 121, 165, 415; — de Belle-Lande, 256, 257; — de Bonneville-sur-Touque, 194, 389; — de Bort, 11, 12, 408; — de Breteuil, 242 à 244; — de Briz, 287, 393; — de Brotonne, 12; — du Bur le Roi, 10, 349, 350; — de Conches, 122, 200; — de Domfront, 124, 133; — d'Eawy, 136, 164; — d'Elle, 10; — de Gavray, 7; — de Lande-Pourrie, 6, 52, 427; — de la Londe, 186, 283; — de Long-Bouel, 155; — de Lyons, 140, 141, 172, 343, 375; — de Maulevrier, 9; — de Passais, 123; — de Rouvray, 11, 172, 283, 297; — de Roumare, 142, 410, 416; — de Saint-Sauveur le-Vicomte, 311 à 315; — de Saint-Sever, 2; — du Trait, 240, 362.
Forest (Pierre de la), évêque de Tournay, chancelier du Duc, 417.
Fossart (moulin), sur l'Elle, 310.
Fosse (Thomas de la), chevalier, 131.
Fouage (imposition dite), 352, 353.
Fougy (bois du parc de), 10.
Fouques (Thomas), garde du clos des Galées de Rouen: 142, 145, 146, 148 à 154, 156, 158, 166, 168, 170, 174, 182, 183, 189, 190, 193, 194, 196 à 200, 205 à 209, 233, 234 à 240, 258 à 263, 281, 282, 302.
Fourneville (paroisse de), 271.
Franchises de Normandie (confirmation des), 264.
Franconville (Robert de), verdier d'Arques, 136.
Fréauville, *Friaville* (Guillaume le Charpentier de), écuyer, 13; — (Jehan Cagnet de), écuyer, 13; — (Roger de), écuyer, 13; — (le prévôt de), 13.
Fresles, *Freeles* (paroisse de), 13, 241.
Fresnay le Long, 354.
Fresneles (Lorens), lieutenant du vicomte de Gisors aux Andelys, 425.
Fresol (Berengier), chantre de Narbonne, 193.
Froberville, 399.

Gages d'officiers, 120 à 125, 186, 194, 211 à 224, 322, 332, 333, 343, 344, 347, 350, 354, 368, 369, 391, 392, 411, 413, 425.
Gaillard (château), 203.
Gaillefontaine (hôpital de), 395.
Gaillon (Mg' Jehan de), 35.
Gal (M. du), lieutenant du châtelain de Cherbourg, 366.
Galées (navires de guerre appelés), 180, 209, 235; — génoises au service du Roi, 211 à 224; — (clos des). — Voir *Rouen*.
Galies (navires de guerre appelés), 153, 154.
Galiots (navire de guerre appelés), 149, 153, 193.
Galle (Guillemin du), marinier du Roi, 355.
Galles (Pierre), geolier de Saint-Saëns, 56, 136.
Garencières (Mg' Pierre de), 77.
Gargan lès Rouen (mont), 294.
Garin (Patrice), conseiller du Roi à Caen, 311.
Garrigue (Guillaume de la), clerc du Roi), 413.
Gascogne (guerre de), 333. — Voir *Agenois*, *Aiguillon*.
Gascourt (Pierre de), verdier des Moustiers-Hubert, 121.
Cataluse (Dimanche), de Gênes, 222.
Gavray (forêt de), 7.
Gavroy (Robert de), chevalier, 52.
Génois au service du Roi (marins), 211 à 232, 267.
Gerville, *Guireville* (paroisse de), 399.
Gibelins (armures dites des), 209.
Gieffroy, sénéchal de Bellengreville, 13.
Gieufoce (Jehan de), receveur général du Duc, 388.
Gisors, 139, 315, 352, 374; — (bailli et bailliage de), 2, 12, 23, 24, 75, 94 à 96, 113, 116, 118, 134, 138, 139, 169, 202, 280, 315, 370, 385; — (châtel de), 29, 204; — (prévôt de), 374; — (vicomte et vicomté de), 26, 159, 315, 371 à 375, 384, 391, 425.
Clos sur Lisieux, 36, 85; — (bois de), 121; — (prévôté de), 37.
Goderville, 402; — (sergenterie de), 398.
Gonfreville-l'Orcher, 399.
Gonneville-Criquetot, 400.
Gorju (Soupliset le), receveur de Robert d'Artois, 33.

Goupillières-Beaumont, 34; — (le prévôt de), 35.
Gournay en Caux, 399.
Gouville-Claville, 354.
Grae (*sergenteria de*), 182.
Graffion (Robert), procureur du Duc, à Évreux, 406.
Grainville la Louvel, 399.
Graville Sainte-Honorine, *Guérarville*, 149, 150, 401.
Graveron (Mg' Robert de), 408.
Grey (Robert de), 18, 62.
Grigneuseville, 354.
Grimaldi, Grimaux (Agamelon), marin génois, 226. — (Messire Charles), chevalier, 223, 228, 282; — (Tade), marin génois, 219.
Grimesnil (Jehan de), 386.
Guedon (Jehan), sommelier du Duc, 417.
Guelfes (armures dites des), 209, 210.
Guernesey (Ile de), 194, 208, 209, 217, 219, 221, 286.
Guerre avec les Anglais, 371, 372, 382, 385, 409, 418.
Guibray (foire de), 273.
Guilleberville (bois de), 5.
Gunnetot (*Dominus Petrus de*), 161.

Halates (bois de), 240.
Haras, dans la forêt de Domfront, 124.
Harcourt, 85; — (Mg' Godefroy de), chevalier, 269, 279, 280, 288, 289, 291, 311, 351, 414; — Harcourt (Mg' Guillaume de), 35; — (Peronnelle de), veuve de Thomas du Chemin, chevalier, 396; — (Robert de), chevalier, 131; — (le sire de), 34, 35.
Harfleur, *Harefleu*, 166, 184, 193, 198, 199, 205 à 208, 234 à 236, 238 à 241, 258, 260, 262, 263, 266, 281, 399.
Hélies (Nicole ou Nicolas), vice-amiral, 208, 234 à 237, 288.
Henneville (fief de), 320.
Herbages, en la forêt de Bonneville-sur-Touque (résiliation du bail des), 389.
Hermeville (paroisse d'), 400.
Héronnerie lès Breteuil (manoir de la), 254, 256.
Heruppe (messire Guillaume de la), 407.
Heuqueville (paroisse de), 401.

Hoges (Bois de), 240.
Holingres (Hancquin de), verdier d'Orbec, 121.
Hommet (paroisse et terre du), 49.
Honfleur, 271, 272.
Hotot (*nobilis homo Henricus de*), *miles*, 162.
Houcteville (Guillaume de), 204.
Houdetot (Robert d'), chevalier, 267, 268.
Houppeville, *Hauppeville*, 354.
Houquetot (paroisse d'), 401.
Houssaye-Béranger (la), 354.
Hove (Guillaume), fermier de la prévôté de Leure, 423.
Hulmo (*sergenteria de*), 163.
Huisnes, *Huymes* (le châtelain de), 11; — (haie de), 5, 10.

Ide de Rosny, comtesse de Dreux, 370.
Iles normandes, 194, 208, 209; — en Seine, 294.
Imposition de guerre, 155 à 158, 288, 289, 345, 349, 351, 369; — à Harfleur, 184 à 186; — au bailliage de Rouen, 349; — en la vicomté de Montivilliers, 398 à 400; — à Thorigny-sur-Vire, 322, 323; — au Tréport, 210, 211. — Voir *Subside*.
Ingouville, 401.
Inventaire des biens d'un ménage, à Saint-Pierre-d'Arthenay, 60; — de Peronnelle de Harcourt, veuve de Thomas du Chemin, chevalier, 396, 397; — de Robert d'Artois, 94 à 118.
Isabeau de Valois, religieuse, 257.
Isabelle de Melun, comtesse de Dreux, 342.
Iseignye (*sergenteria de*), 162.

Jean, duc de Normandie, 51, 58, 62, 76, 78, 84, 122, 133, 155, 159, 169, 193, 204, 257, 285, 286, 295 à 297, 304, 309, 310, 315, 322, 332, 343, 344, 349, 355, 356, 361, 368, 369, 370, 372 à 376, 381, 382, 385 à 387, 389, 391 à 395, 404 à 406, 410 à 412, 415 à 418, 421, 425, 427.
Jeanne de Bourgogne, reine de France, 132, 315; — d'Evreux, reine de France et de Navarre, 152, 357; — de France, reine de Navarre, 295, 357; — de Nor-
mandie, duchesse de Limbourg, 381; — de Valois, femme de Robert d'Artois, 94, 97, 106; — veuve de Jehan Guedon, sommelier du Duc, 417.
Jersey, *Gersuy*, (île de), 208, 209.
Jobelin (Bertaut), lieutenant du bailli de Cotentin, 348.
Jours (*grands*), tenus à Beaumont-le-Roger, 422.
Joutes, 79, 83, 293, 303, 307; — voir *Lices, Tournoi*.
Jumel (*sergenteria de*), 163.
Jupin (Guillaume), procureur général du Roi à Caen, 311.
Juvignie (Hugues), chevalier, 59, 160.

Lancastre (le comte de), 409.
Lande-Pourrie (forêt de), 6, 52, 427.
Laon, *Loon*, (l'évêque de), 415.
Léon (Hervé de), chevalier, 57, 322.
Léry (paroisse de), 396, 405; — (haie de), 11.
Leure (port de), 145, 146, 148, 149 à 154, 170, 182 à 184, 189, 190, 192, 196, 197, 200, 208, 209, 234, 237, 261, 263, 264, 266, 334, 402; — (prévôté de), 422 à 425.
Lices pour Joutes, 292, 293, 303, 304, 307, 308.
Limbourg (Henri de Brabant, duc de), 376; — (la duchesse de), 394.
Limpiville (paroisse de), 399.
Lisieux (cour d'église à), 83, 125; — (l'évêque de), 283.
Loges (les), 399.
Lombards, bannis de France, 22.
Lonce (Pierre de), 348.
Lonevillers (*Rogerus de*), *armiger*, 161.
Londe (forêt de la), 186, 283.
Long Bouel (forêt de), 155; — (île de), 294.
Longchamps (manoir de), 32, 374.
Longpaon, *Lonc Paien*, 353.
Longueville-Vernon, 280.
Lonlay (abbé de), 127.
Loucey (feu Jehan de), 348.
Louis X, roi de France, 296, 418.
Louis de France, duc d'Orléans, 415.
Loups (destruction des), 21, 81, 86, 240, 278, 384, 408.
Louviers, 78, 118, 383, 384, 403.
Louvigneio (*Johannes de*), *armiger* 191.

TABLE GÉNÉRALE. 437

Luc (Huc de), chevalier, 59.
Luchy (bois de), 241.
Lune (châtel de la), 146.
Lyons (châtelain et châtel de), 30, 31, 140, 374; — (forêt de), 139 à 141, 172, 343, 375; — (prévôt de), 375.
Lyre (abbé de), 126; — (bois de), 121; — (prévôté de), 37, 126; — (rentes de), 36.

Machart (Raoul), vicomte de Gisors, 425.
Machaut de Châtillon Saint-Pol, comtesse de Valois, dame de Gaillefontaine et de Saint-Saëns, 357, 395; — d'Artois, comtesse de Bourgogne et d'Artois, 112.
Maignen (Jehan le), maître des garnisons de Cherbourg, 391.
Maillière (Pierre de la), bailli de Rouen, 144.
Maillos (Guillaume des), écuyer, 74.
Malemains (Gilbert), chevalier, 57, 58.
Malfaiteurs poursuivis et justiciés, 21, 79, 80, 85, 86, 241 à 243, 270 à 272, 276 à 278, 288, 291, 292, 331, 381, 405, 407.
Mallet (messire Guillaume), chevalier, 140.
Malvoisin (Robert), procureur du Roi à Caen, 47.
Manéglise (paroisse de), 400.
Maniqerville, *Manequiville*, 399.
Mannevillette, *Magnevillette*, 401.
Manoir, voir *Château*.
Mantes (bailli de), 371, 373.
Marchands espagnols trafiquant à Montivilliers, 184, 185.
Marchant (Robert), vicomte de Caen, 394.
Marcouville (paroisse de), 205.
Marc (Regnaut de la), bailli de Beaumont-le-Roger, 120, 125.
Marie d'Espagne, veuve de Charles de Valois, comte d'Alençon, 357.
Marigny (Jean de), archevêque de Rouen, 372.
Marlière (Pierre de la), bailli de Rouen, 193.
Marolles (paroisse de), 325.
Martel (Guillaume), châtelain de Pontaudemer, 168, 411.
Martot, *Maretot*, 77.
Masnier (Mgr Gieffroy le), chevalier, 22.
Massoure (Bernard de la), sergent

d'armes du Roi), 223, 224, 226, 228.
Maulevrier (forêt de), 9.
Mauves (Jehan de), avocat du Roi à Evreux, 122.
May (Guillaume de), lieutenant du vicomte de Gisors, à Vernon, 98.
Maye (Simon le), abbé de Marmoutiers, 352.
Meheudin (Nicole), chevalier, 132.
Melun (le vicomte de), 14, 253, 256. — Voir *Isabelle*.
Mercier (Jehan le), gouverneur de l'Hôtel du Duc, 355, 356.
Mesnières, *Maignières* (paroisse de), 13, 241.
Mesnil (Jehan du), verdier d'Andaine, 124.
Mesnil-Esnard (le), 354.
Mesnil-Huc (champs du), 7.
Mesnil-Villemain (champs du), 8.
Messages envoyés en divers lieux par les baillis et les vicomtes, 21, 22, 56, 75, 77, 78, 130 à 132, 264 à 272, 288 à 291, 370 à 375, 381 à 383, 384 à 388, 404 à 407.
Metéer (Nicolas le), vicomte de Caen, 191; — (Thomas le), procureur du Roi à Coutances, 20.
Meudon (Henri de), écuyer, maître enquêteur des forêts, 133 à 135.
Millon (Jehan de), trésorier du Roi, 94.
Molay-Bacon (seigneurie du), 285.
Molin (Pierre du), barillier du Duc, 396.
Moncastre (bois de), 8.
Monchamps (bois de), 3, 9.
Monciaus (Robert des), chevalier, 131.
Monnaies diverses, 82, 212 à 224, 232, 265, 292, 348, 371, 373, 382, 393; — (ordonnances sur les), 22, 76, 78, 84, 269, 371, 373, 382, 387.
Mons de Lenque, près Vire (bois des), 389.
Mont aux Malades lez Rouen, 354.
Mont-Saint-Michel (pélerinage au), 132.
Montagu (bois de), 10.
Montaigue (Jehan), prévôt de la flotte, 166.
Montanel (paroisse de), 58.
Montauban (le sire de), 54, 55.
Monte (Radulphus de), armiger, 192.
Monte aguto (sergenteria de), 163.

Montigny (M§r Ivon de), 386; — (*Robertus de*), *armiger*, 192.
Montihart (Richard de), chevalier, 81.
Montivilliers, *Moustierviller*, 243, 421; — voir *Paroisses*; — (sergenterie de), 401; — (vicomte et vicomté de), 164, 240, 398, 402, 403, 421.
Montmorency (M§r Charles de), 355, 375.
Montoire (foire de), 80.
Montpongnant (Jehan du), écuyer, 403, 406; — (la damoiselle du), 408.
Monville, 354.
Morainville (Jehan de), chevalier, 86.
Morandi (*sergenteria*), 191.
Mortain, 7, 427; — (vicomté de), 157; — (couvent de N.-D. de l'abbaye Blanche du Neufbourg de), 427; — (couvent de N.-D. du Rochier de), 427.
Mortalité en Normandie, 390.
Mortemer en Lyons (couvent de), 134, 140, 141.
Mosse (bois de la), 5.
Mote (Mgr Guiffroy de la), chevalier, 131; — (Roger de la), conseiller du Duc, à Caen, 311.
Moulineaux (châtelain et châtel de), 186, 308, 309; — (port de), 233.
Moustier (Jehan du), avocat du Roi à Caen, 311.
Moustiers (Jehanne des), veuve du sire de la Roche-Tesson, 316 à 322.
Moustiers Hubert (bois des), 121.

Navarre, voir *Jeanne*; — (Peronnelle de), prieure des Emmurées de Rouen, 23; — (le roi de), 294.
Nassandres, *Naxendres*, 85.
Nefs armées pour le service du Roi, 142, 144 à 146, 148, 150, 151, 183, 189, 190, 196 à 199, 205 à 207, 209, 210, 237 à 239, 258, 260 à 263, 273, 274, 334 à 336; — castillanes et portugaises au port de Leure, 423, 424.
Neubourg (le), 34, 205; — (sergenterie du), 77.
Neufchâtel, 242, 243, 345, 346; — (vicomte et vicomté de), 12, 13, 163, 241.
Neuf-Marché, 374; — (châtel du),

30; — (prévôté du), 391; — (prieuré du), 136.
Neuilly-la-Forêt, *Nullye*, 331, 332.
Noefville (Osmont de), écuyer, 164.
Noël, sommelier du Duc, 122.
Noire eaue (Guillaume de), écuyer, 52.
Normand (Gilles), 343.
Normandie (duchesse de), voir *Bonne*; — (duc de), voir *Jean*; — (Echiquier de), voir *Echiquier*; — (Franchises de), voir *Franchises*; — voir *Imposition*, *Subside*, *Armée*, *Ban*, *Arrière-Ban*, *Assises*, *Château*, *Chevalier*, *Comptes*, *Conseil*, *Coupes*, *Cour d'église*, *Défense*, *Dixième*, *Dons*, *Draps*, *Fêtes*, *Forêt*, *Guerre*, *Iles*, *Jours* (*grands*), *Joute*, *Loups*, *Mortalité*, *Paroisses*, *Réformateurs*, *Vicomtés* et *Bailliages*.
Novion-s.-Andelle (prieuré de),
Noyon (Etienne de), 315.

Ogier (Thomas), chirurgien du Roi, 344.
Oilleto (*Arnulphus de*), *miles*, 161.
Oissi (Robert d'), écuyer, 52.
Oncle (Jehan de l'), bailli de Gisors, 94, 118.
Orbec (*Dominus Johannes de*), 160, 161; — (halles d'), 148; — (bois d'), 121, 122; — (châtel d'), 130; — (vicomte et vicomté d'), 33, 36, 121, 130, 131, 147, 156, 188.
Ordonnances, voir *Draperie* et *Monnaies*.
Orléans (duc d'), 413; — (duchesse d'), 419; — voir *Philippe* et *Louis*.
Ormesnil, 354.
Ospital (François de l'), clerc des arbalétriers du Roi, 194, 212, 214 à 216, 218, 220, 227.
Ouistreham, *Oystrehan* (*sergenteria de*), 395.
Oximensis (*terra*), 163.

Pacy-sur-Eure, 51.
Pacin (Johan), écuyer, 52.
Panage en Cotentin (droit de), 152.
Paons servis dans une fête, 385, 386.
Parc Huet (bois du), 10.
Paris (frère Robert de), garde du scel de Beaumont, 418.

Parlement as Normans, 78.—Voir *Echiquier*.
Paroisses de la vicomté de Montivilliers, 398 à 402; — de la baillie de Rouen payant le fouage, 353, 354.
Passais (forêt de), 123.
Passemer (Colin), procureur du Roi à Conches, 123.
Paumier (Pierre), valet de chambre du Roi, 309.
Pavilly (sergenterie de), 80.
Payenel (Jehan), écuyer, 39.
Pepin (Jehan), écuyer, 310; — (Thomas), 310.
Percy, *Percey*, en Cotentin, 320.
Perqueric (lieu dit la), 7.
Pertus (Joscelin du), bailli de Cotentin, 316.
Peruches, banquiers de Gênes (compagnie des), 229, 230.
Petit (Jehannin), 419.
Petit-Celier (Jehan du), vicomte de Rouen, 171, 233.
Philippe de Valois, roi de France, 1, 2, 18, 23 à 26, 37, 39, 49, 51, 57, 92 à 94, 132, 133, 135, 142, 159, 166, 168, 180, 181, 186 à 188, 194, 202, 279, 282, 283, 286, 290, 310, 315, 317, 322, 325, 333, 343 à 345, 347, 351, 370, 371, 373, 382, 385, 387, 407, 413 à 415, 423; — de France, duc d'Orléans, comte de Valois et de Beaumont, 357, 413 à 415, 422; — d'Evreux, roi de Navarre, 57, 294, 295.
Picart (Hue), preneur de faucons du Roi, 124.
Pierrefigues, 400.
Pilon (Pierre), 13.
Pimont (Geuffroi de), chevalier, 81.
Pin (Raoulet du), clerc du Duc, 417.
Pinchon (Thomas), vicomte d'Avranches, 348; — (Raven), vicomte de Valognes, 419.
Pinterville (paroisse de), 78.
Pistres (Robert de), écuyer, 155.
Plaid d'Eglise. — Voir *Cour d'Eglise*.
Plesseis (Landes de), 8.
Poissy (messire Pierre de), 408.
Pommerival (Jehan de), écuyer, 13.
Pourprestures (rentes appelées), 33.
Pont-Audemer, 77, 272, 372; — — (châtel de), 154, 168, 411; — (vicomte et vicomté de), 78, 83, 87, 90, 156, 268, 276.
Pont-de-l'Arche, 75, 78, 408; — (vicomte et vicomté du), 74, 75, 79, 156, 347, 403, 404.
Pont-l'Evêque, 83, 271 à 273; — (prévôté de), 391; — (vicomté de), 156.
Pontorson, 316.
Pont-Saint-Pierre (le), 82.
Poolin ou Pooline (Guillebert), sergent d'armes du Roi, 142, 288.
Porc, brulé pour crime, 383, 384.
Porcher (Simon le), maître des forêts de Normandie, 133, 135, 136.
Port-Morin (chaussée du), 28.
Porte (Guillaume), 311; — (Ricard de la), chanoine de Notre-Dame la Ronde, 368.
Poterie (paroisse de la), 402.
Préaulz (Pierre de), chevalier, 425.
Prêts au Roi, au Duc et à la Duchesse de Normandie, 1, 2, 347, 348, 376, 393.
Prétot-Etainhus, 400.
Prisonniers de guerre, 168, 169, 331; — (vivres des), 20, 21, 79, 86, 87, 89, 132, 275 à 278, 383, 407.
Prix des grains, 63 à 66.
Procès. — Voir *Assises*, *Cour d'Eglise*, *Echiquier*.

Quarré (Robert), vicomté de Valogues, 419.
Quatre-Marres (Eure) (manoir de), 95, 143, 164, 165; — (paroisse de), 37.
Quenivet (bois de), 310.
Quesne (le prévôt du), 36.
Quesnoy (Clément du), chevalier, vicomte de Rouen, 74; — Roger du), 122.
Quesnoye d'Epineuses (Buisson de la), 10.
Quevilly (Robert de), receveur du Duc, 349, 369, 393.
Quieret (Hue), amiral, 144 à 146, 148 à 154, 158, 180, 181, 189, 205 à 207, 233; — (Enguerrand), lieutenant de l'Amiral, 149, 151.
Quincarnon, *Esquiquernon*, (châtel de), 122.

Raoul de Brienne, connétable de France, 343.
Rébellion, voir *Montauban* (le sire de), et *Robert d'Artois*.

Recuchon (messire Jehan), 80.
Réformateurs en Normandie, 47, 48.
Revel (Floton de), chevalier, amiral, 355.
Reveriis (Gaufridus de), armiger, 162.
Richier (Guillaume), bailli de Gisors, 370.
Rigaud (Gilles), abbé de Saint-Denis, 352.
Risle (pêcherie de la), 37.
Robert d'Artois, comte de Beaumont-le-Roger, 33, 94, 95, 112, 120, 146, 148.
Robertière (manoir de la), 336 à 342.
Robertot, *Raimbertot*, 401.
Roche (messire Philippe de la), 385 ; — (messire l'archidiacre de la), 385.
Rochefort (Jehan de), chevalier, 18, 26, 81.
Roche-Tesson (manoir de la), 320, 321.
Rolleville (paroisse de), 399.
Rouelles (paroisse de), 401.
Rouen, 156, 166, 174, 193, 241, 264 à 266, 272, 283. 288, 306, 323, 349, 369, 390, 391, 404 ; — (archevêque de), 76, 78, 372, 373 ; — (bailli et bailliage de), 1, 67, 96, 134, 142, 146, 155, 156, 159, 171, 181, 187, 188, 194, 204, 268, 283, 288, 294, 333. 343, 344, 353, 392; — (Bons Enfants de), 416; — (châtel de), 67, 171, 283, 297 à 302, 304 à 306 ; — (Clos des Galées à), 142, 146, 148 à 154, 166, 168, 170, 172, 174, 182, 183, 189, 190, 194, 196 à 200, 205, 206, 208, 233 à 237, 258, 259, 268, 281 à 283, 302, 362 ; — (hôpital de la rue Saint-Ouen de), 297 ; — (maire de), 349 ; — (prieuré du Pré lez), 303, 349; — (prieuré de Saint-Mathieu ou des Emmurées de lez), 23, 296, 418; — (prieuré de la salle as Pucelles, jouxte), 134, 135; — (sergenterie du Plaid de l'Epée, à), 18, 62, 353 ; — (vicomte et vicomté de), 72 à 75, 78, 156, 292, 296, 297, 353, 392, 410, 417, 418 ; — (vicomté de l'Eau à), 1 ; — (Vieil Marché à), 171, 302, 303 ; — voir *Paroisses*.
Roullart (Jehan), avocat du Duc, à Évreux, 406.

Rousée (Guillaume), vicomte de Domfront, 123.
Roumare (forêt de), 142, 410, 416.
Routot-Saint-Aubin, *Raoultot* (bois de), 240.
Rouvray (forêt de), 11, 172, 283, 297.
Rouvre (Méline du), femme de la Reine, 392.
Ruault (*Robertus*), *armiger*, 161 ; — (*Robinus*), *armiger*, 161.
Ruppalay (Geffroi de), conseiller du Duc, à Caen, 311.

Sablonnier (maître Jehan du), avocat du Roi au Mans, 125.
Sacey en Cotentin, *Sacé*, 58.
Sacre du chancelier du Duc, 417.
Sage (Guillaume le), fermier de la prévôté de Verneuil, 2.
Sahurs (Jehan de), verdier de Lande-Pourrie, 427.
Saint-Aignan-lès-Rouen, 353 ; — Aubin des Cerceuils ou Routot, de Sarquieux, 400 ; — Barthélemy-d'Octeville, 402 ; — Clair, *Cler*, 399 ;— Cloout (*Guillelmus de*), *armiger*, 161 ; — Contest, 394 ; — Denis (l'abbé de), 352 ; — Evron de Mortain (chapitre de), 427 ; — Evrou, *Évrol*, (couvent de), 125, 126 ; — Gabriel (terre de), 36 ; — Germain en Cotentin, 394, — James de Beuvron (châtellenie de), 294 ; — Jehan (Guillaume de), écuyer, 52 ; — Jean de la Neuville, 401 ; — Joire sous le Val-Martin, 354 ; — (sergenterie de), 80 ; — Jouin, *Joivin*, 402 ; — Ladre de Montfort, 54 ; — Laurent de Brévedent, 400 ; — Maclou de Folleville, 354 ; — Martin (Regnault de), chevalier, 387 ; — Martin du Bec, 400 ; — Mathieulez-Rouen, voir *Rouen* ; — Paul le Vicomte, au Perche, 280 ; — Philbert-sur-Risle, 362 ;— Pierre d'Arthenay, 60 ; — Pierre-sur-Dives (couvent de), 344 ; — voir *Sancti Petri supra Dyvam*. — Polen-Lyons (prieuré de), 140 ; — Quentin (Jehan de), bailli de Rouen, 343 ; — Romain de Colbosc, 402 ; — (Sergenterie de), 400 ; — Saëns (la dame de), 395 ; — (La Haie de), 56, 136 ; — Sauveur le Vicomte, 311, 351 ; — (couvent de), 414, 415 ; — (forêt

de), 311 à 315; — Sever (couvent de), 2; — (forêt de), 2; — Suplix-Octeville, *Souplix*, 402; Victor l'Abbaye, 80; — (sergenterie de), 354.
Sainte-Croix de Montivilliers, 400; — Marie du Bosc, 400.
Salle as Pucelles, voir *Rouen*.
Samay (Robert de), chevalier, 131.
Sanvic, 401.
Sap (le), 125, 131; — (prévôté du), 127.
Sancti Petri supra Dyvam (*sergenteria*), 163.
Sartrin (Robert du), garde du scel de la vicomté de Carentan, 60.
Saucey (Jehan du), 51; — (Colin du), 51.
Sauché (Jehan du), 159.
Sauchoy (Jehan du), écuyer, 181.
Sausseuzemare en Caux, 399.
Savoie, voir *Amédée*.
Scarcefie (Antoine), génois, 220, 222; — (Thomas), génois, 214.
Scatisse (marquis), génois, 226, 229, 230, 232.
Selvain (Guiot), écuyer, 52.
Semilly (bois de), 10.
Senlis (le chantre de), 414.
Senonches (châtel de), 46.
Serquigny (le seigneur de), 35.
Serres (*Dominus Bertrandus de*), *canonicus Baiocensis*, 162.
Sicard (Regnaut), 118.
Souspréfures dans les forêts, 243 à 245.
Spinola, *Spinole* (Cassan), génois, 222, 227; — (Jehan), génois, 213, 215, 216, 219, 221; — (Nicolose), génois, 222.
Subside accordé au Duc, 356, 373, 381 à 383, 385 à 387, 394; 405, 406, 425.
Suhart (*Dominus Philippus*), *Miles* 162.
Symon (Yves), clerc du Duc, 415.

Taffourneau (Pierre), 59.
Tail (Guillaume du), garde du scel de la vicomté de Caen, 59.
Taille, 265, 266, 268; — voir *Franchises*, *Impositions*, *Subside*.
Tancarville (le chambellan de), chevalier, 410; — (bois de), 240.
Tarte (Pierre du), écuyer, 13.
Tasse du Ménage (Buisson de la), 4.

Tasse (Rigaut), lieutenant du vicomte de Beaumont, 118.
Taurin (Jehan), tabellion juré à Conches, 419.
Teil (la haie du), 389.
Tenemare-Ecrainville, 400.
Tesson (Jehan), chevalier, sire de la Roche-Tesson, 316 à 322.
Thevray (Guillaume de), chevalier, 34.
Thomas (Messire Nicole), 408; — (Guillaume), 1.
Thorigny (draps de), 322, 323.
Thorigniaco (*sergenteria de*), 162.
Thybouville (Mgr Louis de), 34.
Tilleul (le), 402.
Tirel (Guillaume), queux du Roi, 343.
Tirepied, en Cotentin, 321.
Tornebu (le sire de), garde des côtes de la mer, 268.
Tot (le), 3, 4.
Touque, 270, 273 à 275.
Tourneio (*Ricardus de*), *armiger*, 161.
Tournoi, 83, 292, 293, 303, 304, 307; — voir *Lices*, *Joutes*.
Tourville, 399.
Trait (forêt du), 240, 362.
Travaux publics dans les bailliages et vicomtés, 13 à 18, 24, 26 à 33, 40 à 47, 50, 143, 146, 159, 160, 164 à 166, 171 à 180, 202, 245 à 257, 292, 293, 325, 336, 362 à 368, 426.
Tréport (le), 210.
Très-la-Lande (buisson de), 7, 8.
Tresor royal (deniers portés au), 39, 77, 79, 82, 90 à 92, 130, 132, 352.
Trie (Guillaume de), conseiller du Duc, 285.
Tronquet-les-Rouen (le), 352.
Truies brûlées pour crimes, 86, 408.
Tureyo (*sergenteria de*), 163.
Turno (*sergenteria de*), 162.

Usages (droits d'), à Mortain, 427.
Usagers de la forêt de Saint-Sauveur-le-Vicomte, 311 à 315.
Usuriers (biens des) confisqués, 392.

Vada (*sergenteria de citra*), 162.
Vadencourt (Fauvel de), bailli de Cotentin, 54.
Val de la Haie (le), 294.

Valequet (messire Jehan), chevalier, 13.
Vallet (messire Nicole), avocat du Roi à Lisieux, 125.
Valmont, 399.
Valognes, 56, 288, 319, 415, 420 ; — (cour d'église à), 19 ; — (haie de), 393 ; — (vicomte et vicomté de), 20, 21, 158, 287, 320, 391, 414, 419.
Valois, voir *Charles*, *Isabeau*, *Jeanne*, *Mahaut*, *Philippe*.
Valrichier (Vincent du), maire de Rouen, 369.
Varengueron (buisson du), 394.
Varneville, *Vuanerville*, 354.
Vascœul, 140, 141.
Vassouville (paroisse de), 354.
Vattetot-sur-Mer, 399.
Vaucelles (Guillaume de), 167 ; — (Jehan), bailli de Caux, 167.
Vaudreuil, *val de Rueil* (le), 23, 135, 404, 405 ; — (châtel du), 396, 404.
Vaus (Mathieu de), verdier de Beaumont, 120.
Veelleur (Colin le), 83.
Veneur (Mgr Jehan le), chevalier, 56, 135, 136, 169 ; — (Mgr Robert le), 3 à 12 ; — (Robillard le), châtelain du Vaudreuil, 404.
Vente (Nicolas de la), châtelain de Moulineaux, 186.
Ventes de bois, voir *Coupes*.
Ventes (Huet des), 123, 200.
Vergetot, *Vauguetot*, 400.
Verjou (buisson de), 10.
Verneuil (châtel de), 13, 14, 45 ; — (prévôté de), 2 ; — (vicomte de), 13.
Vernix (cure de), 321.
Vernon, 374, 376, 385, 386 ; — (châtel de), 25 à 27, 160, 202, 203 ; —(prévôté de), 23, 258.
Viarville (Guillaume de), chevalier, 37.
Vicomtés et Bailliages, voir *Arques, Auge, Avranches, Bayeux, Beaumont le Roger, Breteuil, Caen, Carentan, Caudebec, Caux, Conches, Cotentin, Coutances, Domfront, Falaise, Gisors, Mantes, Montivilliers, Mortain, Neufchâtel, Orbec, Pont-Audemer, Pont-de-l'Arche, Pont-l'Evêque, Rouen, Valognes, Verneuil.*
Vigneron (Adenet le), valet des levriers du Roi, 23.
Villain le vieil (Jehan le), receveur du bailliage de Rouen, 38.
Villaines (Pierre de), chevalier, 386.
Villainville (paroisse de), 400.
Villedieu de Chauchevrol, en Cotentin, 321.
Villers de Hanesies (Jehan de), chevalier, 387 ; — de Pormor (Jehan de), chevalier, 387 ; — (Thomas de), 49.
Vimont (Robert), vicomte de Caen, 191, 394 ; — vicomte de Beaumont, 120.
Vire, 53 ; — (vicomté de), 157.
Vivres pour les troupes, 187, 188.
Voier d'Aitin (Mgr Guillaume le), chevalier, 131.

Ymoy (Jehan), collecteur des *reliez et treziesmes* de la vicomté de Bayeux, 39.

www.ingramcontent.com/pod-product-compliance
Lightning Source LLC
Chambersburg PA
CBHW071056230426
43666CB00009B/1731